周立新 编著

有轨线路系统工程

内 容 简 介

本书以铁路(包括高速铁路)为主线,全面地介绍了有轨交通线路系统设计的基本理论和方法,突出介绍了城市轨道交通线路特点。主要内容包括:线路种类,线网的建设程序与规划方法,列车运行计算原理与方法,线路结构及选线原则与设计方案比选方法,线路平面、纵断面、横断面设计等。

本书可作为高等院校的非线路工程专业(如交通运输、物流工程、城市规划专业等)学生的本科教材,也可供有关教学人员及从事相关设计、研究和运营管理工作的人员学习参考。

图书在版编目(CIP)数据

有轨线路系统工程/周立新编著. --上海:同济大学出版社,2012.7

ISBN 978-7-5608-4913-3

Ⅰ. ①有… Ⅱ. ①周… Ⅲ. ①轨道(铁路)—铁路工程—高等学校—教材 Ⅳ. ①U213.2

中国版本图书馆 CIP 数据核字(2012)第 137064 号

有轨线路系统工程

编 著 周立新

责任编辑 杨宁霞 **责任校对** 徐春莲 **封面设计** 陈益平

出版发行 同济大学出版社 www.tongjipress.com.cn

(地址:上海市四平路 1239 号 邮编:200092 电话:021-65985622)

经 销 全国各地新华书店

印 刷 常熟市华顺印刷有限公司

开 本 787mm×1092mm 1/16

印 张 13.75

印 数 1—3100

字 数 343 000

版 次 2012 年 7 月第 1 版 2012 年 7 月第 1 次印刷

书 号 ISBN 978-7-5608-4913-3

定 价 29.00 元

前　言

十年前，作者曾编著过一本《有轨交通线路工程》教材（上海交通大学出版社）。进入 21 世纪，我国铁路和城市轨道交通发展迅猛，出现了城际（高速）铁路、客运专线铁路（包括 200 km/h快速铁路）、高速铁路等技术特征迥异的有轨交通线路。为了适应新型线路设计的需要，铁道部、建设部等相关部门也先后颁布了相关的设计规范。根据上述情况，作者在收集了大量最新的资料基础上，对原教材进行较大篇幅的改编，改名为《有轨线路系统工程》。

本书已列入同济大学“十二五规划教材”。与前面一本书相比，本书的特点有：

1. 优化了章节结构。重新调整了章节次序，形成三大板块：系统概述、列车运行计算和选线设计，每一板块内容既有区别，也相互呼应。

2. 增添了新的内容。增加了有轨交通系统的线网规划理论与方法和客运专线（铁路）及高速铁路的主要技术特征的介绍；将有轨交通线路工程最新的设计规范内容收纳进来，使本书的内容更加充实与实用。

3. 编写了例题和习题。为了便于自学和教学效果的考核，在本次改编中，主要章节中增加了例题。比如在列车运行计算板块中，设计了连贯系列型习题，涵盖了列车运行受力分析、列车区间运行时分计算、列车牵引能源消耗计算等内容；在选线设计板块中，设计了铁路定线作业，可以使学生得到扎实的工程设计与计算的综合训练。

4. 重视计算机工具在有轨交通线路工程规划与设计中的应用。书内较为简洁地介绍了当前列车运行计算和线路设计的流行软件的原理和主要功能。

本书共三篇十五章，由同济大学周立新教授担纲主编。除叶玉玲（编写第二篇第五章、第六章）；李英（编写第三篇第十一章）外，其余内容均为周立新编写。朱明坤研究生参与了本书编写部分资料收集、整理及校对工作。

在本书编写过程中，参考了相关的专业教材（如《列车牵引计算》、《铁路选线设计》等），还参考和引用了线路工程相关的设计规范、技术标准和专著或论文（见本书末的参考文献），在此对相关作者致以衷心的感谢。

由于作者水平所限，书中缺点和错误在所难免，敬请读者批评指正。

编　者

2012 年 4 月

目　录

第一篇　有轨交通系统概述

第一章　有轨交通种类

有轨交通指以固定轨道为导向的交通系统。有轨交通按不同服务区域或技术特征有不同的称谓。

(1) 按导轨的数量,可分为如下两种。

① 双轨交通,指铺设有两条轨道的交通系统,常见的铁路(含高速铁路)都属于此类。

② 单轨(或称独轨)交通,是一种车辆依附于一根轨道运行的交通系统。重庆轨道交通 2 号线即属此类。

(2) 按轮轨关系,可分为如下两种。

① 钢轮钢轨交通,这是最普通的有轨交通,绝大部分铁路和城市轨道交通(包括有轨电车)都属于此类,且一般多为双轨式。

② 磁浮交通,是一种车辆依靠电磁力来悬浮并行走的交通系统,如上海浦东磁浮交通线。

(3) 按有轨交通的服务范围,可分为如下两种。

① 城市对外轨道交通,指连接不同城市的有轨交通,如铁路、客运专线(或称高速铁路)、城际铁路(或称区域铁路)。

② 城市内部轨道交通,指连接城市不同区域、副中心、城乡(区镇)的有轨交通,如城市轨道交通、市郊铁路等。

为了表述方便,本书以第三种划分为基础,兼顾不同有轨交通之间的技术特点来介绍各类有轨交通系统。

第一节　铁　　路

一、世界铁路建设与发展

世界铁路建设从经济发达的西方国家开始。1825 年英国达林顿—斯托克顿间诞生了世界第一条 21 km 的铁路后,当时经济比较发达的美国、法国、德国、俄国等,纷纷效仿修建本国铁路,在 19 世纪后半叶至 20 世纪初,由于铁路在与水运的竞争中,在速度与价格方面表现出极大优越性,西方国家(如美国),在政府投资导向的支持下,进入铁路修建的高潮期。1881—1890 年的 10 年里,美国平均每年建成铁路 10 000 km。20 世纪 20 年代后,在公路运输崛起以及铁路盲目建设过快的情况下,铁路发展基本呈停滞状态。特别是第二次世界大战后,欧洲主要经济发达国家在战后重建中,公路和航空运输发展迅猛,铁路与公路、航空竞争更加激烈,铁路客、货运输量锐减,出现无利可图甚至严重亏损的状况,造成美、英、德、法、意等国封闭或拆除铁路。但一些发展中国家却开始重视铁路的建设。

20 世纪 70 年代,在世界石油危机影响下,铁路以其能源消耗少和可采用电能、对环境污染影响小、运输能力大、用地节省、安全可靠等原因,得到了新的发展机遇。尤其是铁路广泛采用先进技术,改革牵引动力(如发展电力牵引),改进通讯信号系统(如列车速度自动控制系统)、加强轨道结构(如采用重型钢轨和超长无缝线路)、革新运输组织方式(如集装箱和驮背运输)等,大大提高了铁路在现代交通运输系统中的竞争能力,使铁路作为陆上运输的骨干地位被重新确认。

当今铁路发展两大趋势是客运高速和货运重载。1964 年日本修建的世界第一条东京—大阪(515.4 km)的高速铁路,最高速度达 210 km/h,使人们对铁路有了焕然一新的感觉。由于二战之后世界经济的复苏及重要经济区和大城市间人口流动日益增加,人们对陆上高速化和大容量交通需要的迫切性大为上升,从此揭开了高速铁路发展序幕。法国、意大利、前联邦德国等经济发达、资金雄厚的西方国家纷纷新建或改建高速铁路线(表 1-1)。目前法国的 V150 超高速度列车于 2007 年创造了 574.8 km/h 轮轨粘着铁路系统最高行车试验速度。中国于 2008 年借北京举办奥运会之机,建成了首条高速铁路——京津城际铁路,实现了中国高速铁路"零"的突破。

表 1-1 世界各国首条高速铁路线简况

年份	国 家	线 名	类别	最高速度/(km/h)	长度/km
1964	日本	东海道新干线	新建	210	515
1981	法国	TGV 东南线	新建	260	301
1981	意大利	罗马—佛罗伦萨	改造	200	150
1984	俄罗斯	莫斯科—圣彼德堡	改造	200	650
1988	前联邦德国	汉诺威—维乐茨堡	新建	280	90
1989	瑞典	斯德哥尔摩—哥德堡	改造	200	456
1992	西班牙	马德里—塞维利亚	改造	250	471
2008	中国	北京—天津	新建	350	120

在发展铁路高速客运的同时,铁路货物重载运输也在世界各国受到广泛重视。重载运输最大特点是通过增加列车的牵引重量和列车编组长度,提高线路的运输能力或降低铁路运营成本,充分发挥铁路适合运输长距离、大宗货物、全天候,以及速度快、成本低的优势。

按列车运行组织方式划分,重载列车有下面三种形式。

(1) 单元列车。在大宗货物(如煤炭、矿石等)运量集中的方向上,组织从货物装车地到卸车地之间开行的重量在 6 000~15 000 t 及以上的重载单元列车。其特点是运输品种单一、固定编组,以通过货物集中发送、快速装卸,加快列车周转,降低运输成本,获得更大的运输效益,提高铁路竞争能力为目标。这种列车美国、加拿大、南非、澳大利亚等国较普遍。1992 年建成的大秦铁路(653 km)自 2004 年起,通过技术改造,常规组织开行 10 000 t 和 20 000 t 重载单元列车,2010 年完成货运量超 4 亿吨,成为中国西煤东运的主要通道。

(2) 组合列车。是将两列以上的普通列车组合成一超长超重列车(列车重量 5 000~10 000 t甚至 10 000 t 以上),占用一条列车运行线,以不停车通过能力紧张区段方式,解决客货列车混跑繁忙干线上的能力紧张问题。前苏联为这种方式的代表。我国一般将其作为既有线改造因施工造成的能力紧张区段的临时能力加强措施。

(3) 单列式(整列式)列车。单列式重载列车由单机或双机牵引，使列车重量在原 3 000～4 000 t 的基础上提高到 5 000 t 及其以上，是一种通过提高列车重量达到提高既有线输送能力的重载运输组织形式。它曾经是我国京广铁路(石家庄—江岸西)、京沪铁路(济南西—南翔)、陇海铁路(郑州—徐州北)等繁忙干线为解决客车与货车争能矛盾所采取的重要举措。

高速和重载运输是铁路现代化的重要标志，同时也带动了铁路运输各生产部门设备和管理现代化，当然也对线路设计提出了更高要求。

二、中国铁路的建设与发展

旧中国的铁路建设走过了一段漫长而曲折的道路。上海吴淞铁路(14.5 km)是中国大陆上出现的第一条铁路，比世界铁路的问世整整晚了 51 年。在这以后的 70 余年里，由于帝国主义列强接连发动侵华战争，国内军阀混战，清廷和国民党统治腐败，旧中国铁路建设发展缓慢、数量少，到 1949 年才有 2 万多公里；布局偏，光东北地区铁路占中国铁路总长度的 40%以上；各线间标准低而不统一，宽轨、准轨、窄轨并存；帝国主义分割经营及战乱造成全路管理混乱。

新中国成立后，中国铁路的发展有了长足的进步，表现在如下方面。

(1) 重点突出，铁路建设高潮迭起。建国初期，在修复遭战争破坏的既有铁路的同时，在西南和西北地区展开了大规模的新线建设，如成渝、天兰铁路；20 世纪 60—70 年代，重点放在西南“三线”铁路建设上，如成昆、川黔、贵昆等铁路相继开工建设；“六五”、“七五”期间铁路建设的重点又根据国家晋煤外运、缓解东南部经济发达地区的铁路能力紧张，展开了“北战大秦，南攻衡广，中取华东”铁路建设新战役，打通了晋煤外运东南方向的三条通道(大秦运煤铁路专线、大同—太焦线—焦柳线—黎湛线煤炭南运通道、月山—新荷线—石臼所煤炭东西走廊)，建立了淮南线与鹰厦铁路连接的“华东”第二通道，提高衡广铁路南段卡脖子区段通过能力等；“八五”期间，为适应国民经济的发展速度，铁路又掀起了“强攻京九、兰新，速战侯月、宝中，再取华东、西南、配套完善大秦”的建设新高潮；进入“九五”以来，铁道部根据中央的战略部署，制定了“决战西南，强攻煤运，建设高速，扩展路网，突破七万”的跨世纪规划。截至 2009 年，我国大陆铁路营业里程已长达 86 000 km，位居亚洲第一，世界第四。其中复线里程达 33 000 km，复线率 38.8%；电气化里程 36 000 km，电化率达 41.7%。进入 21 世纪，中国高速铁路吹响了建设的新号角。

(2) 初步形成了横贯东西、沟通南北、联接亚欧的路网骨架。铁路已覆盖了全国各省、自治区首府和直辖市，目前我国铁路网主要纵向干线为：京沪线，京九线，京广线，同蒲线，太焦、焦柳线，宝成线，成昆线，京哈线等；主要横向干线为：滨洲、滨绥线，京包、包兰线，大秦线，石太、石德、胶济线，侯西、侯月、新菏兖石线，兰新、陇海线，沪汉蓉线，甬温福线，广梅汕、三茂、黎湛、南昆线等。

(3) 依靠科技，提高建设水平。建国 60 余年来，特别是改革开放 30 余年来，铁路建设依靠科技进步，积极采用新技术、新工艺、新设备和新材料，攻克了一道道设计和施工的难题，绘就了铁路建设的美丽的图画。2006 年兰新线上的乌鞘岭双线隧道(20.05 km)是世界上最长的铁路隧道之一；大秦双线单元重载电气化运煤专线开行了 2 万吨级组合重载列车；2010 开通运营沪杭高速铁路，最高试验行车速度达 416.6 km/h。在铁路线路基础、通信信号、牵引供电、调度指挥、旅客服务等方面所取得的一系列重大技术创新成果，都标志着我国铁路建设水平正向世界前列迈进。

(4) 高速铁路网建设，带动了铁路向现代化迈进。进入 21 世纪，中国铁路拉开了不断提高列车运行速度的大幕。继 6 次大提速，2007 年第一次引进 200～250 km/h 的动车组，形成了以北京、上海为中心，在环渤海、长三角、珠三角，以及以华东、中南、西北、东北地区重点城市间的快速客运通道。截至 2010 年，中国高速铁路营业里程达 7 531 km，单列平均运营时速 350 km/h，成为世界上高铁运营里程最长、运营时速最高的国家。到 2020 年，中国新建高速铁路将超过 16 000 km(图 1－1)。

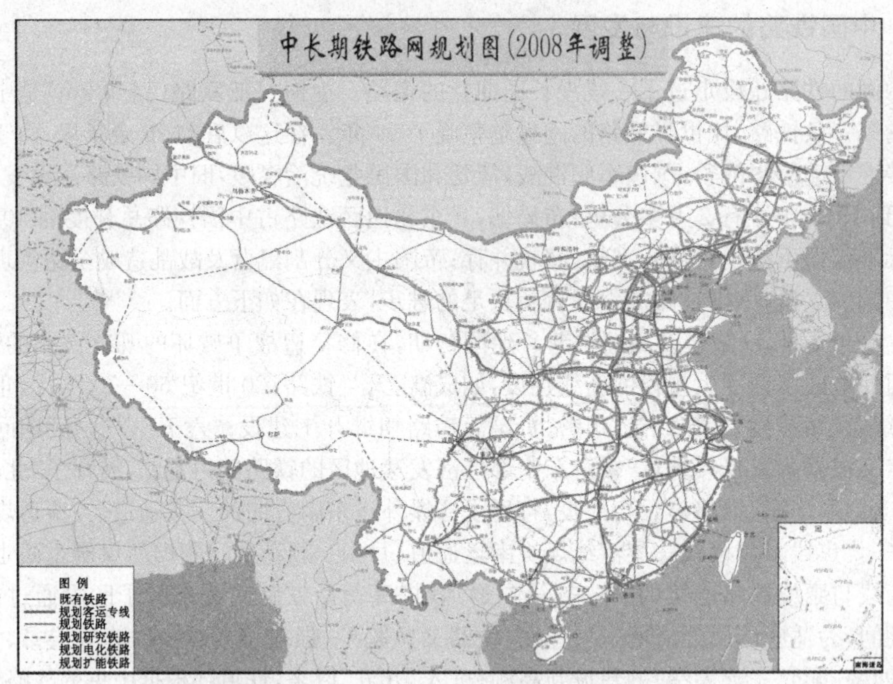

图 1－1　中国铁路网规划图

第二节　城市轨道交通建设

城市轨道交通指市郊铁路、地铁、轻轨、有轨电车、独轨铁路等轨道客运交通系统。在过去的年代里，随着汽车恶性膨胀带来的交通堵塞、道路行车速度下降、环境质量下降等众多不利影响，世界上经济发达的大城市开始重视城市快速轨道交通系统的建设(表 1－2)。在世界拥有城市轨道交通系统的 320 个城市中，已修建地铁的城市占 1/4，而同时拥有地铁和轻轨的城市超过 11%。

表 1－2　　世界部分城市地铁、轻轨情况表

	城市名称	伦敦	芝加哥	巴黎	柏林	纽约	东京	莫斯科	汉城	香港
地铁	起始年份	1863	1892	1900	1902	1904	1927	1935	1974	1979
	线路长度/km	392.0	157.1	199.0	134.5	385.0	153.7	251.8	116.5	38.6
	车站数	248	143	298	159	463	140	148	102	37

续 表

	城市名称	神户	鹿特丹	莫尼黑	墨尔本	南特	马尼拉	温哥华	开罗	香港
轻轨	起始年份	1968	1969	1977	1981	1984	1985	1986	1987	1988
	线路长度/km	18.5	22.5	27.0	17.1	10.6	15.0	22.5	42.5	23.0
	车站	25	23	33	5	22	18	16	34	41

作为城市快速轨道交通最主要的工具，地铁与轻轨各具特色，尤其是20世纪60年代出现的轻轨，造价低(仅为地铁的1/5～1/3)，建设周期短、见效快，倍受城市交通建设部门的青睐。目前，世界上各大城市都是以繁华地区为地铁、有轨电车，近郊为轻轨，远郊为市郊铁路，竞相发展和完善多层次、立体化、四通八达的轨道交通体系。地铁与轻轨主要技术经济指标比较见表1-3。

表1-3 地铁与轻轨主要技术经济指标比较

指标	最高或设计行车速度/(km/h)	旅行速度/(km/h)	最小间隔时间/min	平均车辆客量/(人/车)	一般列车编组/(辆/列)	单向高峰小时能力/(万人/h)	一般每公里造价/亿元
地铁	90～120	30～45	1.5	150～310	8～10	6～8	8.0
轻轨	80～100	25～30	2	190～330	4～6	1～3	1.6～3.2

注:表中造价(人民币)为参照1995后国内外轨道交通建设情况的推算值。

由于历史的原因，我国城市快速轨道交通建设起步较晚。1969年建成通车的北京地铁1号线(北京站—苹果园，23.6 km)，结束了中国无地铁的历史。随后，在国家城市交通发展政策的支持下，天津、上海、广州也陆续投资进行地铁建设并相继投入运营。截至2011年6月，北京、上海、广州、天津、重庆、南京、深圳、武汉、长春、大连、沈阳、成都共12座城市开通了城市轨道交通运营，总计49条线路，运营总里程1 511.11 km。此外，还有更多省会城市和二线城市在“十二五”规划中提出了建设城市轨道交通的计划，预计届时全国城市轨道交通通车总建设里程将超过2 500 km。城市轨道交通以其快速、准点、安全、舒适、运量大、能耗少、低污染、节省土地资源等优势，正成为中国大城市公共交通网络发展的重点。

第三节 其他有轨交通

一、单轨交通

1. 概述

单轨交通是车辆依托于一根轨道运行的轨道交通系统。根据轨道与车辆关系，有跨座式(车辆跨坐在轨道梁上行驶)和悬挂式(车辆悬挂在轨道梁下方行驶)之分(图1-2)。轨道有钢梁、钢筋混凝土梁等种形式。大多数单轨系统采用橡胶轮胎，电气牵引和盘形制动。

2. 单轨交通的特点

(1) 单轨铁路占地少。单轨铁路可利用城市道路中央隔离带设置结构墩柱，高架单轨不需要很大空间，由于采用单一轨梁，相对于城市轻轨轨道所占的空间更小。区间双线跨座式单轨轨道结构宽约为5 m，悬挂式单轨约为7 m，结构宽比地铁或轻轨缩减44%～41%。

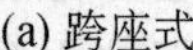

(a) 跨座式

(b) 悬挂式

图 1-2 单轨交通

(2) 运能较大。单轨列车一般由 4～6 节车辆组成，运输能力为 0.5 万～2 万人/小时，运送速度一般在 30～40 km/h。

(3) 能适应复杂地形要求。由于使用橡胶轮胎，可以适应复杂地形的要求，适宜在狭窄街道的上空穿行，可减少拆迁，降低造价。线路容许采用的弯道最小半径可小至 30～50 m，最大坡度可达 6%，这是其他轨道交通无法办到的，也是山城重庆轨道交通 2 号线选择单轨交通的主要因素之一。

(4) 建设工期短，造价低。单轨系统作为由高架类型发展而来的快速轨道交通，土方工程量不大，建设成本较低。单轨交通的车辆和轨道容易检查和维修保养，轨道使用寿命长，运营管理费用相对也较低。另外，单轨交通结构比较简单，标准轨道梁可在工厂预制，现场拼装，既保证了精度，又便于施工，从而可缩短建设工期。

(5) 能保证运输安全。由于车辆与轨道的特殊结构，在轨道梁两侧均有起稳定作用的导向轮，不会发生行车颠覆，能确保运行安全。

(6) 噪声与振动均低，且无排气污染等公害。由于单轨车辆采用了橡胶轮胎和空气弹簧转向架，在运行中振动小、噪声低，而电气牵引则保证了没有污染空气的废气排出。

(7) 对日照及城市景观影响小。由于高架单轨占用空间小，沿线不会投下很大的遮光阴影，并且对城市景观还能起到一定的点缀作用。

但是，单轨交通也存在不足之处，如：列车在空中行驶，一旦在区间发生故障，救援工作比较复杂；单轨交通的道岔系统构造比较复杂。特别是跨座式单轨道岔形体比较笨重，转换一次道岔的时间一般都需 10 s 以上，而且列车减速通过道岔，降低了列车平均运速，需要较长的列车折返时间(一般约 3 min)，同时，单轨交通受轮胎承载力的限制，载客量和车辆长度均受到制约，线路运能受到限制；采用橡胶车轮在混凝土梁上行驶的单轨交通，胶轮耐磨性差，使用寿命比钢轨短。

3. 单轨交通适应性

由于其运能有限，且运行速度难以大幅度提高，多用于市区内次要交通干线或作为市区通往机场、码头等大型对外交通枢纽，以及用于娱乐场所的交通工具。如：日本东京的(浜松町站—羽田空港)羽田线 16.9 km、大阪的大阪空港—门真市线 21.2 km。美国佛罗里达迪斯尼乐园也建有 8.0 km 的单轨交通线，为主干道游客往来提供交通服务。

二、磁浮交通

1. 概述

磁浮交通,是依靠电磁力来悬浮车辆并行走的一种交通方式。其基本原理是:在车辆与导轨无接触的情况下,利用电磁系统产生的吸引力或排斥力使车辆悬浮,利用电磁力进行导向和驱动,使车辆不偏离既定轨道运行。

当前磁浮交通分两种技术模式:以德国为代表的常导型(如 TR 系列磁浮车)和以日本为代表的超导型(如 MLU 磁浮车)。

(1) 常导磁吸式。一般采用"T"形导轨,车辆环抱导轨运行(图 1-3)。导轨上的驱动、悬浮绕组安装在导轨侧翼底部,车辆上的驱动、悬浮绕组安装在车辆下翼的上缘,通过电磁作用,将列车向上吸起悬浮于轨道上,使车体与导轨之间保持约 10 mm 的间隙。车辆和轨面之间的间隙与吸引力的大小成反比。轨道绕组中的电流产生一个电磁行波场,作用于车上的悬浮电磁铁,驱动列车前行。改变行波磁场的方向,将使电动机变为发电机,对列车实施无接触再生制动,制动的能量可反馈回电网。

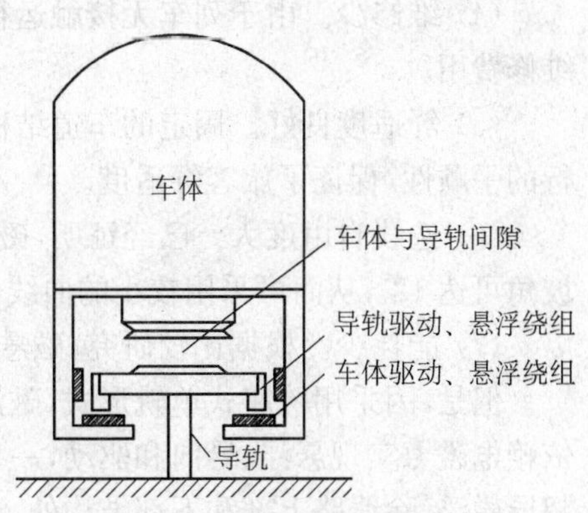

图 1-3 常导吸引式磁浮

(2) 超导型磁浮。所谓超导现象,就是当某种金属处于极低温度(比如-269℃)的情况下,就会产生电阻为零的现象。给这种金属通电,电流就会毫无损耗地永久流动。当列车运动时,车载磁体(低温超导线圈或永久磁铁)的运动磁场在安装于线路上的悬浮线圈中产生感应电流,两者相互作用,地面绕组产生的磁场与车辆绕组产生的磁场同性相斥,当两个磁场产生的排斥力大于车辆重量时,车辆就浮起来,间隙可达 100 mm 左右(图 1-4)。这个间隙与列车速度高低有关。一般列车速度达到 100 km/h 时车体才能悬浮。因此,超导型磁浮列车必须在车辆上装设机械辅助支承装置,如辅助支持轮及相应的弹簧支承等,以保证列车安全可靠地起动和精确控制停车。

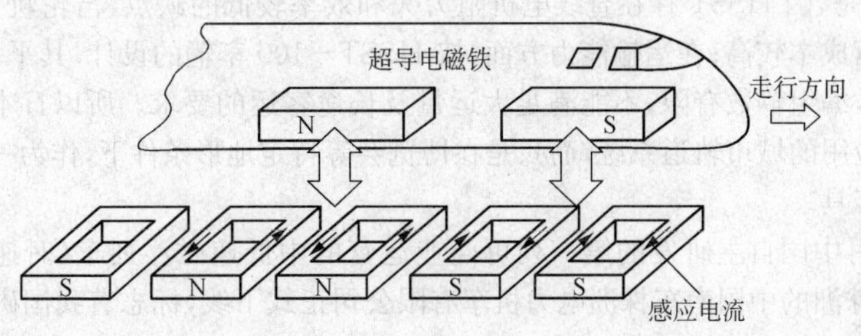

图 1-4 超导磁斥式磁浮

相对于超导磁浮交通,常导磁浮交通系统结构相对简单,不需要设置专用的着地支撑装置和辅助的着地车轮,对控制系统的要求也可以稍低一些。上海浦东磁浮交通线采用的是常导型磁浮。

2. *磁浮交通的特点*

(1) 速度高。最高速度可达 400～500 km/h，而且加速快(5 km 之后，速度可增至 300 km/h)，中长距离运输优势明显。

(2) 安全性高。磁悬浮列车采用跨座式单轨结构，不会发生脱轨和颠覆事故。

(3) 噪声源少。由于磁悬浮列车运行取消了机器内部产生的噪声，没有轮轨接触和受电弓的机械接触产生的噪声，所以，除了空气动力原因的噪声外，并无其他噪声源。

(4) 维修少。由于列车无接触运行，固定安装的导向轨形位受影响小，可节省维修工作和维修费用。

(5) 舒适度良好。固定的车道结构，使全区段长度上的动力影响一致，从而提高了列车运行的平顺性，保证了旅客舒适度。

(6) 选线自由度大。已经证明，磁悬浮列车的爬坡能力可达 4%～10%；曲线地段最大横坡角可达 12°，从而可采用较小的曲线半径。

(7) 能耗少。根据比较研究，磁悬浮列车的能耗量较传统高速铁路列车少约 1/3。

但是，因采用跨座式单轨形式，磁浮交通同样存在单轨交通的短处。此外，磁浮交通完全依赖电磁力实现悬浮、导向和驱动，一旦失电安全保障难，如制动问题；磁浮系统复杂，特别是超导磁浮，除线路上部和下部结构外，还需设置庞大的冷却系统，初期投资昂贵；因制式的独特性，存在不能与其他有轨交通线路兼容运行的缺憾。

3. *磁浮交通的适应性*

当前磁浮有高速和中低速之分。

(1) 高速磁浮列车作为一种新型高速交通工具，为当今世界高速交通增添了新成员。按最高速度(500 km/h)计算，其市场的有利竞争距离在 1 000～1 200 km，可与航空相媲美。至今建成的上海浦东磁浮线(30 km)仅为一条示范线。

(2) 中低速磁浮列车一般采用短定子/常导型，其最高速度在 300 km/h 以下。因其速度低、造价降低，可服务城区中短距离的客运。

日本于 1988 年在琦玉博览会展示了 HSST - 05 型磁浮车。在 191 天展览会开放日里，共运送了 12.6 万人。随后还研发了 HSST 系统产品，如 HSST - 300 城市际列车(最高速度 330 km/h)、HSST - 200 市郊列车(最高速度 230 km/h)和 HSST - 100 市区列车(最高速度 130 km/h)。但是，因 HSST 存在直线电机阻力大和效率较低的缺点，与轮轨交通系统相比，相对能耗及运营成本较高；在运输能力方面，按 HSST - 100 车辆的设计，其平均定员(包括站席)不足 130 人，编组辆数有限，不能满足大运量及长途客运的要求。所以日本并不以 HSST 作为一种普遍应用的城市轨道系统，而只是在博览会等特定地形条件下，作为一种旅程不长的城市交通补充工具。

2012 年 1 月中国自主研发的第一列可商业运营的中低速磁浮列车(时速 100 km，载客 600 人)在湖南株洲的中国南车株洲电力机车有限公司正式下线，标志着我国磁浮交通进入了新的发展阶段。

三、自动导轨交通

1. **概述**

自动导轨交通 AGT (Automated Guideway Transit)是一种车辆运行具有侧向或中央导

轨专用混凝土轨道上的电气牵引交通系统。车辆一般采用胶轮-导轨结构形式，车辆既可以单节、也可以成组有人/无人驾驶运行。由于轨道线路一般采用高架形式，也被称为“空中巴士”。

作为客运交通工具，AGT 大体分为如下两种。

(1) 穿梭式或环形式短途交通。这种方式是指往返于固定起讫点之间的 AGT，列车往返或周而复始环线运行。如美国迈阿密、西雅图、亚特兰大等机场所建的 AGT 系统。

(2) 中运量城市客运交通。为了增加 AGT 的运输能力，日本建设的 AGT 多采用 60～70 人的 4～6 辆编组系统，形成了城市中等客运交通系统。日本第一条 AGT 建于神户的三宫—中公园(6.4 km)，采用高架式，6 节编组，橡胶轮胎(侧导向)，共设 9 个车站，最高速度 60 km/h，小时运输能力 8 100 人。日本还于 1983 年制定了统一的 AGT 技术标准，见表 1-4。

表 1-4　日本 AGT 标准主要项目

项　目	内　容
输送能力	2 000～20 000 人/小时
运行	可以无人驾驶
速度	最高速度 50～60 km/h；旅行速度 30～40 km/h
车辆	定员约为 75 人/辆(4～6 辆编组)，采用橡胶轮胎
导向方式	侧导向方式
道岔方式	水平可动导向板方式
供电方式	原则上为 DC750V
轨道和路基	建筑限界：高 3 500×宽 3 000 mm，左右导向侧面间隔 2 900 mm；站台高度 1 070 mm
设计载重	车辆轴重 9 t

2. AGT 的特点

(1) 自动化驾驶和自动控制的安全保障措施，使 AGT 可以自动地按指令准确运行，避免人工驾驶疲劳带来的行车安全危险。

(2) 自动化运行使得 AGT 可根据客流变化，灵活调整列车运行方案，更方便、更适合于突发性客流场所(如公园、剧院、机场、客运站)的旅客运输。

(3) 因车辆体型相对较小、重量轻、列车编组短等特点，AGT 不仅工程造价较低，而且牵引动力能耗较小。

(4) 因 AGT 采用电力牵引，对环境污染小。

(5) 车辆采用橡胶车轮，增大了摩擦力，不仅爬坡能力强，而且对车内和周围环境产生的噪声和振动影响都较小。

(6) 由于 AGT 双向运行，前后轴都能转向，能通过 30 m 的小曲线半径，易于在建设密度较高的市区绕避需要保留的建筑物，减少拆迁建设成本。

3. AGT 的适应性

自动导轨交通因行车密度调节范围大，车体大小和列车编组又可在一定范围内改变和调整，扩大了 AGT 的适用范围。即可当作城市中运量轨道交通，还可用于短距离、行车密度大、客运强度较高的交通枢纽(机场、车站)的接驳运输、博览会或游乐园等内部交通。

表1-5 世界部分国家AGT情况表

国别	日本			法国	美国
线别	大阪南港港城线	广岛市 Astram 线	山万桉树丘线	里尔1号线(VAL)	奥兰多机场线
营业里程/km	6.6	18.4	4.1	13.3	1.2
车站数	8	21	6	18	4
平均站间距/m	940	920	683	783	590
线路形式	双线	双线	单线环形线	双线	双线
导向方式	两侧导向	两侧导向	中央导向	两侧导向	中央导向
供电/V	交流600	直流750	直流750	直流750	—
编组辆数	4	6	3	2～4	4
列车最大容量	297	286	215	262～524	800
输送能力/(人/小时)	4 430	5 720	1 630	5 000～20 000	32 000
驾驶方式	ATO无人	ATC单人	ATC单人	ATO无人	ATO无人
旅行速度/(km/h)	27	30	24	34	—
最高速度/(km/h)	60	60	50	80	—
通车年份	1981	1994	1982	1983	1981

复习思考题1

[1-1] 我国铁路提高列车速度的途径与特点是什么?

[1-2] 何为自动导轨交通?该模式在我国应用的范围与条件是什么?

[1-3] 比较分析常导型和超导型磁浮交通的优劣所在。

第二章 线网建设

第一节 线路项目建设管理程序

轨道交通网络由多线路组成。一条线路的建设项目经过设想—开发—建设—施工—投入使用的全过程称之为“项目发展周期”或建设程序。在这个过程的各个时期又有许多不同的工作和活动。

轨道交通线路建设项目涉及工程内容多、技术复杂，一般投资较大。通常每公里线路建筑成本都上千万甚至上亿元。如上海地铁 1 号线仅建筑造价每公里就约 3.3 亿元。所以，轨道交通线路建设项目都属于大型、特大型基本建设项目。

一、基本建设一般程序

基本建设是国民经济各部门为发展生产而进行的固定资产的扩大再生产。所谓基本建设程序，就是基本建设工作必须遵循的先后次序，它是客观存在的自然规律和经济规律。根据我国几十年的基本建设实践，基本建设工作的全过程一般划分成以下四个步骤。

第一步，根据国家长期发展规划、区域规划和资源情况，通过项目可行性研究，编制和提出建设项目计划(设计)任务书，确定要建设的项目和选择建设地点。

第二步，根据计划(设计)任务书的要求，通过招投标，确定工程设计单位，进行工程地质和水文地质的勘察工作，落实外部建设条件；进行项目的初步设计，编制项目的总概算。

第三步，初步设计和总概算批准后，建设项目才能列入国家年度基本建设计划，由工程设计单位进行技术和施工图设计；通过招投标和评标工作选择施工单位，由工程施工单位进行设备订货，展开施工。

第四步，工程竣工后，进行验收交接，交付生产单位使用，形成新的生产能力。

以上前两个步骤属于建设前期工作，后两个步骤为建设期工作。

二、轨道交通建设阶段和任务

轨道交通线路基本建设就是把一定的建筑材料和设备，通过建造和安装活动，转化为固定资产的过程。在建设过程中，每一阶段都是以前一阶段的工作成果为依据，同时又是后一阶段工作的基础，其工作的优劣直接影响后一阶段工作的好坏，乃至基本建设任务完成的效果。

(一) 铁路基本建设程序

铁道部根据国家基本建设程序的有关规定，结合铁路部门的情况和特点，将铁路建设划分为三个阶段 11 个环节。

1. 前期工作阶段

(1) 路网规划。该规划由铁道部编报，国家发改委批准。

根据国家经济发展规划，自然资源分布和开发利用情况，工业布局和运量发展趋势，通过全面调查，编制铁路网中长期发展规划，提出铁路线修建(改造)时机和顺序，使铁路网布局趋于合理，路网规划是铁路基本建设程序的首要环节，也是进行项目(预)可行性研究的基础。

(2) 下达可行性研究计划(或项目建议书)。该计划由铁道部下达。

在路网规划的基础上，由铁道部按照任务的轻重缓急，提出进行可行性研究计划项目(项目建议书)，一般由铁路勘察设计院或有资质的研究机构承接。

(3) 编制可行性研究报告。该项目由承接可行性研究任务的单位编报，铁道部审查、核实。

在调查和现场踏勘的基础上，研究项目的技术可行性、经济有利性，明确提出项目是否可行的意见。对于可行的项目，还要进行多方案的比较，推荐最佳方案和投资最佳时机，为下达设计任务书提供主要依据。

(4) 下达设计任务书。该任务书由铁道部负责编制。大中型项目呈报国家发改委审批下达；重大项目报国务院审批下达。

设计任务书的内容主要包括建设项目的内容，建设地点，采用的主要技术条件，投资规模及投资安排，并且明确建设单位。通过招投标活动，明确项目的设计单位及外部协作关系。

(5) 编制(扩大)初步设计和鉴定。其中，大中型项目由铁道部提出鉴定意见，报国家发改委审批；重大项目由国家发改委组织鉴定，报国务院审批。

根据下达的设计任务书，由中标的设计单位进行(扩大)初步设计。通过深入的调查与勘测，进行不同技术特征和工程数量的多方案的研究与比选，求得经济效果最佳的实施方案。

对采用三阶段设计的项目，要进行初步设计、技术设计和施工图设计；而采用两阶段设计的项目，则只进行扩大初步设计，施工图设计。

2. 建设期工作阶段

(1) 下达计划任务书。由铁道部下达，报国家发改委备案。

初步设计审批后，铁道部可下达计划任务书，它是基本建设投资计划和安排施工的依据，包括建设规模，要求的(生产)输送能力，主要技术条件，工程投资，建设单位，施工单位，开竣工日期，施工进度及分年度投资。建设单位可依据总概算开展项目施工的招投标工作。

(2) 编制技术设计文件(两阶段设计项目无此过程)。设计单位按批准的初步设计和计划任务书以及定测资料进行编制。技术设计是对初步设计的补充和修正，主要解决复杂工程中存在的某些技术问题。

(3) 施工图设计。由设计单位编制。

根据批准的技术设计(或扩大初步设计)提供施工可依据的全套详细的设计图纸和必要说明。

(4) 建筑安装施工。由施工单位组织实施。

中标的施工单位要与建设单位签订建筑安装施工承包合同，共同提出开工报告，做好施工准备工作，按照设计文件规定的内容与要求，在工程监理员督导下，合理组织施工。与此同时，建设单位根据建设项目的生产技术特点做好运营的准备工作。包括管理机构的筹建、职工人员培训等。

(5) 验交投产。中小型项目由铁道部组织验收，大型项目由国家组织验收。

项目竣工后，施工单位及时整理技术资料，绘制竣工图，编制好竣工决算，由(国家)铁道部组织建设、设计和施工等单位进行竣工验收工作。验收合格后，项目才能交付运营。部分铁路项目，验收前由施工单位在新建线路上负责组织的运输，称为临时管理运输(简称临管运输)。

3. 投资效果的反馈阶段

在铁路运营一段时间后,由建设单位会同有关部门,对工程质量、技术指标和经济效益等进行考查验证,以评价设计和施工质量,验证结论要上报国家有关部门。

(二) 城市轨道交通建设程序特点

城市轨道交通项目建设必须严格执行国家基本建设程序,主要工作程序(阶段)包括:线网规划、线网近期建设规划、项目可行性研究、工程勘察设计、工程施工、试运行、试运营、竣工验收和项目后评价。其中:

(1) 线网规划、建设规划、可行性研究、工程勘察设计、试运营应依据国家有关法规取得相关政府授权部门的审批或许可。

(2) 城市轨道交通工程可行性研究阶段应编制客流预测专题报告,应依据项目具体情况和国家相关法规规定进行环境影响评价、地质灾害评估、地震安全性评估、土地预审、安全预评价、抗灾设防专项论证等专题研究报告,作为可行性研究报告的支持性文件。

(3) 城市轨道交通工程设计应依次做好总体设计、初步设计和施工图设计工作。对工程复杂的项目,可作试验段工程,试验段工程应在总体设计指导下进行。

(4) 城市轨道交通项目竣工验收后,应依据国家政府投资建设项目监管有关规定由地方政府组织进行后评价。后评价应遵循"客观、独立、科学、实用"的原则。

为了防止一些城市盲目建设城市轨道交通项目的现象,加强城市轨道交通的建设管理,促进其健康发展,国务院办公厅于 2003 年专门发文,规范城市轨道交通项目的建设管理。主要的要求有:

(1) 坚持量力而行、有序发展的方针,确保城市轨道交通建设与城市经济发展水平相适应。

申报发展地铁的城市应达到下述基本条件:地方财政一般预算收入在 100 亿元以上,国内生产总值达到 1 000 亿元以上,城区人口在 300 万人以上,规划线路的客流规模达到单向高峰小时 3 万人以上;申报建设轻轨的城市应达到下述基本条件:地方财政一般预算收入在 60 亿元以上,国内生产总值达到 600 亿元以上,城区人口在 150 万人以上,规划线路客流规模达到单向高峰每小时 1 万人以上。对经济条件较好,交通拥堵问题比较严重的特大城市,其城市轨道交通项目予以优先支持。

(2) 加强城市轨道交通建设规划的编制、审批工作,严格项目审批程序。

所有拟建设城市轨道交通项目的城市,应在编制城市总体规划及城市交通发展规划的基础上,根据城市发展要求和财力情况,组织制订城市轨道交通建设规划,明确远期目标和近期建设任务,以及相应的资金筹措方案。规划由发展改革委员会会同建设部组织审核后报国务院审批。项目按现行基建程序审批。原则上,城市轨道交通项目的资本金须达到总投资的 40%以上。

(3) 严格控制建设标准,进一步降低工程造价。

城市轨道交通建设必须坚持经济、实用、安全的原则,严格控制工程建设标准。

第二节 线网规划理论与方法

轨道交通系统是具有大运量、快速度、独立专用轨道的交通运输系统。轨道交通线网规划就是依据资源分布和产业布局特点,以促进资源开发、满足经济发展为目标,通过运输需求的预测,统筹考虑轨道交通系统的技术经济优势和与其他交通方式协调发展,所进行的轨道交通网络空间布局规划。轨道交通线网是一个有机的整体,其中每一条线路都是不同层次路网中的一部分,不可能脱离整体而独立生存。因此,良好的、有远见的轨道交通线网规划是轨道交通线路建设的强有力的指导和约束条件。当前无论是铁路线还是城市轨道交通线路工程项目建设,国家都要求先完成线网规划,所建设的项目必须是线网规划的有机组成部分。

一、线网规划技术路线

轨道交通线网规划一般以运输需求分析为基础,采用定性与定量相结合,近期与远景相结合的技术路线。线网规划主要研究的内容包括:规划背景研究、运输需求预测、布局方案研究、规划方案评价、规划实施建议。总体规划一般流程如图 2-1 所示。

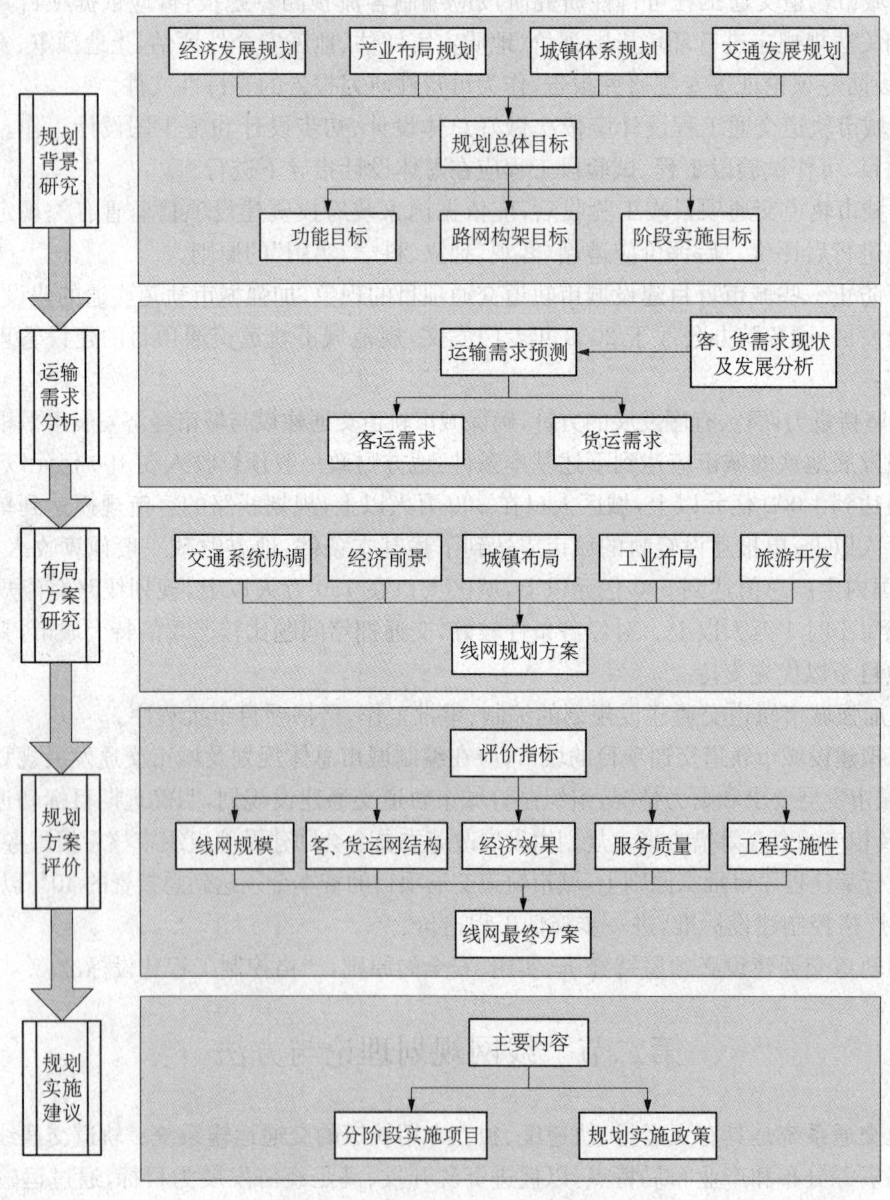

图 2-1 轨道交通线网总体规划流程

(一) 规划背景研究

规划背景研究是轨道交通系统线网规划的前提。不同的规划对象需要调研的范围和内容大同小异。背景研究主要关注以下四项内容。

(1) 经济发展规划。中国经济发展规划分近期和中长期规划。由于轨道交通系统建设项目大多属于百年建筑,一经建成,改建难度较大,所以主要应依据国家的和规划区域内的中长期的经济发展规划。

(2) 产业布局规划。规划区域内工业、能源等行业的生产与发展,对地区资源开发和货运流量、流向有着重要影响。

(3) 城镇体系规划。规划区域内的城镇布局,对轨道交通系统线网布局和技术选型有着重要影响。

(4) 交通发展规划。交通项目建设是为了增加交通运输供给能力,实现交通与经济协调发展。交通运输系统是由多种交通方式构成的综合体,各种交通方式都有自身的技术经济优势。轨道交通系统的建设与发展必须建立在能够充分发挥轨道交通的优势基础上。

规划背景研究需要充分研究规划范围内的经济和社会发展内涵,深入剖析交通运输存在的问题和发展趋势,结合国家的经济发展战略与目标要求,形成线网规划的原则目标,如功能目标、路网构架目标、阶段实施目标。

(二) 运输需求分析

运输需求分析是轨道交通系统线网规划的基础。分析的核心是客、货运需求预测。需要在系统分析规划区域内客货运输特点基础上,确定轨道交通系统在整个综合运输体系中的功能定位,把握运输需求发展规律,运用一定的预测模型和方法,确定规划区域内轨道交通应承担的份额,研究分析规划年度轨道交通规划线网上客货运量。对于城市轨道交通和客运专线(高速)铁路,则仅需研究客流的分布。

(三) 布局方案研究

布局方案研究是轨道交通线网规划的核心。城市轨道交通系统和城市对外铁路系统的布局要求差异较大。

(1) 城市轨道交通系统。轨道交通线网规划需要在城市总体规划基础上,以城市远景规划用地性质、范围及人口发展规划为基础,以满足城市主客流输送需要、提高轨道交通使用便捷性为目标,进行线网的布局。

(2) 铁路系统,包括城际铁路、客运专线(高速)铁路。根据规划区域内社会经济发展、能源供给、旅游开发等诸方面对城市对外铁路运输需求特性,充分考虑与既有铁路网络相融合的要求和促进规划区域内交通运输系统的协调发展,形成规划区域内的线网布局形态和主要规划建设项目(集),即规划方案。

(四) 规划方案评价

规划方案评价是轨道交通线网规划的重要环节,是检验规划方案的功能性、技术性、经济性、可实施性的必要过程。需要针对不同的规划对象,从线网规模及覆盖范围、客货运网结构合理性、经济效果大小、服务质量高低、建设项目可实施性等诸方面建立合理的评价指标体系,以确定规划方案是否达到规划预期的目标。最终得出“系统优化、综合协调”的最佳线网布局方案。

(五) 规划实施建议

轨道交通线网规划的实施需要循序渐进。根据规划区域经济发展规划和轨道交通线网规划总体目标，根据项目的紧迫性和建设资金安排，分阶段确定建设(项目)任务、建设目标和配套的政策建议，使线网规划逐步得到落实。

二、线网规模确定方法

在进行轨道交通线网规划中，首先遇到的问题是线网的建设规模该有多大。根据规划区域社会经济、城市、交通运输系统现状及其规划、区域交通需求、区域经济发展前景等因素，从宏观上合理地确定轨道交通线网规模，是较为困难的事情，因为运输需求和运输供给需要维持的是动态平衡。合理的线网规模指一个轨道交通线网，不仅可以通过提供足够的运输供给能力，满足规划区域日益增长的运输需求，而且投入较少，为轨道交通系统的运营管理创造条件。

常见的线网规模匡算方法有：需求推算法和密度推算法。

(一) 需求推算法

这种方法是指由规划区域内交通运输需求总量和线网合理负荷强度关系，来进行线网规模的推算。

1. 城市轨道交通线网

城市轨道交通线网规模(即总长度)L(km)可由式(2-1)计算。

$$L = Q \cdot \alpha \cdot \beta / \gamma \tag{2-1}$$

式中 Q——城市公共交通日总出行量，万人次；

α——城市轨道交通出行量占城市公交总出行量的比例，%；

β——乘客完成一次交通出行的公共交通平均换乘次数；

γ——城市轨道交通线路负荷强度，万人次/(公里·日)。

2. 铁路线网

铁路线网担负着旅客和货物两大类运输任务。旅客运输量与旅客的出行频度和出行距离有关；货物运输量与产业布局和能源分布与供给条件有关。显然，同样的运输量条件下，运输距离越长，铁路线网承担的运输负荷越高。为了计算方便，铁路一般用换算周转量(换算单位：1人公里=吨公里)来表示运输量。铁路线路的输送能力则与线路正线数目、线路列车开行方案密切相关。这里用线路平均容量(万吨公里/(日·公里))来表示线路运输能力大小。铁路线网规模(即总长度)L(km)可用式(2-2)方程求解：

$$L = \sum l_k \tag{2-2}$$

$$365 \sum l_k \cdot \lambda_k \cdot \theta_k = Q_1 \cdot L_1 \cdot \sum \varphi_k^1 + Q_2 \cdot L_2 \cdot \sum \varphi_k^2$$

式中 Q_1，Q_2——表示铁路旅客年运输量(万人)和货物年运输量(万 t)；

L_1，L_2——表示铁路旅客和货物的平均运输距离，km；

l_k，λ_k，θ_k——表示线网中第 k 类线路长度(km)、平均运输容量(万吨公里/(日·公里))和线路能力利用率(%)；

φ_k^1，φ_k^2——分别表示线网中旅客和货物在第 k 类线路中预测承担的运量比例，%。

(二) 密度推算法

其是指根据规划区域面积和线路分布密度要求，进行线网规模推算的方法。

$$L = \sum S_i \cdot \sigma_i \quad (\text{km}) \tag{2-3}$$

式中　S_i——城市轨道交通或铁路规划第 i 类区域面积，km^2；

σ_i——城市轨道交通规划或铁路第 i 类区域线网规划密度指标，km/km^2。

三、线网规划方法

轨道交通线网规划是一项非常复杂的系统工程，除自身的技术因素外，还受规划区域的自然条件、城镇规划与布局、经济发展变化、资源分布、既有交通运输系统状况等多重因素综合影响，没有一种定式。从理论上讲，大致可归纳为以下三类规划方法。

（一）点线面要素层次分析法

该方法的特点是：以规划区域城镇结构形态和客流需求的特征为基础，对基本的客（货）流集散点，主要的客（货）流分布，重要的对外辐射的方向及线网结构形态，进行分层研究，充分注意定性分析与定量分析相结合，静态与动态相结合，近期与远期相结合，运输供给与运输需求相协调，经多方案比较而成。线网构架的研究中，须从"点"、"线"、"面"三个不同类别、不同层次深入研究。

（1）"点"的分析。"点"代表的是局部和个体性问题。轨道交通线网中的"点"在铁路线网中代表城镇旅客和货物的集散、中转点；在城市轨道交通线网中代表客流集散点，即客流发生、吸引点和客流换乘点。规划时，尽量将主要的客货流集散和交换点用最短捷的线路连接起来，为旅客和货主提供最便利的运输服务。

（2）"线"的分析。"线"代表方向性问题，即轨道交通运输走廊的布局问题。在铁路线网中，"线"分析应关注于规划区域中主要城镇分布和客货流经路，特别是既有交通运输网络中已凸显的运输走廊或运输能力供应不足地带，为线路定位提供依据。在城市轨道交通线网中，"线"的研究重点是基于城市道路交通网络，寻找客流主方向及交通走廊，并将城市内大客流集散点串联起来。轨道交通线路走向与主客流方向一致，可增加乘客的直达性，既方便乘客，又可提高轨道交通经济效益。

（3）"面"的分析。"面"代表整体性、全局性的问题，即线网的结构与形态和内外衔接关系处理问题。在进行线网构架方案研究时，城市地位与分布、城市规模、形态、内外交通衔接、规划区域的自然条件、土地利用格局、交通需求特性、线网规模等诸多因素都是控制线网构架和形态的决定性因素。在铁路线网中，铁路枢纽是线网中各线的交汇点，也是城市对外交通铁路与城市内部交通的重要衔接面。需要从局部"面"角度，深入分析铁路引入城市的方式（包括线路敷设方式）和专业车站（如客运站、货运站、编组站）及其相关的附属设施（如机务段、车辆段、动车维修基地等）的布局问题。在城市轨道交通线网中，不同城市规模和城市布局，直接影响轨道交通线网的形态。放射线形、棋盘形、放射（棋盘）＋环线形线网等形态的选择需要充分分析城市布局、客流方向、城区改造、换乘枢纽设置等诸因素，通过客流预测，确切把握规划年度的客流需求特点，使线网的总体构架能与城市发展相协调。

点线面要素层次分析法更适合于"从无到有"的轨道交通线网规划。我国大部分城市轨道交通线网规划都采用此方法。2004 年中国中长期铁路网规划中的快速客运网络规划中就是以此方法为基础，逐点、逐层展开分析，确立了连接全国主要省会城市的"四纵四横"客运专线网。

(二) 逐线规划扩充法

该方法的特点是:以既有轨道交通线网为基础,进行线网规模扩充,以适应规划区域发展对交通运输需求增长的需要。为此,必须在已建线路的基础上,调整规划已有的其他未建线路,来扩充新的线路,并将每条线路依次纳入线网后,形成最终的线网规划方案。该方法的优点是投资效益高,便于迅速缓解城市交通拥挤最严重的路段或区域主要运输走廊的运能紧张。该方法的缺点是不易从总体上把握线网构架,达到形成与规划区域城镇布局总体协调的目的。

逐线规划扩充法一般可用于线网补充手段。如2008年中国中长期铁路网规划调整中,在2004年方案的基础上,运用"干线网补充、系统网完善"的做法,对"四横四纵"的客运专线网进行的补充与完善,增加了南昌—九江、柳州—南宁、绵阳—成都—乐山、哈尔滨—齐齐哈尔、哈尔滨—牡丹江、长春—吉林、沈阳—丹东等客运专线,扩大客运专线的覆盖面。上海城市轨道交通线网2008年底动工修建的轨道交通13号线,就是为了解决上海市东西方向轨道交通2号线城市中心区段高峰运能严重不足的问题新补的规划线路。

(三) 主客流方向线网规划法

该方法的特点是:根据城市(群)客、货运需求特点,以最大限度满足干线(通道)交通运输需求、远期引导合理的城市布局调整和线网交通结构形成为原则所进行的线网规划方法。在运量预测分析基础上,确定出主客货流方向,然后沿主客流方向布线提出若干线网规划方案,综合比选后确定线路网络结构。

京沪通道是我国重要的东部南北干线通道,一直是铁路运能最紧张的干线,其中两端又地处中国经济最发达的城市圈:津京塘和长三角。有关这条通道的铁路规划在过去20年里几经调整,先后经历改造既有京沪铁路、修建京津城际(高速)铁路、沪宁城际(高速)铁路、京沪高速铁路等多次规划调整。为了进一步促进长三角经济一体化的发展,还规划了沪通铁路、沪镇铁路,进一步强化了沪宁轨道交通通道的运输能力。沪—宁通道上的苏州、无锡等城市,也规划将城市轨道交通外延,实现跨行政区的连接(如上海城市轨道交通11号线于2010年开工修建至昆山花桥的延伸段)。这些规划都是进一步强化上海北翼(江苏)接入上海的交通条件。

四、运量预测方法

(一) 预测概述

交通运输需求预测是轨道交通线网规划的重要组成部分。预测的准确与否,直接关系到轨道交通线网规划的质量。交通运输需求预测的内容有以下三类。

(1) 交通运输需求量。交通运输需求量是指在一定时期、一定社会经济结构下进行社会经济活动所产生的交通运输需求的数量。对车站来说,它是客发量、货发量;对于线路或线网来说,它是客运(周转)量、货运(周转)量。

(2) 交通运输需求空间分布。交通运输需求空间分布指线网中源汇点之间的客、货流向及流量,即为常说的*OD*流。

(3) 交通运输需求时间分布。交通运输需求时间分布指在某个具体时间段上客、货运输需求量。运输的时间波动性是影响轨道交通线网能力配备的重要影响因素之一。城市轨道交通的运能一般需要按照城市高峰小时的出行量来配备。

(二) 预测方法

交通运输需求预测是在把握历史运量规律基础上,对未来运量的发生与发展进行外推,求得未来的预测运量值。预测方法按大类可分为:定性预测方法和定量预测方法。可用于交通运输需求的预测方法见表 2-1。

表 2-1 预测方法简表

类别	预测方法	方法特点
定性预测方法	趋势外推法	假定运量发展趋势比较稳定,根据历史运量推测未来运量的发展
	专家意见调查法	利用专家的知识与经验,经信息反馈和处理,取得多数专家对未来运量发展趋势的预测意见(如 Delphi 法)
定量预测方法	增长率法	假定预测期的运量增长率等于历史期的平均增长率,由此对未来运量进行预测
	弹性系统预测法	假定运量与某一社会经济参数变量间存在一定的变化比率关系(正相关或负相关),并以此比率关系预测未来运量
	回归分析法	假定运量与某一个或多个社会经济参数变量间存在一定的关联关系,通过关联参数未来的变化,预测未来运量
	平滑预测技术	主要有移动平均法和指数平滑法。两者都是根据历史期运量序列数据,通过"平滑"技术,过滤一些随机因素对运量预测误差的影响,实现未来运量的预测
	产运系数法	假定运量与某类产品的产量或产值之间存在一定数量关系,根据这类产品未来生产量的变化,预测由此产生的运量
	重力模型	仿效牛顿万有引力定律原理,建立两地点交通运输的发生量与吸引量的计算模型,预测两地间的 *OD* 运输量
	四阶段法	在 *OD* 运量现状调查基础上,通过预测运源点的运量发生、运量在各 *OD* 间分布、运输方式选择、乃至线网各线分配,实现预测期整个运输线网的 *OD* 流量及流向的预测

五、线网方案评价方法

线网方案的评价是一项复杂而有较大难度的工作。评价要通过系统评价技术从众多替代方案中找出所需的优方案。线网评价涉及两个主要内容:建立评价指标体系,选择评价模型。

(一) 评价指标体系

评价指标体系是根据评价目标选择的若干个评价指标的集合。不同的评价对象(如铁路快速线网、城市轨道交通线网等),不同的评价时期,由于评价目标的不同,选择的评价指标也会有所差异。如城市轨道交通线网一般的评价指标体系有如下五种。

(1) 线网结构技术指标。良好的线网结构是实现其交通功能和其他功能的重要保证,从不同的层次出发,选取的指标有线网覆盖率、中心区线网密度、线网平均换乘系数、主要集散点连通率、轨道交通站点与城市公共活动中心空间耦合度。

(2) 交通功能指标。线网交通功能的实现程度是线网优劣的重要衡量标准,从客运服务能力和服务水平两个方面出发,选取的指标有线网日客运总量、线网平均负荷强度、客流断面不均衡系数。

(3) 社会效益指标。城市轨道交通线网的社会效益指标主要包括居民出行时间的节约、出行质量的提高,以及对城市道路交通的改善等。选取的指标有居民公交出行时间节约、公交出行比例、平均出行速度。

(4) 建设可实施性指标。线网的规划方案首先必须是可行的、可实施的,才具有价值。选取的指标有施工难易程度、分期建设计划的合理性。

(5) 与城市发展的协调性指标。合理的线网规划应该与城市总体规划相协调,与城市交通规划相协调,支持和引导城市发展,促进城市交通规划战略目标的实现。选取的指标有与城市总体布局的耦合性,与城市对外交通设施的协调性,与城市自然、文化景观的协调性。

(二) 评价方法

由评价指标体系可知,轨道交通线网方案评价是一个多目标的优化问题,对于多目标问题,理论上比较成熟的决策方法有下面几种。

(1) 分层序列法。按目标的重要等级,依次处理各目标。

(2) 化多为少法。将多个目标简化成单个目标后,再求解。

(3) 目的规划法。事先划定一组预定的目标,通过合理安排有限的资源,使决策结果尽可能接近这组目标。

(4) 理想点法。是寻找在约束条件下距离“理想点”(即最优值)最近的决策结果。

(5) 效用理论。是在建立目标属性的效用函数基础上,通过定量分析,按目标综合效用值的大小,给出方案的排序。

(6) 层次分析法。是依靠决策者对多属性的主观评判,通过对目标重要度的赋值,建立比较矩阵,再对目标进行分层处理及综合,最终得到方案排序。

(7) 模糊综合评价法。是考虑到评价目标(如舒适度)定量计算的困难,可通过构造模糊评价矩阵,用综合评价分确定方案的排序。

第三节　线路项目可行性研究

一、可行性研究概念

可行性研究是一项在具体实施某一建设项目前,综合运用了技术、经济、管理多种学科的决策技术,对建设方案是否可行以及潜在的效果进行分析、论证和评价的工作。它是建设项目前期工作的核心内容。对项目进行可行性研究的最终目的,在于用目前有限的资源(人、物和财力),保证所选择的项目能够最大限度地满足项目投资者所追求的目标。

二、可行性研究阶段

轨道交通项目可行性研究一般分为:预可行性研究(简称“预可研”)和工程可行性研究(简称“工可”)两个阶段。

(1) 预可研阶段。该阶段重点研究项目的必要性,对建设规模、建设地点、投资可能性、技术标准和经济效益做粗略的分析,最后编制预可研报告。审批后的预可研报告,作为编制项目建议书的依据。

(2) 工可阶段。项目建议书批准后,就进入了工可阶段。工可研究主要工作是通过必要的测量和地质勘探,充分调查研究,对可行的项目方案进行技术经济综合论证,提出最佳方案和投资控制数,作为编制设计任务书的依据。

三、可行性研究的主要步骤

轨道交通项目可行性研究工作主要有如下五个步骤。

(一) 筹建可行性研究项目组

轨道交通建设项目可行性研究必须由相应资质的设计或研究单位承担。受委托单位须成立由专业技术、经济管理、运输规划等方面的专家组成的项目组。

(二) 研究准备阶段

为了保证项目可行性研究的顺利推进,需要做好如下准备工作。

(1) 根据任务要求,明确研究的目的和范围;

(2) 编制研究大纲,确定主要研究内容和工作要求;

(3) 编制工作计划和实施进度,确定各阶段具体实施时间进度,分配好项目组所有人员的工作;

(4) 如果需要任务外分包时,应以合同方式办理好分包手续,处理好分包关系。

(三) 调研与资料搜集阶段

根据可行性研究任务,拟订调查研究提纲,组织有关人员赴现场进行实地调查,包括经济调查(含地区远景规划)、区域交通运输现状、地形图、地质调查和与项目建设有关的资源条件调查等,尽可能收集满足研究深度要求的各项资料和数据,并且力求准确。

(四) 分析研究阶段

在对收集资料的整理、分析、计算的基础上,开展深入的项目分析和研究工作。主要研究内容如下。

1. 运量研究

(1) 研究项目在政治、经济、国防、城市中的意义;

(2) 研究项目在交通网络中的地位和作用;

(3) 研究项目沿线区域的社会经济特征,如产业与人口分布、既有交通运输资源情况等;

(4) 研究有无其他可替代该项目的方案,包括其他交通运输方式(或工具)建设或能力加强方案;

(5) 预测和分析线路近、远期运输量,在线路吸引范围内,结合网络客(货)流的规划、以运输需求为出发点,预测设计线路客(货)运输量水平。

2. 技术研究

(1) 调查项目沿线的自然特征、环境与建设条件(如城市规划),重点调查工程艰巨地段情况;

(2) 调查项目相邻轨道交通线路的主要技术标准和运输能力,根据运输量、投融资能力以及网络规划要求,确定项目建设规模和主要技术标准;

(3) 对新建线路走向与位置或既有线路的改建方案进行多方案的技术经济比选;

(4) 检算项目能力并就建设顺序方案作出规划;

(5) 分析项目对相关线路、枢纽、公交换乘的影响,研究需要同步改扩建工程等问题;

(6) 确定项目实施计划，主要是确定项目分期、分段实施方案，筹划工期；

(7) 分析项目对环境的影响，提出环境保护方案；

(8) 新技术采用或引进的设想，立足国内，努力提高项目的国产化水平；

(9) 管理机构定员编制、来源和培训计划的拟订。

3. 财务研究

(1) 投资估算；

(2) 运营收入和支出估算；

(3) 税金、折旧、利息的估算；

(4) 建设资金筹措和债务偿还方式的确定；

(5) 财务报表编制的分析。

4. 经济评价研究

(1) 企业经济评价；

(2) 国民经济评价；

(3) 不确定性经济评价；

(4) 最佳投资时机的选择。

5. 综合评价和研究结论

(1) 多目标的综合评价；

(2) 作出项目是否可行的研究结论；

(3) 提出使项目有效实施的合理建议。

(五) 编写报告文本及绘制附表、附图

组织研究人员编写详尽的可行性研究报告，并且附上必要的图和表。研究报告的格式按相关编制办法编写。

可行性研究报告编写完毕后，建设单位应专门组织有关人员进行预审。确认报告内容齐全，符合委托协议(合同)规定与要求后，才呈报上级主管部门审批。

四、可行性研究的运量调查与预测

(一) 调查区域

交通运输线路是地区间社会经济联系的纽带。线路项目建设的目的是连接大小城镇，形成区域交通网络和区域经济网络，促进生产资源的合理流动、高效配置和区域内社会经济的快速增长，进而引起运输量的变化。因此，交通运输建设项目可行性研究中的社会经济调查研究主要指区域经济与运量调查。调查区域根据与建设项目的关系，分为直接影响区和间接影响区。

1. 直接影响区

其是指项目的建设主要对地区经济的发展有直接的影响作用。其确定的原则为：

(1) 项目实施后，会使这些地区或区域的社会经济显著受益，即促进了该区域生产资源的合理流动和高效配置，使得区域内的经济总量和居民收入水平显著增加；

(2) 项目实施后，该项目承担的大部分运量来自这些区域(始发、终到量)，即交通量的发生源或集中点大部分在这些地区或区域；

(3) 项目实施后，会大大缓解这些区域内其他交通运输方式、线路的运输紧张状况。

从地理范围看，直接影响区一般指沿建设线路项目呈带状形态区域。直接影响区确定不宜过大，否则会增加可行性研究的工作量，造成人力、物力的浪费和时间延长。

2. 间接影响区

其是指直接影响区范围外，凡建设项目所波及的区域，皆为间接影响区，如线路项目沿线的线路交叉和辐射地区。相对于直接影响区而言，间接影响区社会经济调查分析可略粗些。

在项目影响区的运量调查分析中，*OD* 运量是交通运输项目评价的重要基础资料。摸清客、货流的流量与流向；对确定线路项目的站点分布、线路走向有重要意义。

(二) 调查主要内容

1. 区域的自然资源条件

其是指在一定时间、一定地点条件下，能产生经济价值，为人类社会当前和将来创造福利的资源。如：

(1) 矿藏资源，主要指煤炭、石油、盐、铁、铜等矿产资源。调查分析的内容包括：资源的储量、业已开发的规模以及计划开发的规模和前景、资源的服务区域等。

(2) 旅游资源，调查的主要内容有区域内旅游风景、名胜、文物古迹点处，旅游点(区)的等级和性质、旅游开发情况等。

(3) 土地资源，调查的主要内容有区域的地理面积(如平原、山地及流域面积，土地可(或待)开发面积)，区域土地功能面积(如工业用地、商业用地、绿化、住宅用地等面积)。

对自然资源的调查可以根据建设项目的客、货运功能作用不同而有所侧重。

2. 区域内人力资源条件

人既是生产者，又是消费者，是交通运输建设项目客运量预测最主要的依据。调查的主要内容有两项。

(1) 总量指标。其包括总人口及其结构，如农业人口和非农业人口，城镇常住、暂住人口和流动人口、就业人数等。

(2) 相对指标。其主要指人口密度、人口自然增长率等。

3. 区域内的经济发展概况

调查的主要内容如下。

(1) 经济发展水平。如：国内生产总值(GDP)、主要工业产品量、国民收入、社会商品零售额等。

(2) 经济结构。主要指三大产业的结构。

(3) 经济布局。该项调查的主要内容是地区重要的物质生产部门(大中型企业)在空间(地理位置)上的分布及生产专业化程度(生产水平)。

(4) 投资与外贸。该项调查的主要内容有全社会固定资产投资额，国外贷款与投资、进出口贸易量与地区等。

(5) 经济发展规划与政策。调查的基本内容有区域产业、经济发展构想与展望，经济发展目标及水平，经济增长速度，建设投资额，投资重点和重点项目等。

4. 区域交通状况

(1) 各种运输方式的运网分布，里程，客、货总运量，总周转量及其增长率，区域内外货物交流量(如发到点、数量等)。

(2) 各类运输线路的等级、主要技术标准和输送能力,运输成本、运价,以及装卸中转等杂费标准,各种运输工具的规格和数量等。

(3) 各种运输方式间的联合运输情况,如中转地点、转运量和装卸能力等。

(三) 调查方法

项目可行性研究的社会经济调查一般需要组织一次专门的调查活动。主要方法有以下三种。

(1) 直接观察法,即由调查人员到现场对调查对象进行观察计量的方法。虽然此方法能够保证所搜集资料的准确性,但需要大量的人力、物力、财力和较长的时间。

(2) 报告法,是利用调查区域内企业、事业单位和政府机关已有的统计报表资料和其他方式积累的资料的方法。这种方法可以节省资料搜集的时间,但存在着现有资料数据难以和研究的要求相统一的缺陷。

(3) 采访法:是指根据被询问者的答复来搜集统计资料的方法。常用的是口头询问法和被调查者自填法两种。主要用于抽样调查,调查的准确性取决于调查内容的设计和被调查者的诚实与配合。

由于社会经济现象本身的复杂性和表现现象特征的标志的多样性,因而,采用的调查方法应该根据实际情况,灵活运用,有时需要将几种方法结合起来以适应调查任务和对象特点的要求,并且随着客观情况和工作条件的变化,不断地改进和完善。

(四) 运量预测

线路项目的运量预测分为正常运量、转移运量和新增运量三类。线路的总运量为三类运量之和。

(1) 正常运量,是指即使没有新的投资,不增加新项目,利用现有的设施也同样会增长的运量。这类运量的预测可以采用时间序列分析预测法、回归分析预测法、灰色预测法等。

(2) 转移运量,是指因新建项目,改善了运输条件,从其他运输方式(或同一运输方式中其他运输工具)转移过来的运量。以确定的交通运输网络和 *OD* 流为基础,可以用罗吉特(Logit)模型、马尔可夫预测法,计算从其他交通工具(线路)转移到新建项目的运量。

(3) 新增运量(或称诱发运量),是指因新运输项目的建设而引起的新增运量。一般以有、无分析为原则,用定性的预测方法(如:产运系数法、专家意见调查法)进行运量预测。

五、可行性研究经济效益评价

(一) 经济评价的种类

交通运输建设项目经济评价要求从国民经济和项目(企业)财务两个侧面进行评价。

(1) 国民经济评价,是从国家、社会整体的角度研究项目需要国家付出的代价和对国家的贡献,以判别项目投资的经济合理性。由于轨道交通线路项目属于国民经济的基础设施,因此,建设项目的取舍以国民经济评价结论为主要依据。

(2) 财务评价,是依据国家现行的财税制度和现行价格,从项目(企业)财务角度分析、测算项目的费用与效益,考察项目的获利能力,清偿债务能力等财务状况,以判别项目在财务上的可行性。

两种评价的主要区别如表 2-2 所示。

表 2-2　国民经济评价与财务评价的区别

序号	项目	国民经济评价	财务评价
1	评价角度不同	站在国家的角度评价项目对国民经济的贡献和国家需要付出的代价	从企业或项目本身的角度评价其财务状况,获利和偿贷能力
2	效益和费用含义上不同	根据项目对社会提供的服务及项目所消耗全社会有用资源,研究项目的效益与费用,以增加、减少国民收入为主要的鉴别原则	根据项目实际发生的货币支付及现金流量来确定效益和费用,以企业盈利为考核标准
3	采用的价格不同	采用反映资源的机会成本和供求关系的影子价格	采用现行市场价格
4	采用的主要参数不同	采用影子价格、影子汇率、影子工资和社会折现率等国家统一测定的参数	采用现行价格、官方汇率,以及因行业而异的财务折现率等参数

(二) 经济评价指标

经济评价指标,是指反映项目经济效益的数量指标。由于交通运输项目的复杂性,单一指标很难达到全面、系统地评价项目的目的,一般需要采用多个评价指标,从多方面对项目的经济合理性进行分析与考察。常用于轨道交通线路项目评价的经济指标有净现值、投资回收期、内部收益率、效益成本率。

1. 净现值

净现值 NPV (Net Present Value)指项目整个计算期(n)内各年度的净现金流量,按要求的投资收益率(即折现率 i),折算到计算期初的现值累计代数和。

$$NPV(i)=\sum_{t=0}^{n}(CI_t-CO_t)(1+i)^{-t} \tag{2-4}$$

式中,CI_t, CO_t 分别是项目计算期内第 t 年的现金(经济)收入和现金(经济)支出,万元。

判别标准: $NPV(i)\geqslant 0$,项目在经济上可以接受,最大者为最优方案。

2. 投资回收期

投资回收期(返本期),是指以项目净收益抵偿其全部投资所需要的时间,一般以年为计算单位。计算时根据对计算期内资金时间价值的处理,分下面两种情况。

(1) 静态投资回收期。不考虑项目计算期内各年度收支资金的时间价值,T_{p} 指累计现金流量等于零的时点。

$$\sum_{t=0}^{T_{\mathrm{p}}}(CI_t-CO_t)=0 \tag{2-5}$$

式中,T_{p} 是指项目的静态回收期,其他同前。

(2) 动态投资回收期。考虑项目计算期内各年度收支资金的时间价值。T_{p}'指用项目各年收益的现值来回收其全部投资现值所需要的时间。

$$\sum_{t=0}^{T_{\mathrm{p}}'}(CI_t-CO_t)(1+i)^{-t}=0 \tag{2-6}$$

式中,T_{p}'是指项目的动态回收期,其他同前。

判别标准:投资回收期越短,项目投资回收期效果越好。设基准投资回收期为 T_c,则 $T_p(T'_p) \leqslant T_c$,表明该项目在经济上是可以接受的。

3. 内部收益率

内部收益率 *IRR* (Internal Rate of Return),是指项目计算期内净现值为零的贴现率(有时称内部报酬率)。

$$\sum_{t=0}^{n}(CI_t - CO_t)(1 + IRR)^{-t} = 0 \tag{2-7}$$

IRR 是一个高次方程,一般用试差法按式(2-8)计算。设折现率 $i_2 > i_1$(要求 $|i_2 - i_1| \leqslant 5\%$),$NPV_1 > 0$, $NPV_2 < 0$,则有

$$IRR = i_1 + (i_2 - i_1)\frac{|NPV_1|}{|NPV_1| + |NPV_2|} \tag{2-8}$$

判别标准:若社会折现率为 i_c,则当 $IRR \geqslant i_c$ 时,表明该投资项目具有较强的投资偿还能力,在经济上可以接受此项目。

4. 费用效益率

费用效益率 *BCR* (Benefit-cost Ratio),是指项目计算内收入的现值和与支出的现值和之比。

$$BCR = \frac{\sum_{t=0}^{n} CI_t(1 + i_c)^{-t}}{\sum_{t=0}^{n} CO_t(1 + i_c)^{-t}} \tag{2-9}$$

判断标准:当 $BCR \geqslant 1$ 时,则表示在经济上可以接受此项目。

(三) 项目不确定性分析

不确定性分析是以分析各种不确定因素的可能变化,对项目经济效益的影响程度为目标的一种经济分析方法。在项目可行性研究阶段,项目的经济评价是建立在研究人员对项目未来的经济状况所作的预测和判断基础之上的。项目并未上马,所有的经济数据,如投资、收入、经营费用、寿命期等都是经预测、判断得来的。由于经济系统的复杂性,在项目论证阶段还需要进行不确定性分析。

常用的不确定性分析方法如下。

(1) 盈亏分析。其适用于对项目方案中有关参数值的变化毫无头绪、一无所知时,进行项目风险“倾向性分析”。

(2) 敏感性分析。其适用于对项目方案中某有关参数值不确定,也不知其发生的概率,只知道变化的范围时,设定参数变动范围,对项目投资的效果进行影响分析。

(3) 概率分析。其适用于对项目方案中有关参数的值不确定,但知晓其可能发生的概率时,进行项目的风险分析。

复习思考题 2

[2-1] 我国轨道交通项目建设周期一般要经历哪几个阶段?

[2-2] 铁路线网规划主要研究的内容有哪些?

[2-3] 比较线网规模匡算的需求推算法和密度推算法的不同之处及各自的适用性。

[2-4] 轨道交通线路工程项目可行性研究的目的或作用是什么?

[2-5] 试评述轨道交通项目经济有利性常用的分析方法及其适用条件。

第三章 轨道交通线路设计技术标准

根据我国轨道交通系统的现状，大致可分为普速铁路、快速和高速铁路、城市轨道交通。由于服务对象与需求的不同，它们在基础设施条件、运营组织、运营速度、车辆结构等方面存在着差异，所以各自线路的技术标准也有所不同。

第一节 普速铁路技术标准

普速铁路指铁路网中客、货列车共线运行，旅客列车设计行车速度等于或小于 160 km/h，货物列车设计行车速度等于或小于 120 km/h 的标准轨距铁路。

一、铁路等级

(一) 等级划分

我国疆域辽阔，地形复杂，人口、资源和生产力分布不均衡，各地区的经济与文化发展水平差异较大，从而造成不同铁路线在路网运输系统中的地位与作用也差异甚大。铁路等级是决定铁路主要技术标准的最重要依据。在满足铁路建设的运输功能基础上，划分不同线路等级，有利于针对不同运输需求选择相应的技术标准，使铁路运输能力得到经济合理的使用，既保留必要的能力储备，又不至于选用过高的铁路等级，造成能力过剩、资金积压。我国《铁路线路设计规范》(简称《线规》)规定：新建和改建铁路(或区段)的等级，应根据其在铁路路网中的作用、性质和远期客货运量确定。具体规定如下：

Ⅰ级铁路：指铁路网中起骨干作用的铁路，近期年客货运量大于或等于 20 Mt 者；

Ⅱ级铁路：指铁路网中起联络、辅助作用的铁路，近期年客货运量小于 20 Mt 且大于或等于 10 Mt 者；

Ⅲ级铁路：指为某一地区或企业服务的铁路，近期年客货运量小于 10 Mt 且大于或等于 5 Mt者；

Ⅳ级铁路：为某一地区或企业服务的铁路，近期年客货运量小于 5 Mt 者。

(二) 等级确定

当线路较长，又行经自然和社会经济状况差别很大地区时，也可按区段确定铁路等级，但也要避免同一条线路技术标准变更频繁，对运营及线路养护带来的不利影响。

(1) 设计年度。新建铁路的设计年度分为近期和远期。近期为交付运营后第 10 年，远期为交付运营后第 20 年。近、远期运量均采用预测运量。

(2) 运量确定。近、远期的年客、货运量指重车方向的货运量与由客车对数折算的货运量之和。1 对/d 旅客列车按 1.0 Mt 年货运量折算。

(3) 行车速度。行车速度是铁路等级的重要体现，因为它直接关系到铁路的运输能力、机车车辆的购置与运用、运输成本、投资效益等一系列运营和经济指标。旅客列车最高行车速度是该线列车的最高运行速度，它是确定线路平面最小曲线半径、缓和曲线长度、夹直线和圆曲线最小长度以及竖曲线半径等标准的主要技术参数，也是确定轨道类型的主要依据。该速度的确定受机车牵引力、机车车辆的构造速度、列车制动能力等多方面的限制。

从运行安全性与平稳性以及经济有利性考虑，《线规》规定的旅客列车最高设计行车速度如表 3-1。对于跨越多种地形、地貌单元的线路，为减少工程和提高部分路段的行车速度，可分段确定行车速度标准。

表 3-1　旅客列车设计行车速度　单位:km/h

铁路等级	Ⅰ	Ⅱ
旅客列车设计行车速度	160, 140, 120	120, 100, 80

二、铁路主要技术标准

铁路建设技术标准有正线数目、牵引种类、机车类型、牵引质量、限制坡度、最小曲线半径、机车交路、到发线有效长度和闭塞类型等。主要技术标准的选择是一个综合性的技术问题，需要考虑诸多因素(如线路运量、工程条件、线路在路网中地位和作用等)，需要多专业的通力合作，经过综合比较才能作出合理选择。

(一) 正线数目

新建和改建铁路正线数目选择一般有按单线设计，按单线设计、预留双线，按双线设计和增建第三线四种情况。

1. 新建铁路正线数目的选择

正线数目选择的主要依据是线路的运输量及其将来增长速度。对于新建铁路，因地区运量发展的滞后性，一般按单线设计；远期运量增长较快且增长幅度较大的线路(或区段)在单线建设的同时应预留好第二线的位置。

随着国民经济的发展，铁路运输量日益增长，有的新建铁路，单线不能满足输送能力要求，需一次建成双线或按双线铁路设计。如侯月线(侯马—月山)、西宁线(西安—南京)、京商段(北京—商丘)段等均按一次修建双线设计。我国重要的煤炭运输铁路干线大秦线(大同—秦皇岛)，一次建成双线电气化铁路。

双线铁路与单线铁路相比，建设投资一般比两条平行单线减少约 30%，但通过能力远超过两条平行单线。如一条单线半自动闭塞，平行运行图通过能力为 42～48 对/d，双线自动闭塞，平行运行图通过能力为 144～180 对/d，旅行速度比单线高 30%，运营费用比单线低 20%。因此《线规》规定：平原、丘陵地区和山区的新建铁路近期年客货运量分别大于或等于 35 Mt 和 30 Mt 时，正线数目宜一次按双线修建；远期年客货运量达到前述标准者，其正线数目宜按双线设计，分期实施；远期客货运量虽未达到上述标准，但按国家要求的年输送能力和客车对数折算的客货运量大于或等于 30 Mt 时，宜预留双线。

2. 关于既有单线向双线的过渡问题

如上分析，单线与双线的差别，首先在于它们的技术条件不同，从而使它们的通过能力处于不同的数量等级。铁路设计实践表明，在单线和双线能力之间存在一段较大的中间“空档”。因此，很少出现单线与双线之间进行简单的比选情况，而是考虑在单线铁路采用增设中间站、采用大马力机车、线路电气化、改善信联闭等措施后仍不满足要求时，才采用双线插入段、部分双线的方案。以避免一次建成双线的巨额投资。

3. 关于增建第三正线问题

对既有的运输负荷极高的双线自动闭塞线路(或区段)，为满足运输需要，有时需要修建第三正线，如广深铁路在早期改建准高速(160 km/h)铁路时曾采用此举措。修建第三正线存在一个与原有双线车站共用与否的问题。由于既有车站货运设施分布位置不都在正线一侧，给日常客货运输组织带来不利的影响。因此，需要结合线路具体情况进行专题研究，慎重决定。

4. 关于设计能力储备问题

铁路运输业的特点是，其产品(人公里、吨公里)不可储存。为了满足不同时期、不同地区的运输波动或特种运输(如临时性军事运输、专列运输)需要，只能通过储存产品的生产能力——运输能力来解决。而且这种能力的储存在各线间又具有不可移动性(或调剂性)，所以，在考虑运量波动的基础上，单、双线铁路的储备能力在扣除综合维修“天窗”时间后，应分别采用20%和15%。运量波动性的计算采用波动系数法。运量波动系数指一年内最大月运量与全年平均月运量之比值。

(二) 牵引种类

随着我国1988年蒸汽机车停止生产后，新建铁路均采用电力和内燃牵引种类。在选择牵引种类时，应从以下几个方面考虑。

(1) 贯彻我国铁路牵引动力的发展方针。《铁路主要技术政策》明确提出：大力发展电力牵引，合理发展内燃牵引，提高电力牵引承担换算周转(运输)量的比重。

(2) 根据国家铁路网和牵引动力规划进行选择。我国各地区的自然条件和动力资源差异较大，因此应结合国家对区域的铁路牵引动力规划进行选择。有条件时，结合拟采用的机车类型、机务段配置情况，尽量统一牵引种类，以利于机车的运用和方便检修。

(3) 根据牵引种类的性能和线路的具体条件因地制宜地选择。电力牵引具有牵引力大、起动加速快、制动性能好、对环境污染小、热效率高、节省能源等诸多优点，故在运量大的主要繁忙干线、运煤专线、长大坡道、长隧道或隧道毗连的线路上应优先采用电力牵引。

总之，牵引种类应根据路网与牵引动力规划、线路特征和沿线自然条件，以及动力资源分布情况，结合机车类型合理选定，并应优先采用电力牵引。

(三) 机车类型

机车类型的选择要结合设计线路的平、纵断面的情况，行车速度及输送能力的要求等，通过技术经济比较确定。随着技术先进、轴功率大的电力与内燃机车的不断问世，国内的SS(韶山)型电力与DF(东风)型内燃机车已形成4轴、6轴、8轴、12轴机车系列，客、货运机车轴功率电力分别达到900 kW和800 kW，内燃分别达到613 kW和532 kW。2007年引进消化生产的和谐B系列货运大功率电力机车，最大功率达9 600 kW。机车工业的技术进步为铁路设计中灵活选择机车类型，实现列车重量、密度和速度三大要素的优化组合创造了有利的物质基础。具体选择时应考虑如下因素。

(1) 运输需求。机车类型的选择应满足设计线的运量、行车速度要求及邻接线路的牵引定数等要求。客运机车类型选择则应以机车功率与构造速度满足设计线的旅客列车最高行车速度要求为主。

(2) 线路的平、纵断面条件。在铁路设计中，机车类型(动力)与限制坡度(工程)矛盾最为突出，是一个“动力换工程”的问题。在要求一定的运输能力时，不同类型机车所能适应的限制坡度，到发线有效长度和站间距离是不同的，经济效果也不相同。有关研究表明，在一定的运输需求和确定的限制坡度条件下，优先选用大功率机车在经济上更有利。

(3) 机车轴式与线路平面圆曲线半径的协调。二轴转向架因其质量及转动惯量小、通过曲线时车轮与曲线的冲角也较小，曲线通过性能优于三轴以上的转向架。

(四) 牵引质量

货物列车的牵引质量指一列货物列车牵引的总重。影响牵引质量的主要因素有以下几种。

(1) 运输需求。运量大的铁路应采用较大的牵引质量，以减少列车对数、提高运输能力，充分发挥铁路设备的效率，争取更大的经济效果。

(2) 与相邻各线的牵引质量相协调。衔接各线的统一牵引质量，有利于减少直达货物列车的换重作业，加速机车车辆周转，降低运输成本，提高运输效率。为组织远程大宗货物直达运输创造条件。

(3) 线路其他技术标准。选用不同机车类型，限制坡度，车站到发线有效长度等标准，也直接影响牵引质量的大小。因此，牵引质量应结合列车的速度、密度、重量合理匹配，经技术经济比选后确定。对于 850 m 车站到发线有效长度，货物列车的牵引质量(定数)约为 4 100 t。

(五) 最小曲线半径

铁路曲线半径不仅影响行车安全、旅客乘车舒适等行车质量指标，而且影响行车速度、运行时间等技术指标和工程费、运营费等经济指标。最小曲线半径指设计线路曲线半径值的下限标准，需要综合考虑上述各项指标的影响，因地制宜、合理确定。《线规》规定，新建Ⅰ、Ⅱ级铁路最小曲线半径不得小于表 3－2 规定的数值。

表 3－2　　最小曲线半径

路段旅客列车设计行车速度/(km/h)		160	140	120	100	80
最小曲线半径/m	一般	2 000	1 600	1 200	800	600
	困难	1 600	1 200	800	600	500

注：特殊困难条件下，在列车进、出站等必须减、加速地段有充分技术经济依据时，可采用与行车速度相匹配的曲线半径。

有关曲线半径的详细讨论见本书第三篇第十二章线路平面设计。

(六) 限制坡度

对于客、货混行的普速铁路，由于货物列车重于旅客列车，限制坡度需要按货物列车的牵引条件确定。单机牵引一定质量的普通货物列车、在持续上坡道上，最后以机车计算速度等速运行的坡度称为限制坡度。

限制坡度对铁路设计线路的运输能力、工程数量与造价和运营效果等有直接影响，并且关系到线路走向、长度和车站分布。因此需要在综合比选基础上来确定。《线规》规定，新建铁路的限制坡度不得大于表 3－3 的规定数值。

表 3－3　　限制坡度最大值

铁路等级		Ⅰ			Ⅱ		
地形类别		平原	丘陵	山区	平原	丘陵	山区
牵引种类	电力	6.0	12.0	15.0	6.0	15.0	20.0
	15.0	内燃	6.0	9.0	12.0	6.0	9.0

有关限制坡度的详细讨论见本书第三篇第十三章线路纵断面设计。

(七) 机车交路

担当牵引列车任务的机车，在规定区段内往返运行的回路，称为机车交路。机车交路设计是根据机车类型和交路类型及长度，乘务员连续工作时间，选定机车运转方式和乘务制度。

1. 机车交路类型

按机车牵引区段长度，一般分为长交路和短交路。凡在一班乘务组规定的连续工作时间内，机车能够完成一个往返交路区段的牵引作业者，属于短交路；凡用一班及其以上的乘务组，在规定的连续工作时间内，机车仅能完成一个单程交路区段的牵引作业者，属于长交路。另外，机车交路还可以按牵引任务分为客机交路、货机交路、补机交路和小运转交路等。

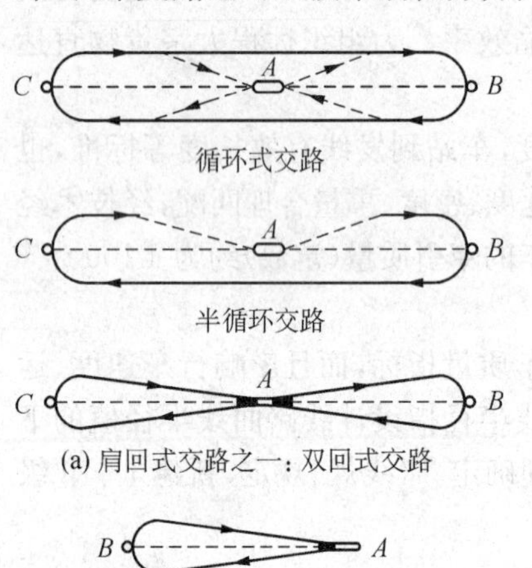

图 3-1 机车运转交路示意图

2. 机车运转方式

就机车交路形式而言，常见机车运转方式有(图 3-1)：

(1) 肩回式。机车牵引列车运行于交路区段，在机务本段和折返段每次均入段整备。有单回和双回两种形式。

(2) 循环式。机车牵引列车运行于相邻两个交路区段，往返连续运行，直到中间技术检查或定期检修时才回段。

(3) 半循环式。机车牵引列车运行于相邻两个交路区段后，即入本段整备。

(4) 循回式。指在上述机车运转方式基础上，采取乘务外驻班制，进一步延长机车交路长度，减少机车出入段数的机车运转方式。

3. 乘务制度

常实行的有包乘制和轮乘制。包乘制又分驻班制和立即折返制。

(1) 驻班制。机车一般由三班乘务组包乘，一班驻在机务段，一班驻在折返段，一班出乘。每个工班仅完成机车交路的单程。驻班制既适用于短交路，也适用于长交路。对于超长的机车交路，则要在中途设换班站，由三班以上乘务组包乘。

(2) 立即折返制。乘务组驻在基本段，一班出乘到达折返段不换班，立即原班驾机返回机务本段。它只用于短交路。

(3) 轮乘制。与包乘制不同，乘务组与机车的关系不固定，一台机车由若干不固定的乘务组轮流驾驶。该乘务制度特别适用于超长机车交路。目前世界各国的电力和内燃牵引铁路，普遍采用轮乘制，机车运转区段长达 1 000 km 以上。

在机车交路设计中，应根据牵引种类、机车类型、车流特点、线路条件，结合路网规划、机务设备布局，经技术经济比选确定。从机务段生产力布局优化出发，机务段设置的集中化、规模化是发展方向。尽量减少机务段数量，以加速机车车辆的周转；在合理安排机车乘务员工作与休息时间基础上，推广长交路、轮乘制。

机车交路的长度主要由机车性能、交路类型、机车乘务组连续工作时间和列车旅行速度决定。机车乘务组一次出乘(从出勤至退勤)的连续工作时间，一般以 10 h 为宜，最多不超过 12 h。客运和货运机车交路一般分别为 500～1 000 km 和 350～500 km。

(八) 到发线有效长度

这里指货物列车到发线有效长度,它是车站到发线能停放货物列车的最大长度。因此它直接影响货物列车的牵引质量,进而影响列车对数、运能和运行指标。

1. 影响到发线有效长度主要因素

(1) 运能要求。当列车对数一定时,运能要求大,列车牵引质量必然也大,列车长度长,需要的到发线有效长度也长。

(2) 列车长度。列车长度主要与下列因素有关。

① 机车类型。不断涌现大功率内燃、电力机车,会进一步提高列车牵引质量,要求更长的到发线有效长度。

② 车辆类型。当牵引质量一定时,大型货车每延米列车重量大,可缩短列车长度和到发线有效长度。目前 C_{62A} 和 C_{61} 型货车每延米列车重量已分别达 6.1 t/m 和 7.0 t/m,比 1991 年的全路平均的 5.0 t/m,提高了 20%～40%。煤运专线运营的 25 t 轴重 C_{80} 型货车已达到8.3 t/m。

③ 空车率。由于货流分布与车辆类型的原因,在重车方向上总存在 5%～15%空车流。对于一定的牵引定数,空车率大,则列车长度长,要求的到发线有效长度也长。

④ 限制坡度。机型一定时,限制坡度大则牵引质量小,列车长度和到发线有效长度短。

(3) 安全停车附加距离。目前采用 30 m。但随着列车牵引定数和行车速度的提高,该距离今后有增大趋势。

(4) 邻接线路到发线有效长度。为减少货物列车在技术站换重和停留时分,设计线应与邻接线路的到发线有效长度相协调。目前我国东西和南北几条主要长大干线,基本形成了 3 500～4 000 t 牵引质量、850 m 有效长系统。线路电气化后将形成 1 050 m 有效长系统,为大宗货物组织远程直达运输创造了有利条件。

(5) 符合经济有利性要求。在限制坡度与地形条件基本适应的前提下,增加到发线有效长度,虽然有利于提高列车牵引质量,减少列车对数和车站数量,提高旅行速度和运营效率,但要增加站坪长度,从而会引起桥隧和土石方工程数量的增加。而且随地形条件困难程度的上升,工程量增加比重也上升。

2. 到发线有效长度计算

一般根据列车牵引定数和列车的编成辆数,按式(3-1)或式(3-2)计算。

$$l_x = N \cdot l_c + l_j + l_a \tag{3-1}$$

或

$$l_x = \frac{Q}{\overline{\omega}} + l_j + l_a \tag{3-2}$$

式中 l_x——计算的到发线有效长度,m;

N——货物列车编成辆数(一般应考虑 5%～15%的空车率),辆;

l_c——货车平均长度,根据不同车型组成比例而定,m;

l_j——机车全长,m;

l_a——列车停车时的附加安全距离,m;

$\overline{\omega}$——平均列车每米长度的重量,t/m;

Q——列车牵引定数,t。

注:对于附挂守车的列车,还应在式(3-1)和式(3-2)中增加守车长度。

3. 到发线有效长度选定

货物列车到发线有效长度在上述计算的基础上，根据铁路等级，分别选用 1 050 m，850 m，750 m，650 m 和 550 m 等系列值。

对于开行重载列车线路，由于采用多机牵引，列车重量有时达万吨左右，列车长度超过 1 500 m。对此类线路的到发线有效长度可按实际需要计算确定。

据有关资料统计分析，修建 1 km 铁路，平均需占用 30～65 亩（1 亩＝666.6m^2）土地。因此，当设计近期运能要求低时，可考虑采用较远期为短的到发线有效长度，以减少近期工程和延缓土地占用。

对于客运站的到发线有效长度，应按远期旅客列车长度并结合旅客站台布置要求确定。对有货物列车停留的正线或到发线，其有效长度还应根据货物列车长度要求确定。

（九）闭塞类型

铁路的信号、联锁、闭塞是保证行车安全、提高运营效率和加强通过能力的重要设备。在铁路运输中，为保证列车行车安全，防止列车在区间内发生冲突或尾追事故，在同一区间或同一闭塞分区内只允许有一列车运行，这种行车方法称为闭塞。闭塞类型按办理方式分为自动闭塞、半自动闭塞、电气路签闭塞和电话闭塞四种。目前我国绝大部分干支线铁路均采用前两种闭塞，即自动闭塞和半自动闭塞。自动闭塞又可分为速差式自动闭塞和自动站间闭塞。就投资而言，自动闭塞要高于半自动闭塞。

自动站间闭塞和半自动闭塞与单线铁路的能力比较适应，投资也较省。所以单线铁路一般应采用半自动闭塞。对于运输繁忙的区段，当半自动闭塞不能满足运能要求，或配合双线插入段发挥综合效能，以推迟双线修建时，考虑可采用自动站间闭塞，但要求配套采用追踪运行图，以充分发挥自动闭塞的作用。

双线铁路采用自动闭塞，当旅客列车设计行车速度大于 120 km/h 时，双线区段应采用速差式自动闭塞。尽可能组织列车追踪运行，极大提高线路通过能力，充分发挥双线铁路的经济效益。若双线铁路运营初期运量小、列车开行列数少，而且运量增长缓慢，采用半自动闭塞也能满足能力要求时，为延缓初期投资，可先采用半自动闭塞。根据运量增长情况，过渡到自动闭塞。

为确保行车安全，避免行车人员区间闭塞作业复杂化，防止司机对信号显示的误认，在一个区段内，一般采用同一闭塞类型。

第二节　其他铁路技术标准特点

中国铁路自 20 世纪 90 年代始加快了现代化发展步伐。为了满足市场对铁路的多样化需求，中国铁路以行车速度和客货运组织方式不同，建设了几种不同类型的快速铁路，主要可分为：客货共线（快速）铁路、客运专线铁路、高速铁路。

一、客货共线快速铁路

（一）线路定义

客货共线快速铁路指新建的客货列车共线运行、旅客列车设计行车速度 200 km/h、货物列车设计行车速度 120 km/h 的铁路。

在我国一些经济较为发达、客运量较大，但又有一定数量货运量的不可分流的平原或丘陵地区，需要修建以客运为主的客货共线快速铁路，如甬台温福（宁波—福州）铁路。这类介于160～200 km/h的快速铁路，可进一步提高铁路运输质量，缩短各大城市间铁路旅行时间，加强地区间交流，支持地方经济的发展。

(二) 主要技术标准特点

与普速铁路相比，这类线路的技术标准要求如下。

1. 正线数目

为了充分发挥快速铁路的效率和运输能力，应一次建成双线铁路。当近期客运量较小，货运量也不大时，可按双线铁路一次设计，分期实施。

2. 曲线半径

为了配合轨道、路基和桥梁等设计标准，并为日后养护创造良好条件，客货共线快速铁路暂行规定提出了三类曲线半径的选择。

(1) 常用曲线半径。在定线选择圆曲线半径时，应优先采用常用曲线半径，以提高客、货列车通过曲线的运行品质，使线路与列车保持良好的匹配关系，实现线路“少维修”的目标。

(2) 最小曲线半径。在困难条件下允许采用最小曲线半径，但要降低其出现的频次，使线路维修工作量和难度控制在适度范围内。

(3) 最大曲线半径。曲线的线形或轨道的平顺主要是依据基桩控制曲线的正矢值或偏矢（不等弦测量）来保持的。基桩决定于测设精度，正矢值则与曲线半径成反比，与弦长成正比。当曲线半径大到一定程度后，正矢值很小，测设和检测精度均难以保证极小的正矢值的准确性。为了避免曲线半径过大对轨道平顺度和线形保持维修工作的不利影响，应慎用最大曲线半径，并且控制其出现频率。

客货共线快速铁路暂行规定推荐的曲线半径如表 3-4 所示。

表 3-4　客货共线快速铁路平面圆曲线半径

曲线半径类别	常用曲线半径	最小曲线半径		最大曲线半径	
		一般地段	困难地段	一般地段	困难地段
曲线半径/m	4 500～7 000	3 500	2 800	10 000	12 000

3. 正线间距

由于列车时速达200 km，当上、下行两列车交会时，与线间距最为密切的是会车压力波大小。试验表明，会车压力波最大值与邻线通过列车的行车速度平方成正比，与两交会列车相邻侧壁间净距成反比。考虑到客货共线快速铁路会有相当一部分普速客车上线，按普速客车可承受的最大会车压力波值（0.9 kPa）确定的区间直线段的线间距不得小于4.4 m。曲线地段的线间距加宽参照普速铁路的规定。

4. 限制坡度

考虑到客货共线快速铁路上有少量的货物列车运行，参照普速铁路的《线规》，区间正线的限制坡度应根据地形条件、列车牵引种类和运输要求综合比选确定。

5. 牵引种类

根据我国铁路发展主要技术政策,应优先采用电力牵引。

6. 动车组类型

客货共线快速铁路的旅客列车应优先采用牵引力大、制动能力强、可双向运行的动车组。自 2007 年中国引进动车组技术以来,经过数年的消化、吸收、创新,已研发出具有自主知识产权的 CRH 系列动车组。

7. 动车组交路

动车组自一次一级检修结束至下一次一级检修结束期间内担当的所有列车牵引任务称为一个交路。鉴于动车组的高可靠性,针对不同的客运任务,一般可考虑采用循环交路、轮乘制。

8. 车站分布

车站分布应根据城市分布与规划、线路运输能力需求和客货列车运行速度和技术作业要求,结合地形、地质、水文条件综合研究确定。区间通过能力计算中,要扣除 240 min 的综合维修“天窗”时间。

为了提高客货共线快速铁路应急能力,双线铁路正线均按双方向行车设计。当区间一条线路发生故障或施工时,可调整列车在单线区间双向运行,减少通过能力的损失和客货运输延误的影响。当站间距离过大(如超过 20～30 km),应就区间渡线、越行车站和预留中间站等方案进行综合技术经济比选。

9. 到发线有效长度

货物列车到发线有效长度确定原则与普速铁路相同。

二、客运专线铁路

(一) 线路定义

客运专线铁路指新建的时速 200～250 km 的专门行驶旅客列车的铁路。

为了进一步缓解我国干线铁路客货共线运输繁忙,客货争能的矛盾,在我国一些经济较为发达、客运量大的区域修建专门运行旅客列车的客运专线,可进一步提高铁路运输服务质量,实现客货分线运行,为地方经济发展和交流提供更便捷的交通工具。2009 年建成通车的石太(石家庄—太原)客运专线便为一例。

(二) 主要技术标准特点

1. 正线数目

为了充分发挥客运专线效率和运输能力,应一次建成双线、全封闭铁路。

2. 曲线半径

正线的线路平面曲线半径应因地制宜,合理选用。

(1) 最小曲线半径。最小曲线半径直接影响列车运行速度目标值、旅客乘坐舒适度和列车运行平稳度。由于客运专线铁路实行本线高速(250 km/h)和跨线中速(160 km/h)混行运输组织模式,因此最小曲线半径既要满足高速列车的速度目标值要求,也要考虑过超高对中速列车旅客乘坐舒适的影响。

(2) 最大曲线半径。最大曲线半径标准关系到线路的铺设及养护维修能否达到要求精度。选用原则同客货共线快速铁路。

最小曲线半径和最大曲线半径的客运专线铁路暂行规定建议值见表 3-5。

表 3-5　客运专线铁路平面圆曲线半径

设计速度/(km/h)	最小曲线半径/m		最大曲线半径/m	
	一般地段	困难地段	一般地段	困难地段
$v=200$	2 200	2 000	≤10 000	≤12 000
$200<v\leqslant 250$	4 000	3 500		

线路定线中圆曲线半径宜在 12 000 m、10 000 m、9 000 m、8 000 m、7 000 m、6 000 m、5 500 m、5 000 m、4 500m、4 000 m、3 500 m、3 000 m、2 800 m、2 500 m、2 200 m、2 000 m 数列中选择，必要时可采用系列半径间 100 m 整倍数的曲线半径。

3. **最大坡度**

客运专线列车采用大功率、轻型动车组，牵引和制动性能优良，能适应大坡度运行。我国客运专线一般采用高、中速混运模式。最大坡度要兼顾普速旅客列车机车的牵引性能。目前牵引力最大的 SS_9 型电力机车最大功率为 5 400 kW，在 20‰上坡道上 SS_9 型双机牵引（编组 10 辆）的均衡速度可达 142 km/h。预计 21 世纪我国电力机车的技术水平还会提高。因此，客运专线铁路设计暂行规定建议：客运专线区间正线的最大坡度应根据牵引种类、工程情况，经牵引计算并且综合比选后确定，最大坡度值不大于 20‰。

4. **到发线有效长度**

客运专线铁路的运输组织模式采用本线列车和跨线列车共线运行模式，且均为动车组。根据列车最大编组的要求，站台长度为 450 m。考虑测速和测距误差和司机操作等因素，安全防护距离取 95 m，警冲标至绝缘节的距离取 5 m。因此，客运专线列车到发线有效长应采用：450＋2×(95＋5)＝650 m。

5. **牵引种类**

根据我国铁路发展主要技术政策，应采用电力牵引。

6. **动车组类型**

选择原则同客货共线快速铁路。对于跨线旅客列车速度宜定位于 160 km/h 及以上。运营初期跨线旅客列车采用机车牵引，但应逐步过渡为动车组，以减小高、中速列车间的速差，发挥客运专线铁路的最大效益。

7. **列车运行控制方式**

客运专线铁路列车运行时速超过 200 km，为了保障行车安全，需要采用更为先进的列车运行控制方式。该控制方式的主要特点如下。

(1) 列控系统地面设备暂按 CTCS2 级或以上等级设计。当按 CTCS3 级设计时，应满足 CTCS2 级的技术要求。

(2) 列车运行控制采用目标距离模式曲线的连续控制方式。

(3) 区间轨道应铺设无绝缘轨道电路。

(4) 列控系统地面与列车之间的信息传输采用轨道电路和应答器等传输方式。其中轨道电路传输列控系统的连续式信息，应答器传输进路参数、线路参数、限速和列车定位等信息。条件具备时，也可以采用 GSM-R 传输。

8. **行车指挥方式**

行车指挥采用 CTC 调度集中系统。主要功能包括：列车进路控制、列车运行监视、车次号追踪及校核、列车运行计划调整、临时限速设置等。

9. 追踪列车最小间隔

客运专线追踪列车间隔时间包括追踪列车通过间隔、追踪列车发车间隔、追踪列车到达间隔。在目标距离模式曲线的连续控制方式下，时速 200 km 列车的追踪最小间隔时间约为 3～4 min；时速 160～200 km 列车的追踪最小间隔时间为 4 min。

三、高速铁路

(一) 线路定义

国际铁路联盟规定：高速铁路指商业（平均）运营时速超过 200 km 的铁路。我国高速铁路指线路设计时速为 300～350 km、跨线旅客列车运行时速不低于 200 km，全线采用动车组的铁路线。

(二) 主要技术标准

高速铁路其性质也是客运专线铁路，因此其主要技术标准与前述客运专线类同。主要差别有：

1. 曲线半径

（1）最小曲线半径。正线线路平面曲线半径应与线路设计速度相匹配。最小曲线半径不应小于 7 000 m。

（2）最大曲线半径。一般不宜大于 12 000 m。个别不应大于 14 000 m。

曲线半径标准数列为：14 000 m、12 000 m、11 000 m、10 000 m、9 000 m、8 000 m、7 000 m。必要时可采用以上数列间 500 m 整倍数的曲线半径。

对于不同速度差旅客列车共线运行高速铁路，平面曲线半径可按表 3－6 范围取值。

表 3－6　　高速铁路平面曲线半径表

设计速度/(km/h)	350/250	300/200	250/200	250/160
有砟轨道/m	推荐：8 000～10 000	推荐：6 000～8 000	推荐：4 500～7 000	推荐：4 500～7 000
	一般最小：7 000	一般最小：5 000	一般最小：3 500	一般最小：4 000
	个别最小：6 000	个别最小：4 500	个别最小：3 000	个别最小：3 500
无砟轨道/m	推荐：8 000～10 000	推荐：6 000～8 000	推荐：4 500～7 000	推荐：4 500～7 000
	一般最小：7 000	一般最小：5 000	一般最小：3 200	一般最小：4 000
	个别最小：5 500	个别最小：4 000	个别最小：2 800	个别最小：3 500

注：个别最小曲线半径值需经技术经济比选，报铁道部批准后方可采用。

2. 正线间隔

高速铁路的线间距主要受列车交会运行时会车压力波最大值控制。而会车压力波最大值与列车运行速度、列车外形及其尺寸、交会时列车侧壁间净距、列车长度等各种因素有关。在高速铁路相邻线路上两列高速列车相向运行时产生的强大空气压力波，互相给对方列车造成很大的影响，如对车窗压力急剧增加、使旅客感到不舒适（主要耳膜产生疼痛感），甚至可能危及列车安全（如侧向风压）等。日本东海道新干线的线间距为 4.2 m（车辆限界宽度 3.38 m），会车压力波高达 2.3 kPa。我国广深线 160 km/h 速度下会车压力波最大值的平均数约为1.2 kPa。

京沪高速铁路在参考国外经验基础上，并考虑为今后发展留有余地，区间正线线间距离定为 5.0 m。高速(300 km/h)列车的会车压力波允许值要求达到 1.8 kPa;高、中速(160 km/h)列车的会车压力波允许值要求达到 1.5 kPa。考虑到高速铁路列车会车压力波的增大,区间和站内正线的线间隔规定为 5.0 m,曲线地段可不再加宽。

3. **最大坡度**

根据高速铁路特点,结合项目具体条件,区间正线的最大坡度不宜大于 20‰;困难条件下,经技术经济比选,不宜大于 30‰坡度。仅承担高速动车组空载条件下走行的动车组走行线最大坡度可取 35‰。

4. **到发线有效长度**

从列车运行安全考虑,对于双向使用到发线的两侧均应设置附加停车安全走行距离(250 m)。按 16 节动车组列车计算,京沪高速铁路列车到发线有效长度为 700 m。

5. **车站分布**

车站分布根据城市布局、客运量、运输组织及其设计能力和技术作业要求,结合工程条件等因素综合研究确定。一般不宜小于 30 km 或大于 60 km。

第三节　城市轨道交通线路技术标准

一、新线建设规模

城市轨道交通建设应根据线网规划,依据建设线路的客流特征、运量等级和速度目标等进行功能定位,确定工程规模、运营规模和效益规模。城市快速轨道交通新线建设的运营规模,按线路远期单向高峰小时客运能力,划分为四个类别、三个量级。各级线路相关技术特征见表 3-7。

表 3-7　各级线路相关技术特征

<table>
<tr><td rowspan="3">线路运能分类</td><td>Ⅰ</td><td>Ⅱ</td><td>Ⅲ</td><td>Ⅳ</td></tr>
<tr><td>高运量</td><td>大运量</td><td colspan="2">中运量</td></tr>
<tr><td colspan="2">(钢轮钢轨)</td><td colspan="2">(钢轮钢轨/单轨)</td></tr>
<tr><td>线路型式</td><td colspan="3">全封闭型</td><td>部分平交道口</td></tr>
<tr><td>列车最大长度/m</td><td>185</td><td>140</td><td>100</td><td>60</td></tr>
<tr><td>单向运能/(万人次/h)</td><td>4.5～7</td><td>2.5～5</td><td>1.5～3</td><td>1～2</td></tr>
<tr><td>适用车型</td><td>A</td><td>B 或 L_b</td><td>B, C, L_b 及单轨</td><td>C 或 D</td></tr>
<tr><td>最高速度/(km/h)</td><td colspan="3">80～100</td><td>60～80</td></tr>
<tr><td>平均站间距/km</td><td colspan="3">1.2～2</td><td>0.8～1.5</td></tr>
<tr><td>旅行速度/(km/h)</td><td colspan="3">35～40</td><td>20～30</td></tr>
<tr><td>适用城市市区人口规模/万人</td><td colspan="2">≥300</td><td colspan="2">≥150</td></tr>
</table>

注:① A 类车宽 3.0 m;B 类,L_b 类车宽度 2.8 m;C 类,D 类车宽 2.6 m;单轨车宽 2.98 m。
② Ⅰ,Ⅱ,Ⅲ级线路是全封闭快速系统,采用独立的专用轨道和信号,高密度运行;Ⅳ级线路具有专用轨道和部分信号的中低运量系统,但部分路段设置平交道口。
③ "适用城市市区人口规模",系指人口规模能达到或超过此限的城市轨道交通网中的主干线等级,其余线路可根据运量选用较低等级。

城市轨道交通的设计年限以项目建成通车为基准年，设计初、近、远期分别指通车后第3年、第10年和第25年。线路的建设规模应按不同设计年度的设计(预测)运量分别合理确定。初期建设的线路正线长度不宜小于15 km。

二、主要技术标准

1. 线路概述

根据运营中的地位和作用，城市轨道交通线路一般分为三类：正线、辅助线和车场线。正线指行驶载客列车的线路。由于行车速度高、密度大，而且要保证行车安全和旅客舒适，所以技术标准要求相对高些。辅助线则是为保证正线运营、合理调度列车而设置的线路，如折返线、存车线、渡线、联络线、车辆段(车场)出入线等。辅助线一般不行驶载客列车，行车速度要求较低，故线路技术标准也较低。车场线是场区作业的线路，行车速度要求更低，为降低工程造价，线路技术标准只要满足场区作业即可。

2. 主要技术标准

城市轨道交通线路的技术标准与线路类型、线路性质、车辆性能、行车速度、地形地物条件等有关。应根据车辆类型、列车设计运行速度和工程难易程度经比选确定。有关技术标准规定值如表3-8。

表3-8 线路工程主要技术标准

基本车型		A	B	C	L	单轨
		一般地段/困难地段				
最小曲线半径/m	正线	300/350	300/250	100/50	150	100
	辅助线	250/200	200/150	80/25	100	50
	车场线	150	110/80	80/25	65	50
最大坡度/‰	正线	30/35	30/35	60	50	60
	辅助线	40	40	60	70	60
	车场线	1.5	1.5	1.5	1.5	3
竖曲线半径/m	正线	5 000/3 000	5 000/2 500	1 000	5 000/3 000	2 000～3 000
	辅助线	2 000	2 000	1 000	2 000	1 000
钢轨/(kg/m)	正线	60	60	60	60	轨道梁
	辅助线	50	50	50	50	轨道梁
道岔(N_0/v_0)	正线	单开9/35	单开9/35	单开9/35	单开9/35	关节可绕型道岔/25
	车场线	单开7/25	单开7/25或单开6/20	—	单开5/15	关节型道岔/15

注：① 正线包括支线范围。
② N_0系指道岔号，v_0系指道岔侧向通过速度，km/h。
③ 对特殊困难地段线路工程的技术标准，应按国家有关技术规范执行。

3. **最大坡度**

在城市轨道交通线路长大陡坡上，列车上坡时可能会导致列车不能正常牵引运行，或在故障条件下发生列车停车再启动的困难；列车下坡时可能需要控制速度运行，存在制动力不足而失控的风险。当正线坡度或连续提升高度大于表 3-9 的规定值时，均应对列车各种运行状态下的安全性和运行速度进行全面的分析评价。

表 3-9　正线长大陡坡规定值

正线线路	一般情况		跨座式单轨车辆
	旋转电机车辆	直线电机车辆	
线路坡度/‰	30	50	50
连续提升高度/m	16	20	24

复习思考题 3

[3-1] 我国铁路的主要种类有哪些？它们的技术特征区别主要表现在哪些方面？

[3-2] 制定线路技术标准的意义与作用是什么？

[3-3] 对于普速铁路，划分铁路等级主要标准有哪些？为什么说铁路等级是线路技术标准的"纲"？

[3-4] 列车牵引质量（定数）的确定与哪些技术标准相关？

[3-5] 城市轨道交通线路分类的原则与标准是什么？

[3-6] 铁路与城市轨道交通平面和纵断面技术标准差异的主要原因是什么？

第四章　线路基础

路基和桥梁、隧道、涵洞等起着承受并传递轨道重量及列车动载荷的作用，都是轨道的基础，路基与桥梁、隧道连接，和轨道一起组成完整贯通的轨道交通线路。

第一节　路基及桥隧涵建筑物

一、路基

路基是为满足轨道铺设和运营条件而修建的土工构筑物。路基工程在整个线路工程中占有很大的比重。如铁路新线施工中，路基工程占全部土石方工程的 90%以上。路基的坚固稳定和耐久性以及抵抗各种自然灾害影响的能力，直接影响到有轨交通运输的安全和畅通。

根据设计的路肩标高与地面标高的关系，路基横断面主要形式如下。

(1) 路堤。路肩设计标高高于自然地面，经填筑而成的路基(图 4-1(a))。

(2) 路堑。路肩设计标高低于自然地面，经开挖而成的路基(图 4-1(b))。

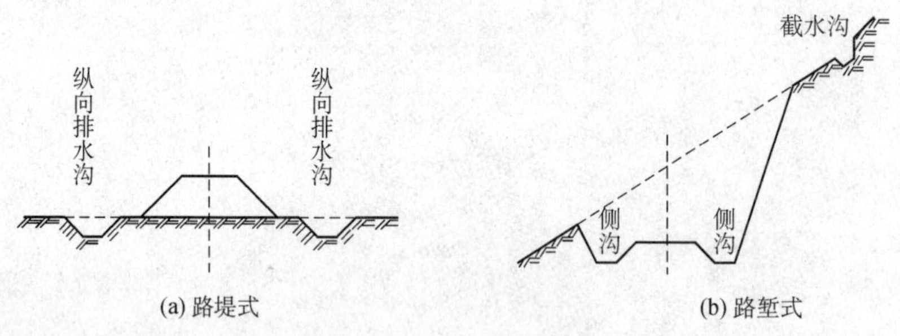

图 4-1　路基横断面形式

此外还有不填不挖路基、半路堤、半路堑、半路堤半路堑等形式。关于路基横断面设计问题，见本书第十四章。

二、桥梁

桥梁一般为线路跨越水流、山谷的建筑物。但当需要铁路线跨越其他建筑物、站场、公路(道路)或铁路时，也采用桥梁结构，称为跨线桥或立交桥。在高速铁路和城市轨道线路设计中，有时为了实现全封闭或达到一定的设计标高，并有利于城市道路交通和景观，而以高架桥代替线路的路基(高路堤)。

(一) 桥梁基本结构

一般情况，跨河桥由上部结构、下部结构及导流工程组成，如图 4-2 所示。上部结构主要

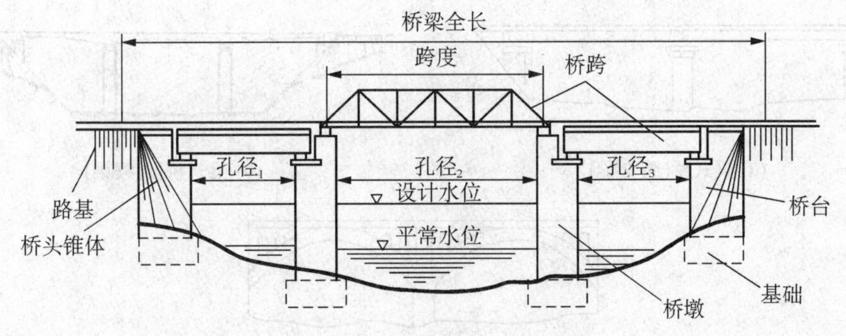

图 4-2　跨河桥梁示意图

为桥跨。下部结构主要有桥墩、桥台、墩台基础及桥头锥体等。桥跨为跨越结构，桥墩、桥台是支承桥跨的结构。墩台基础是埋置于地面以下的部分，它将墩台所承受的全部荷载传播于地基。桥台两侧为填土或填石锥体并加以铺砌防护，称为桥头锥体，用以保证桥台与路堤很好衔接，并保证桥头路堤的稳定。有些桥梁为免遭水害，还需修建导流堤，引导水流从桥下顺畅宣泄。通过修建护岸等防护工程，保护桥头路堤及河岸稳定。

桥梁的桥跨要承受竖向、横向、纵向三个方向的荷载作用。竖向荷载包括恒载（如桥梁自重、土压力、静压力）和活载（如列车通过和行人）；横向荷载包括风力、列车摇摆力等；纵向荷载主要指列车制动力或加速力。

（二）桥梁分类

1. 按桥梁长度分类

为了反映桥梁的建筑规模，按桥长 L（指两桥台挡碴墙前缘间的距离），分为特大桥（$L\geqslant$ 500 m）大桥（500 m$\geqslant L\geqslant$100 m）中桥（100 m$\geqslant L\geqslant$20 m）和小桥（$L<$20 m）。

2. 按桥面所在位置分类

根据桥面所在位置不同，有上承桥（桥面在桥跨顶面）、中承桥（桥面在桥跨高度的中间部分）和下承桥（桥面在桥跨下缘），如图 4-3 所示。

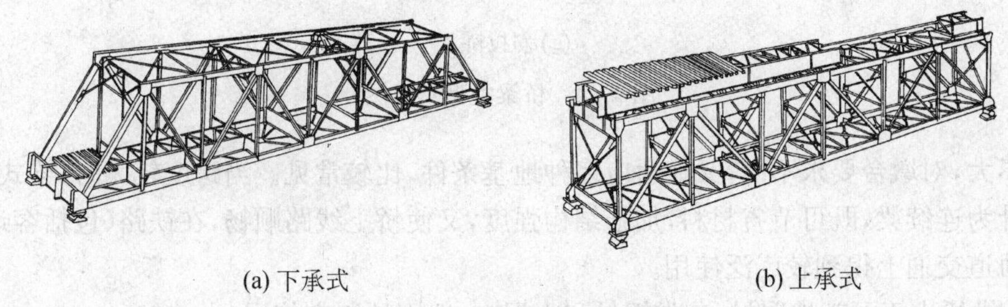

(a) 下承式　(b) 上承式

图 4-3　桁梁桥示意图

图 4-3 中，上承桥的桥跨结构可以做得较窄，构造简单，桥上视线不受阻，但桥下净空受影响；下承式的桥跨结构为满足行车和限界的要求，做得较上承式梁更宽一些，构造也较复杂，但轨顶至梁底的尺寸较小，且桥下净空相对较大。

3. 按桥跨结构受力分类

按桥跨结构受力不同，又可分为梁式桥、拱桥、刚架桥、斜拉桥、悬索桥等（图 4-4）。

（1）梁式桥常在铁路设计中使用，其中简支梁因可在工厂成批生产，受力及结构与邻孔相

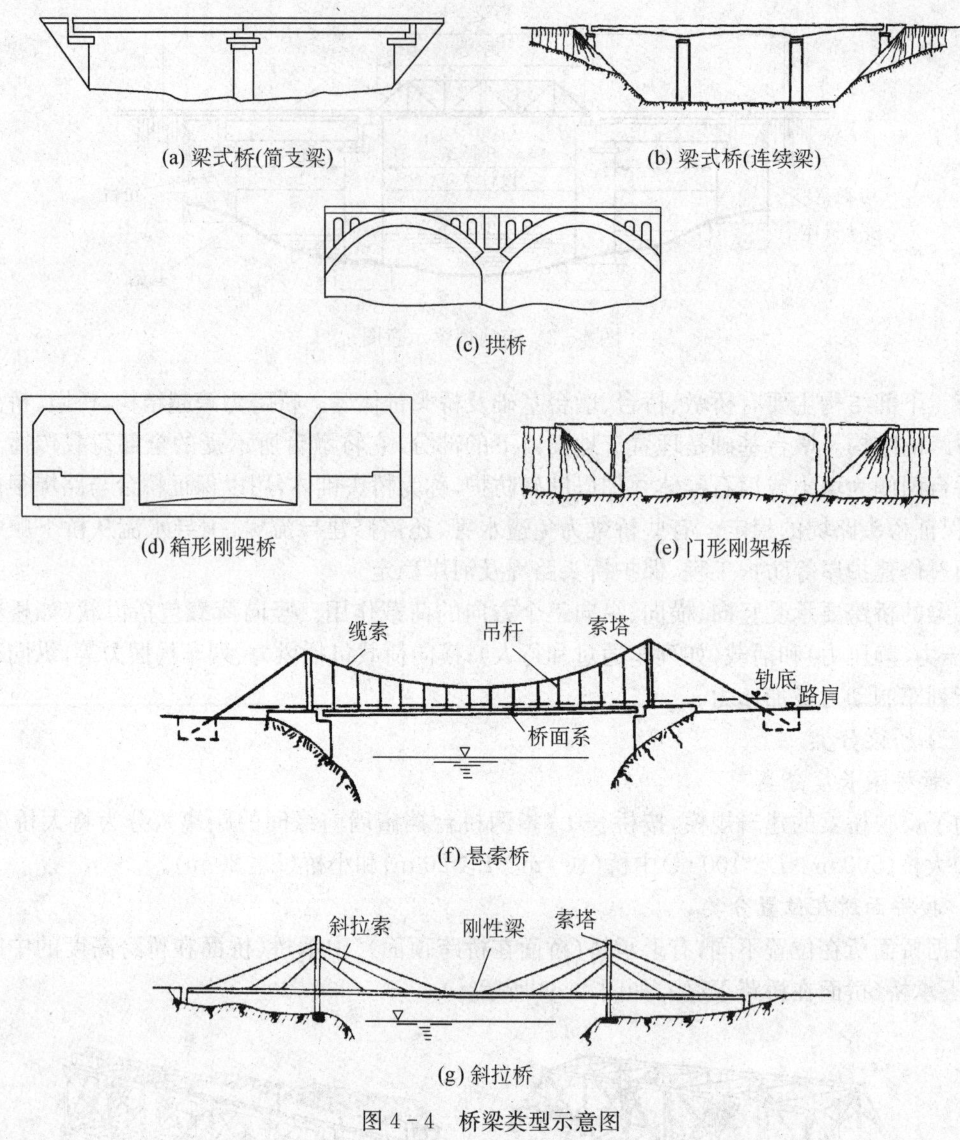

(a) 梁式桥(简支梁)　(b) 梁式桥(连续梁)

(c) 拱桥

(d) 箱形刚架桥　(e) 门形刚架桥

(f) 悬索桥

(g) 斜拉桥

图 4－4　桥梁类型示意图

互影响不大,对墩台要求不高,又能适应多种地基条件,比较常见。当跨度较大时,梁式桥也可个别设计为连续梁,既可节省材料,加强结构强度,又使桥上线路顺畅,在铁路(包括客运专线)和城市轨道交通上得到较广泛使用。

(2) 拱桥由于可就地取材,节省钢材和水泥,一般因地制宜使用。

(3) 刚架桥是把桥跨结构和刚性墩台连成一个完整的结构,常见的有门形和箱形(梁跨、墩台和底板联成一体)。其中箱形刚架桥顶推施工法,因在铁路立体交汇、城市交通穿越铁路等建设中,对既有铁路线影响最小,应用日益广泛。

(4) 悬索桥和斜拉桥,在铁路上应用没有上述几种桥广泛。

设计跨河桥梁时,第一要确定最佳的桥位;第二要确定桥梁必要的长度和高度;第三要确定经济合理的桥梁结构形式;第四要确定桥梁各部分的合理尺寸,保证桥梁具有一定的强度,刚度和稳定性。

(三) 桥位选择

理想的桥位一般为河床顺直,地质稳定,河床较窄,与河槽、河谷尽量正交的位置,要通过综合经济比选确定。在桥位选择中应考虑的主要因素有下面几种。

(1) 桥孔。两个墩台之间的空间是桥孔。每个桥孔在设计水位处的距离叫做孔径。桥梁的孔径应根据排洪要求来确定。孔径确定后,再根据设计条件和通航要求选择梁的跨度。桥可以设计为单跨或多跨,并对建桥材料、桥梁类型、桥跨及墩台尺寸进行拟定。对于同一桥址,根据技术、用料、投资、施工条件、运营养护以及通航和国防上的要求,对所拟定的方案进行全面评比,选取最有利方案。

(2) 桥高。桥梁的建筑高度是指轨底至梁底的高度。在建筑高度不受限制的情况下,宜考虑用上承梁,以减小墩台高度和宽度。

(3) 净空。桥梁净空包括桥上净空和桥下净空。桥上净空要保证车辆行人能安全通过桥梁,它必须满足桥梁净空限界要求。桥下净空指从设计水位(设计流量相对应的水位)到桥跨底部之间的高度。它要满足通航、通行排筏、流木、流冰等所必需的净跨和净高要求。跨河桥的孔径、桥高、基础埋藏深度等主要尺寸,必须保证在宣泄洪峰设计流量时,桥梁能正常使用。通过数理统计方法推算一定频率的洪水流量作为设计流量标准。我国铁路规定:设计桥梁的洪水频率:Ⅰ、Ⅱ级铁路为 1/100;Ⅲ级铁路为 1/50,但对技术复杂修建困难的特大桥,Ⅰ、Ⅱ级铁路应以 1/300 洪水频率进行检算。

三、隧道

隧道是轨道交通线路上的重要工程建筑物,具有避免开挖过深的路堑、安全穿越不稳定山体或为避免绕越高山而过度延长线路等优点,还具有使线路不影响城市地面高密度建筑,穿越江河不影响通航等特征。隧道广泛应用于山区铁路和城市轨道交通以及需要穿越较大江河、海峡等地段。

轨道交通隧道结构主要由主体建筑物和附属建筑物两部分组成。

(一) 主体建筑物

一般由洞身衬砌和洞门组成,主要功用是保持隧道的稳定,保证列车行车安全。

(1) 洞身的断面衬砌形式。根据它所受的压力情况,铁路可选择直墙式(竖向压力为主)、曲墙式(水平压力较大);地铁因需要考虑设备及车站布置要求及施工方法(盾构法或明挖法)的不同,可选用圆形、矩形或马蹄形等断面衬砌形式(图 4-5)。隧道衬砌的材料应具有足够的强度和耐久性,如钢筋混凝土,必要时(如地铁工程中),也可考虑采用钢材料。隧道衬砌结构应设计为封闭式。

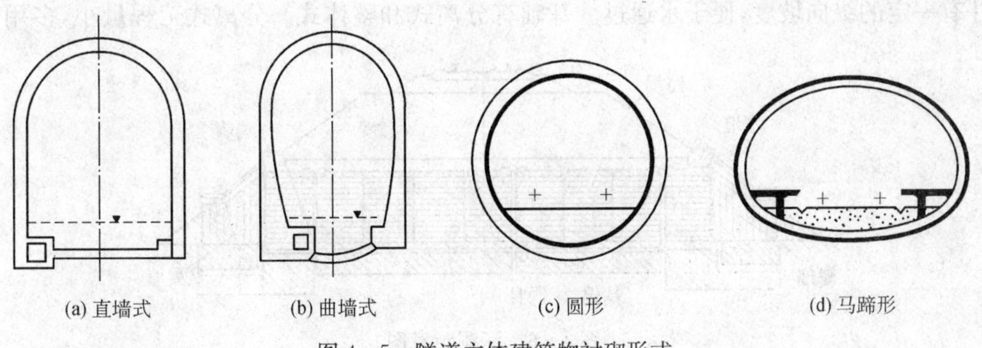

图 4-5　隧道主体建筑物衬砌形式

(2) 隧道的出入口。隧道的出入口都需要专门修建洞门，一般采用端墙式或翼墙式，以保证洞口仰坡和路堑边坡的稳定、汇集和排除地面水流。隧道的净空(隧道衬砌的内轮廓线所包括的空间)，必须满足隧道建筑限界要求。对于曲线段的隧道，同样还要考虑曲线加宽的影响。

高速列车在隧道中行驶时所受空气阻力要比在露天大得多，约占列车总阻力90%。对于隧道多的高速铁路，应考虑额外的牵引功率损失与隧道内空气散热等问题。为减少高速列车进隧道引起的负面影响，可将隧道洞口设计成喇叭口状，喇叭口内满布圆孔(如意大利罗马—佛罗伦萨高速线)，以吸引冲击波，减小冲击力。

(二) 附属建筑物

为了保证铁路隧道正常运营，配合上述主体建筑物，还需在隧道内修建避车洞及防排水等附属建筑物，以满足隧道内维修人员的安全和保持隧道内干燥。地铁隧道由于车站与线路联为一体都在地下，所以其附属建筑物还要满足通风与采暖(或空调)、给排水、通信、信号、供电、防灾等设备或系统布置的要求。

(三) 隧道位置选择

由于隧道是一种地下建筑物，因此，隧道位置在很大程度上受地质、水文、城市地下管线等情况的影响。隧道位置一般情况下应尽可能选择在地质构造简单、岩性较好的稳固地层中通过，洞口位置宜贯彻“早进洞、晚出洞”的原则，以利于洞口边坡的稳定。

四、涵洞

(一) 涵洞设计要求

为了避免轨道交通线路行经地段小河溪不因线路路堤的修建而被阻断，常修建涵洞。涵洞一般置于路堤下面(≥1.0 m)，其结构轴线横穿路基，所以涵洞处的路堤是连续的。涵洞与桥梁相比，它的孔径较小(最大不超过6 m)；出入口处通常设翼墙及端墙。虽然涵洞与小桥作用基本相同，但涵洞有如下优点：构造较简单，基础较浅，施工较容易，且多用砂、石作主要材料，有利于就地取材，列车通过时较平稳。洞底较坚固，容许较高的流速，不易受洪水冲毁，维修工作量较少。因埋置于路基下面，列车荷载对其影响较小。但对下列情况则宜设桥而不宜设涵洞：洪水带有大量泥砂，易使涵洞淤积堵塞；涵前积水太高，容易淹没农田；路堤太低不宜设涵。

(二) 涵洞结构

涵洞按截面形状分为拱涵、箱涵及管涵；按建筑材料不同，又有石涵、混凝土涵、钢筋混凝土涵、铁涵之分。

涵洞主要由洞身、基础、端墙和翼墙等组成(图4-6)。洞身由若干管节组成，埋设在路基中，并有一定的纵向坡度，便于水通过。基础有分离式和整体式。分离式工程量小，多用于孔

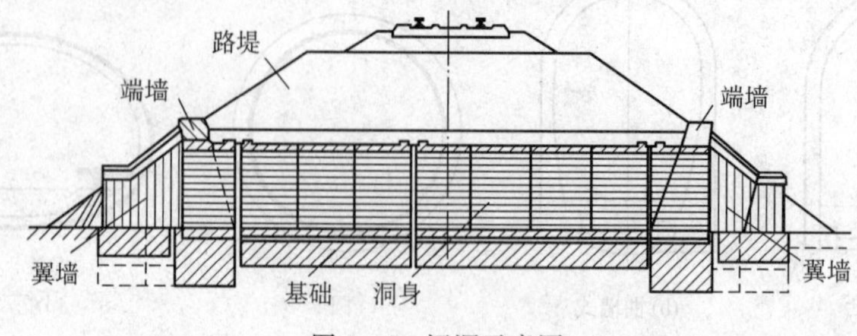

图4-6 涵洞示意图

径较大、基础条件较好的情况;整体式,则适用于小孔径或基础较差的情况。涵洞的进出口设端墙和翼墙,其主要作用是:使水流顺畅地引入或排出涵洞;保证涵洞处路堤的稳定,起到挡土墙的作用;翼墙基础较深,是涵洞两端的门户,能起到防洪防渗的作用。

第二节　轨道及钢轨相互位置

一、轨道

轨道是机车车辆和列车运行的基础,它的作用是引导机车车辆运行,直接承受由车轮传来的巨大压力,并将其传给路基和桥隧建筑物。轨道由钢轨、轨枕、联结零件、道床、防爬设备和道岔等主要部件组成(图 4－7),它们之间的相对位置是:道床在下(铺在路基面上),钢轨在上,中间为轨枕;相邻钢轨的端部以及钢轨和轨枕之间,用联结零件扣连;在线路和线路的联结处,铺设道岔;在钢轨和轨枕上,安设必要的防爬设备。

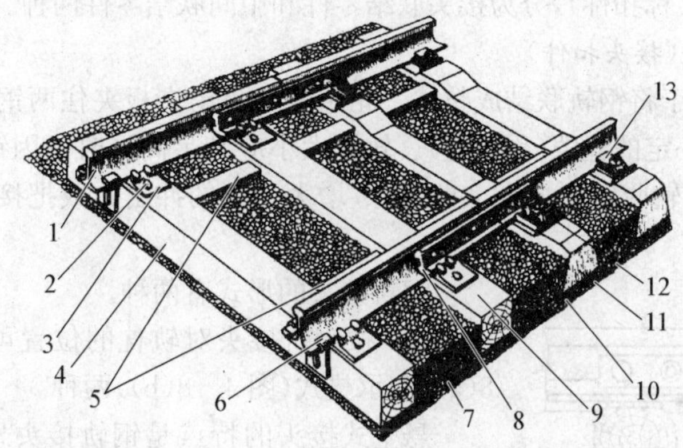

轨道的基本组成
1—钢轨;2—普通道钉;3—垫板;4,9—木枕;5—防爬撑;6—防爬器;7—道床;8—鱼尾板;10—螺栓;11—钢筋混凝土轨枕;12—扣板式中间联结零件;13—弹片式中间联结零件

图 4－7　轨道基本组成

(一) 钢轨

钢轨直接承受车轮的压力并引导车轮前进,在电气化铁道和自动闭塞区段上,兼作轨道电路使用。钢轨呈"工字形",大而厚的轨头,具有与车轮踏面足够的接触(支承)面积,提高抵抗压陷和耐磨能力;宽底式轨底,则可保持钢轨稳定和必要的刚度,并便于扣紧在轨枕上。我国的标准钢轨长度有 25 m 和 12.5 m 两种。为了保证钢轨接头保持对接状态,在曲线上还常使用比标准轨短的钢轨。

(二) 轨枕

轨枕是钢轨的支座,承受钢轨传来的垂直力和水平力,并把这些力转给道床和路基。此外,轨枕还起着固定钢轨位置、保持钢轨方向和轨距的作用。因此,轨枕必须具有坚固性、弹性和耐久性。

轨枕按其材料可分为木枕、混凝土枕和钢枕等,前两者应用较为广泛。

(1) 木枕。铁路最早采用的木枕(又称枕木)虽然有弹性好,易于加工运输,铺设、养护及修理方便，与钢轨的联接比较简单等优点，但也存在易于腐朽和机械磨损、使用寿命短等致命的缺点。实际使用中，一般将木枕经防腐处理(称油枕)，延长其使用寿命。

(2) 混凝土轨枕。与木枕相比，混凝土轨枕尽管存在重量大、弹性差、易脆裂等缺点，但其优点突出。如重量大，能提高轨道强度和稳定性，可以满足高速、重载列车运行的需要；材料来源丰富，可以节省大量木材；耐火，耐腐蚀，不怕虫蛀。我国因木材资源不多，为节省木材，铁路推广使用钢筋混凝土轨枕。

普通轨枕的长度一般是 2.5 m。但桥梁轨枕(简称桥枕)和道岔轨枕(简称岔枕)，因规格尺寸不同，其长度有 2.6～4.85 m 多种。

每千米线路上铺设轨枕的数量，关系到轨道各部分的使用寿命和稳定性，应根据运量、轴重、行车速度及线路设备条件等确定，一般来说，轨枕间距小些，可减小轨道各部件的受力，并使轨距、方向易于保持，对行车速度高的地段尤为重要。但若过密则不经济，而且间距过小，一定程度上会影响有碴道床捣固质量。

(三) 钢轨联结零件

钢轨联结零件(又称扣件)，分为接头联结零件和中间联结零件两种。

1. 接头联结零件(接头扣件)

接头联结零件用于将钢轨联结成整体。先用两块鱼尾夹板夹住两钢轨末端，然后用螺栓拧紧，两轨端间预留一定的缝隙(称轨缝)。轨缝大小应满足高温时不因钢轨膨胀而发生胀轨跑道和低温时不因钢轨收缩形成太大的缝隙，增大列车的冲击力或把接头螺栓拉弯、拉断的要求。

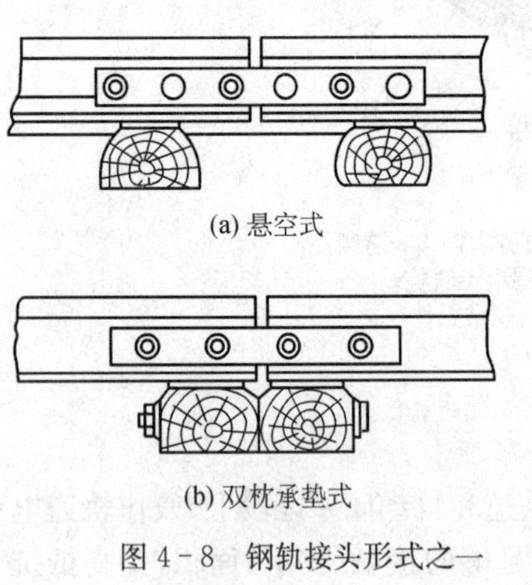

(a) 悬空式

(b) 双枕承垫式

图 4-8 钢轨接头形式之一

钢轨接头的形式有两种。

(1) 按钢轨接头对轨枕的位置可分为悬空式(图 4-8(a))和承垫式(图 4-8(b))两种。

悬空式接头的特点是钢轨接头悬于两轨之间。当车轮通过时，钢轨挠曲，轨端下落，鱼尾板与轨端的挠度和弯矩均较大，也是接头病害产生的主要原因。这种接头的优点是接头处弹性较好。承垫式接头一般采用双枕承垫。与悬空式比较，鱼尾板受力条件改善，但接头处刚性大，捣固作业困难。

(2) 按钢轨接头在两条轨线上相互位置可分为相对式(对接)即两条钢轨接头左右相对；相互式(错接)即一条钢轨接头与另一条钢轨中点相对，如图 4-9。

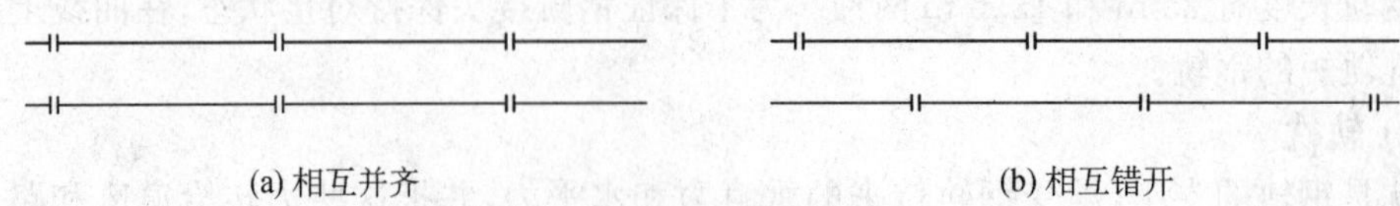

(a) 相互并齐

(b) 相互错开

图 4-9 钢轨接头方式之二

我国铁路广泛采用悬空对接式的线路接头形式。因为对接式车轮冲击钢轨次数比错接式少 1 倍，避免了错接情况下的偏心冲击力，方便采用铺轨机拆除和铺设轨道。

2. 中间联结零件(中间扣件)

钢轨是用中间扣件紧扣在轨枕之上,保持钢轨的稳定。

木枕用的中间扣件主要是道钉和铁垫板。道钉的作用是把钢轨固定在木枕上,保持正常的轨距,防止钢轨移动和倾斜。在钢轨和木枕间放置铁垫板,其作用是将钢轨的压力传到较大的木枕面上,防止木枕被压坏,并使钢轨两侧的道钉能同时受力。新研制的K型分开式扣件和弹条扣件,吸取混凝土轨枕弹性扣件优点,用螺纹道钉联结木枕与铁垫板,增强木枕轨道的稳定性。

目前,我国铁路上与混凝土轨枕配套使用的中间扣件主要为弹条Ⅰ式扣件(图4-10)。它由弹条、螺纹道钉、轨距挡板、挡板座及弹性橡胶垫板等组成。弹条与螺纹道钉用于扣压钢轨;轨距挡板和挡板支座用来调整轨距和传递钢轨承受的横向水平力;橡胶垫板则用于缓冲轮轨间的振动冲击作用。此扣件特别适用于整体道床。近两年推广使用弹条Ⅱ式、弹条Ⅲ式扣件,其中弹条Ⅲ式扣件为无螺栓、无挡肩型。

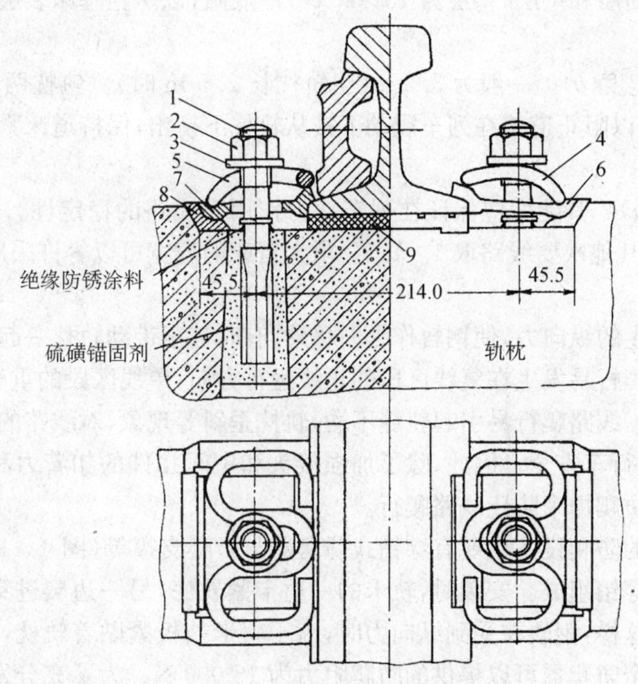

1—螺纹道钉;2—螺母;3—平垫圈;4,5—弹条;6,7—扣件;8—铁座;9—绝缘缓冲垫板

图4-10　弹条Ⅰ式扣件

(四) 道床

道床是铺设在路基面上的道碴层。其主要作用是:均匀地传布车轮荷载于较大的路基面上;抵抗轨枕位移,从而阻止钢轨因列车的作用而发生纵向和横向位移;排除线路上的地表水,并防止路基内毛细管水上升,保持轨枕及路基面干燥状态;缓和车轮对线路的冲击作用;便于线路平、纵断面的校正。因此,按照道床的构成情况可以分为碎石道床、整体道床、沥青道床等各种不同的形式。目前我国铁路有碴轨道全部使用碎石道床。道碴材料应具备质地坚韧、有弹性,排水性能好,不易风化等性能。一般最好选用碎石。但在就地取材条件下,也可选用天

然级配卵石、粗砂中砂、熔炉矿渣等。

图 4-11 中,B 为路基宽度,t 为路肩宽度。道床断面包括三个主要尺寸。

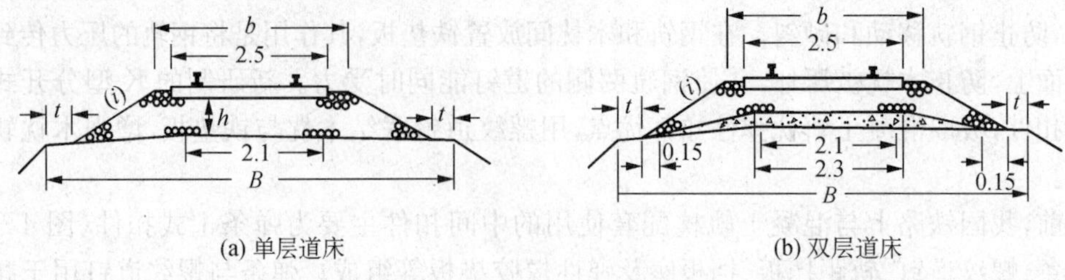

图 4-11 道床断面

(1) 道床厚度(h)。指线路轨枕底面下或曲线内轨轨枕底面下至路基面的道床厚度(不含轨枕的埋深)。我国正线道床厚度一般为 25～50 cm。对于我国南方地区的非渗水土路基,采用双层道床即设有面层和垫层,垫层为 15～25 cm 厚底碴,以防止基床表层在暴雨时被冲刷和地下水的向上渗透。

(2) 道床顶面宽度(b)。一般为 3.3 m(当轨枕长 2.5 m 时)。轨枕两端伸出的碴肩宽留 40 cm,并堆高道碴,以阻止道碴在列车震动下被从轨枕下挤出,保持道床紧密状态和足够的横向阻力。

(3) 道床边坡(i)。其陡度应保证在列车动力作用下线路的稳定性。一般行车速度较高的正线为 1∶1.75,其他次要线路取 1∶1.5。增大道床的肩宽可以容许采用较陡的道床边坡。

(五) 防爬设备

列车运行时产生的纵向力,使钢轨作纵向移动,有时甚至带动轨枕一起移动。这种现象叫做线路爬行。线路爬行易发生在复线区段的正线运行方向、单线区段的重车方向、长大下坡道和进站制动范围内。线路爬行易引起轨缝不均,轨枕歪斜等现象,对线路的破坏性很大。甚至造成涨轨跑道,危及行车安全。因此,除了加强接头和中间扣件的扣着力和道床的阻力外,通常还采用防爬器和防爬撑来防止线路爬行。

我国目前使用的防爬设备主要有穿销式防爬器与防爬支撑等(图 4-12)。穿销式防爬器由带挡板的轨卡和穿销组成。安装时,轨卡的一边卡紧轨底,另一边契进穿销,使整个防爬器牢固的卡住轨底。这样,钢轨在受到纵向力时,由于轨卡挡板紧贴着轨枕,于是轨枕和道床就阻止钢轨爬行。一个防爬器可以提供的防爬阻力为 15 000 N。为了充分发挥其防爬能力,通常在轨枕之间还安装防爬支撑,将 3～5 根轨枕连成一个整体,以充分发挥道床的阻力作用。

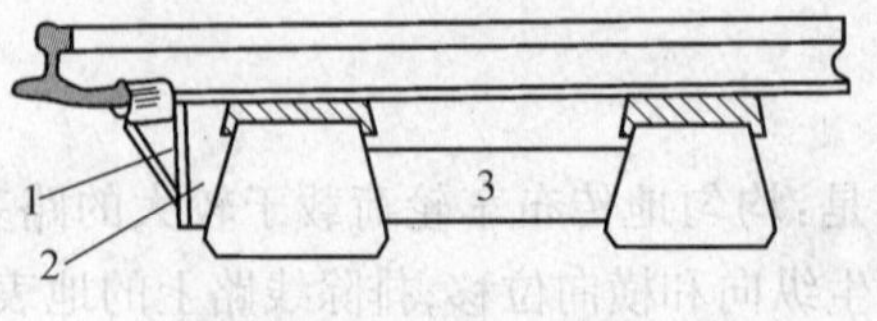

1—防爬器;2—木撑;3—防爬支撑

图 4-12 防爬器示意图

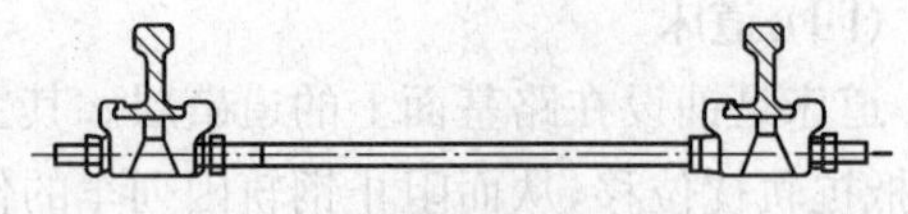

图 4-13 轨距拉杆与布置

在线路(小)曲线地段,由于线路受到的横向水平力增大,可造成钢轨在轨枕上作横向移动,扩大轨距。为此,小半径曲线地段轨道除了增加轨枕外,还应增设轨距拉杆(图 4-13)。

(六) 道岔

道岔是使机车车辆从一条线路转向另一条线路的轨道连接设备。常用的有普通单开道岔、对称道岔、三开道岔、复式交分道岔等。使用最多的为普通单开道岔(简称单开道岔)。这里以单开道岔为例,介绍道岔设备。

1. **单开道岔构造**

单开道岔主线为直线方向,侧线由主线向左(称左开道岔)或右(称右开道岔)侧分支。它由转辙器、连接部分、辙叉与护轨以及岔枕和联接零件等组成(图 4-14)。

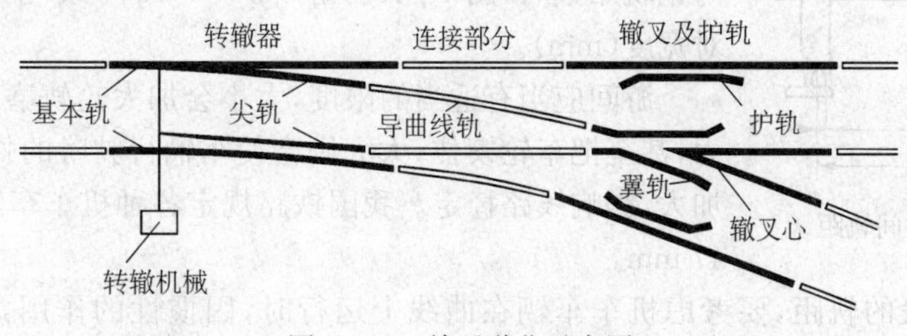

图 4-14 单开道岔示意图

2. **道岔号数选择**

道岔号数以辙叉号数 N 来表示。辙叉号数 N 越大,辙叉角 α 越小,导曲线半径($R_{导}$)越大,道岔允许通过速度越高。列车行经道岔分侧向和直向两种。

(1) 侧向过岔速度限制。考虑列车通过无超高的道岔区的未被平衡的加速度对安全和舒适度的影响:

未被平衡的离心加速度:
$$a=\frac{(v/3.6)^2}{R_{导}}\leqslant 0.65(\mathrm{m/s^2}) \tag{4-1}$$

未被平衡的离心加速度增量:
$$\varphi=\frac{(v/3.6)^3}{R_{导}L}\leqslant 0.5(\mathrm{m/s^3}) \tag{4-2}$$

式中,L 为车辆全轴距(一般客车为 18 m)。

(2) 直向过岔速度限制。考虑列车直向通过对道岔有害空间、护轮轨和翼轨的撞击影响:

角加速度限制
$$\omega=\frac{2\delta v^2}{R_{导}}\leqslant 3(\mathrm{km^2/h^2}) \tag{4-3}$$

式中,δ 为轮轨间游间,45 mm。

3. **提速道岔**

为了满足铁路不断提速要求,我国自行设计制造了多种提速道岔。如 1996 年研制出的 60(kg/m)轨 12 号提速道岔(包括高锰钢整铸辙叉和可动心轨辙叉),直向允许通过速度客车为 60 km/h,货车 120 km/h。1998 年 9 月在京沪线(蚌埠段)铺设的 60 轨的 30 号可动心轨高速单开道岔直向和侧向允许通过速度可达 200 km/h 和 140 km/h。

为了适应跨区间无缝线路铺设要求,提高快速列车运行的平稳性,我国已开始使用无缝道岔。无缝道岔的直股钢轨全部采用焊接或冻结接头,能够传递钢轨温度力。

二、钢轨相互位置

(一) 轨距

我国铁路的标准轨距直线地段为 1 435 mm，为两股轨头内侧顶面下方 16 mm 处的距离。由于设置轨底坡，此处距离为最小。为了保证行车安全，轨距误差宽不得超过 6 mm，窄不得小于 2 mm。为使车轮不被钢轨卡住，轨距必须略大于轮对的宽度。钢轨与轮缘间的空隙称为游间(δ)。当轮对的一个车轮轮缘与钢轨贴紧时(图 4－15)，游间 $\delta = s - q$，s，q 分别表示轨距与轮对宽度(mm)。

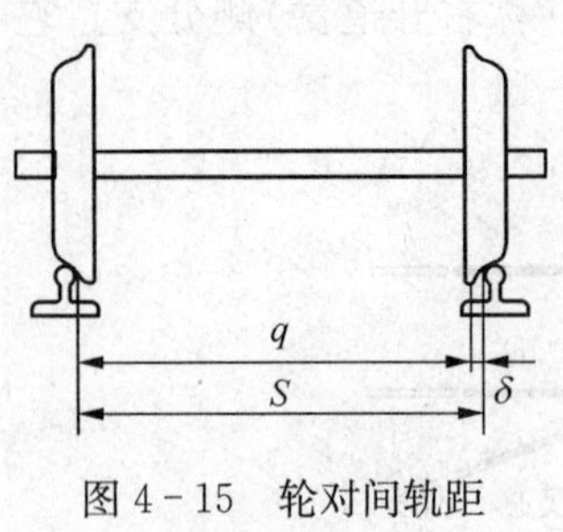

图 4－15　轮对间轨距

游间应当有适当的限度，太小会加大轮轨磨耗，增加行车阻力，甚至把车轮楔住；太大则会使车辆行驶时的蛇形运动的幅度加大，影响线路稳定。我国铁路规定各种机车车辆的 δ 应在 9～47 mm。

在曲线地段的轨距，要考虑机车车辆在曲线上运行时，因惯性的作用，仍然力图保持其原来的行驶方向，当转向架的最前轴的外轮受到外轨的导向作用后，迫使整个转向架的车轮沿曲线轨道行驶。图 4－16 为二轴转向架通过曲线示意图。曲线的轨距 S_q 为

$$S_q = q_{max} + f(\text{mm}) \tag{4-4}$$

式中　q_{max}——最大轮对宽度，mm；

f——曲线的矢距，mm，$f=\dfrac{L^2}{2R}$，其中，L 为固定轴距，R 为曲线半径。

当 $f > \delta$ 且曲线半径较小(如小于 350 m)时，曲线轨距必须加宽，否则轮对会被卡死(图 4－16)。加宽时，一般外轨不动，内轨向圆心方向移动。曲线半径为 300～350 mm和小于 300 m 时，加宽要求为 5 mm 和 15 mm。

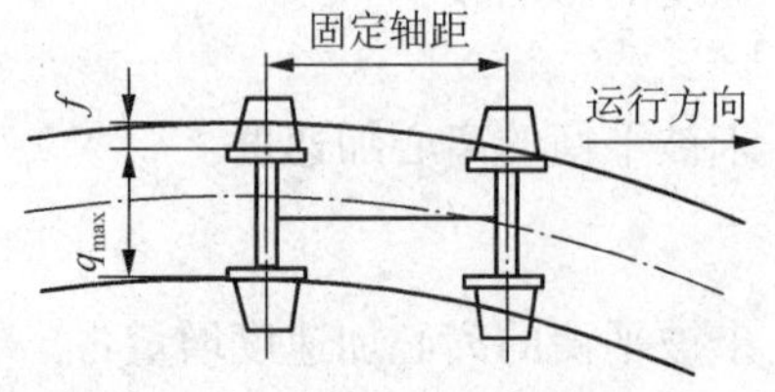

图 4－16　轮对通过曲线示意图

(二) 水平位置

1. 直线地段

为了使两股钢轨能够比较均匀地承受荷重，保证列车平稳运行，在直线地段两股钢轨顶面应保持水平。但如有误差，正线与到发线不得大于 4 mm，其他线不得大于 6 mm。

在实践中，在相当长的距离内，一股钢轨顶面水平始终高于另一股，将引起车辆摇晃和两股钢轨受力与磨耗不均；若在一段不太长的距离内，先是左股钢轨高于右股，接着是右股钢轨较左股高，且两个最大水平误差之间距离不足 18 m(俗称三角坑)，会造成车辆只有三个车轮正常压紧钢轨，另一悬空，易引起脱轨事故。因此必须及时消除。

另外，为使钢轨顶面与车轮踏面坡度(1∶20)相适应，使车轮压力尽量接近钢轨中心轴线，为减少钢轨磨耗及其他伤损，在直线地段两股钢轨均应设置向钢轨中心倾斜的轨底坡。其坡度值一般选为 1∶40。

2. 曲线地段

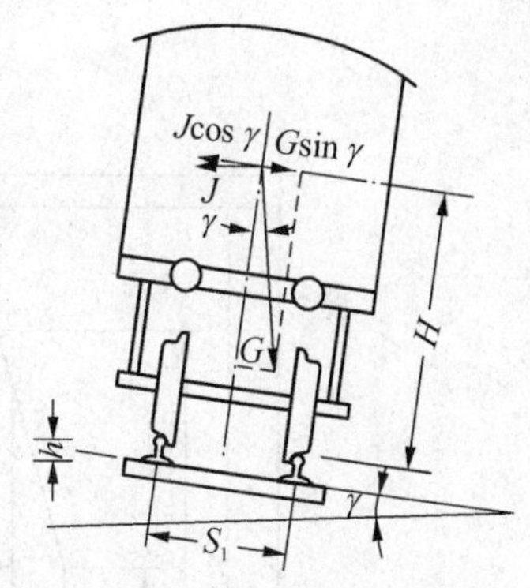

图 4－17　外轨超高计算示意图

在曲线地段,一般将外轨抬高,以抵消由于离心力而产生的列车外倾、内外轨磨耗不均的不利影响。外轨比内轨高出的部分(h)称为超高,其高低应使机车车辆的重量(G)和离心力(J)的合力正好垂直平分两股钢轨的中心距离(s_1),使重力引起的向心力($G\cos\gamma$)与离心力($J\sin\gamma$)相平衡,即 $G\cos\gamma=J\sin\gamma$(图 4－17)。

$$s_1 = 轨距 + 轨头宽 = 1\,435 + 65 = 1\,500\ \text{mm}$$

$$J = \frac{mv^2}{R}(\text{N}) \quad G = mg(\text{N})$$

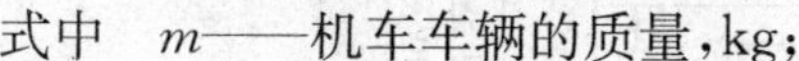

式中　m——机车车辆的质量,kg;

g——重力加速度,取 9.81 m/s^2;

v——列车平均行车速度,m/s;

R——曲线半径,m;

$$h = s_1 \cdot \sin\gamma \approx s_1 \cdot \tan\gamma(因为\ \gamma\ 很小)$$

$$h = s_1 \cdot \frac{\sin\gamma}{\cos\gamma} = s_1 \cdot \frac{J}{G} = 11.8\,\frac{v^2}{R}(\text{mm}) \tag{4-5}$$

由式(4－5)可知,对一定的曲线半径,超高与速度的平方成正比,因此用何种速度来设置超高是至关重要的问题。

我国铁路轨道设计规范建议:

(1) 新建铁路。参考国际铁路规律性标准,列车实际运行速度一般较线路设计最高速度降低 10%～15%。式(4－5)中列车平均速度取最高设计速度的 0.8 倍,即

$$h = 7.6\,\frac{v^2}{R} \tag{4-6}$$

(2) 改建铁路。一般客、货混行的既有铁路,取满足旅客舒适和内外钢轨磨耗均匀条件的均方根速度 v_{JF},即

$$h = 11.8\,\frac{v_{\text{JF}}^2}{R_{\min}}(\text{mm}) \tag{4-7}$$

式中　v_{JF}——该路段上各种列车的均方根速度,$v_{\text{JF}} = \sqrt{\dfrac{\sum N_i G_i v_i^2}{\sum N_i G_i}}$,其中,$N_i$ 为第 i 种列车的数目(列/d),G_i 为第 i 种列车种类的牵引重量(t),v_i 为第 i 种列车种类的速度(km/h)。

(三) 限界与线间距

1. 限界

为确保使列车行驶安全,对机车车辆与沿线建筑设备都要规定一个不得超出或侵入的轮廓尺寸线,这就是限界。建筑限界是每一条线路必须保有的最小空间的横断面,使机车车辆可以安全通过;机车车辆限界则是机车车辆极限横断面。另外还有桥梁和隧道专用的建筑限界。对于铁路装载超出机车车辆限界的长大货物,还有一个超限货物装载限界。图 4－18 标明了

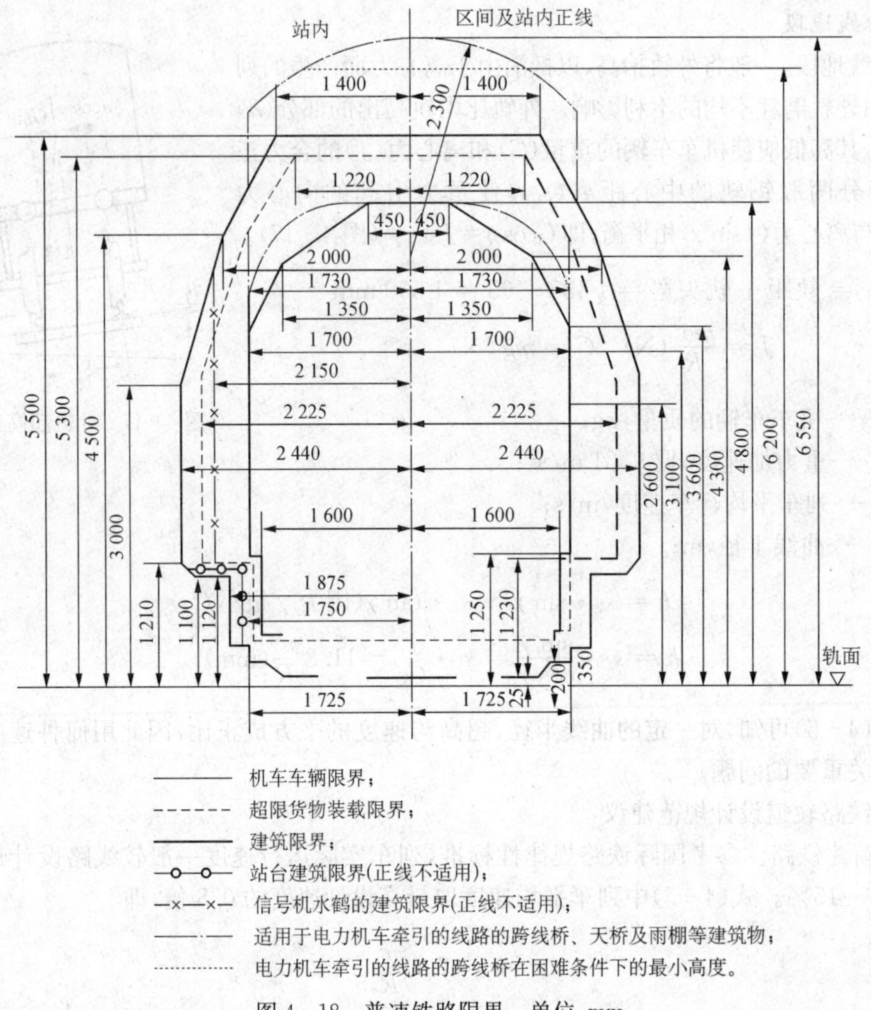

图 4－18 普速铁路限界 单位：mm

普速铁路直线地段各种限界的主要尺寸。

与普速铁路相比，其他类型铁路的限界因运营特征不同，略有差别。

(1) 建筑限界宽度。客货共线快速铁路、客运专线(高速铁路)的设计规定建筑限界的最大宽度与普速铁路相同，即 4 880 mm(图 4－18)。

(2) 建筑限界高度。客货共线快速铁路要求接触线距轨面的最低高度不应小于 5 700 mm，考虑接触网结构高(1 100 mm)、500 mm 的对地绝缘距离和 200 mm 的预留驰度、施工误差等影响，设计规定的建筑限界最大高度为 7 500 mm。客运专线(高速铁路)的接触线悬挂点高度为 5 300 mm，接触网结构高度不小于 1 400 mm，水平腕臂上承力索零件安装高度取 50 mm，对地绝缘距离、建筑物沉降、工务抬道及安全裕量等因素合计考虑 500 mm，设计规定的建筑限界的最大高度为 7 250 mm。

2. 线间距

(1) 直线段。两相邻两线路中心线间的距离称为线间距。它主要决定限界、相邻线路间有关行车设备宽度和需要办理的作业。双线铁路直线段正线间不需设信号机，普速铁路线路间距如表 4－1。

表 4-1　　普速铁路直线段正线间线间距

线间距/mm	限　界	余量	说　明
5 000(一般)	2×2 225	550	两线均可通行超限列车
4 000(最小)	2×(1 700+100)	400	两线不能同时通行超限列车(100 为列车信号限界)

(2) 曲线段。当列车在双曲线上平面交会运行时,车辆的头尾将偏离曲线线路的中心线而向外突出;中部则较这线路中心线向内偏移。另外,若外侧线路超高大于内侧线路时,车体因倾斜角度不同,会相互靠拢。为保持相邻曲线上的车体间以及线路上的车辆与沿线建筑设备具有一定的安全间隙,相邻线路的线间距以及建筑设备距线路中线距离均需加宽。

① 曲线内侧加宽 $W_{内}$:

$$W_{内}=w_{内}+x=\frac{40\,500}{R}+\frac{H}{1\,500}h(\mathrm{mm}) \tag{4-8}$$

式中 R——曲线半径,m;

H——建筑或机车车辆计算点距轨面高度,mm。区间线路可取 3 850 mm;

h——曲线外轨超高,mm;

$w_{内}$——车辆中部向内的偏移量,mm;

x——外轨超高引起的内倾量,mm。

② 曲线外侧加宽 $W_{外}$:$W_{外}$ 指车辆的头尾偏离曲线的中心线向外突出的偏移量

$$W_{外}=\frac{44\,000}{R}(\mathrm{mm}) \tag{4-9}$$

③ 线间距加宽:当曲线外侧线路实设超高大于内侧线路实设超高时,线间距的加宽值为 Δe,即

$$\Delta e=W_{外}+W_{内}=\frac{44\,000}{R_{外}}+\frac{40\,500}{R_{内}}+\frac{H}{1\,500}\cdot(h_{\mathrm{w}}-h_{\mathrm{n}})(\mathrm{mm}) \tag{4-10}$$

式中,$R_{外}$, $R_{内}$ 和 h_{w}, h_{n} 分别表示外、内侧线路的曲线半径(m)和外、内轨超高(mm)。

当曲线外侧线路实设超高小于或等于内侧线路实设超高额且 $R_{外}=R_{内}=R$ 时,车体内倾不影响线间距,则有

$$\Delta e=W_{外}+W_{内}=\frac{84\,500}{R}(\mathrm{mm}) \tag{4-11}$$

第三节　轨道与运营参数的关系

铁路轨道结构由钢轨、轨枕、道床组成,其中钢轨是最主要的部件。在选择轨道结构类型时,首先要根据运营条件选定钢轨类型,然后确定相适应的轨枕类型和配置根数、道床材料和断面尺寸,使整体结构的各组成部分相互配套,充分发挥各自的工作性能。选定钢轨类型的主要因素是铁路的年通过运量、最大轴重、行车速度和合理的轨道设备修理周期。

一、轨道与运量关系

运量(即年通过总质量)是决定轨道类型选择的最主要指标。

钢轨的磨耗是确定钢轨使用寿命的主要因素之一。特别是在小半径曲线轨道上，运量越大，钢轨的磨耗越快，使用寿命越短。而且在列车的重复荷载作用下，钢轨还会因疲劳伤损而报废。若用累计通过总质量来表示钢轨安全使用寿命，据我国 20 世纪 80 年代的现场统计，12.5 m 的标准钢轨的安全使用寿命 60 kg/m 为 840 Mt、50 kg/m 为 480 Mt，而 43 kg/m 只有 270 Mt。因此，采用重型轨可以延长钢轨的使用寿命和大修周期。

轨道结构的累积残余变形和脏污主要来自于道床层。道床经过列车重复荷载产生的压力和冲击振动两者双重作用，会引起松动和下沉，从而轨道逐渐形成不平顺的轨面和丧失弹性。因此在运量大的地段，应使用稳定性好的重型轨道结构。实践表明，采用无缝线路后，因钢轨接头部位损伤大大减少，钢轨的安全使用寿命理论上可提高 30.3%。

二、轨道与轴重的关系

轴重指每一轮对在线路上的重量。随着轴重和钢轨质量的增加，钢轨的损伤愈来愈集中于钢轨的头部。增加轴重虽然可扩大运能，但轨头与车轮踏面的接触面积不到 2 cm^2，而造成钢轨头部分表面剥离、压溃等损伤的接触应力高达 150 MPa 以上，并且随轴重的增加而会显著增加。研究表明，当轴重为 18 t、21.6 t 和 25 t 时，60 kg/m 钢轨疲劳寿命比例为 1∶0.3∶0.133。此外增加轴重还会加剧轨头塑性变形和磨耗以及道床变形，给行车安全带来潜在的威胁。自 20 世纪 80 年代始，我国铁路随着 60 t 以及以上的大型货车投入使用，逐步淘汰载重 30 t、40 t 的小型货车，货车的平均轴重已上升至 18 t，少数重载货车（如 C_{75} 货车）轴重已达 25 t。在其他条件不变情况下，仅平均轴重由 17 t 提高到 18 t，60 kg/m 的 12.5 m 标准轨的有缝线路和无缝线路的安全疲劳寿命会分别下降 21.4%和 9.5%。因此，增加轴重的前提是加强轨道结构，如采用 75 kg/m 重型钢轨，强度更大的轨枕和优质道碴等。

三、轨道与行车速度的关系

提高行车速度会增加轨道各部件的动力响应，如会使轮轨重力附加荷载增加，加大了钢轨各部分的应力，导致钢轨安全寿命的缩短。假定车辆静轴重为 23 t，在轨道质量好的线路上，列车速度每提高 10 km/h，理论计算的轴重动力附加值为 0.225～0.765 t，增长幅度有限。但钢轨、轨枕和道碴中的振动加速度随着速度的增加而增加。轨面的不平顺对轮轨间动力作用的影响，随着行车速度的提高而急剧增加。因此，提高行车速度，会增加轨道的维修工作量。

四、轨道与修理周期的关系

钢轨的安全使用寿命是确定换轨及线路大修周期的主要依据。表 4－2 为《铁路线路维修规则》规定的钢轨更换周期。

表 4－2　钢轨更换周期表

钢轨类型	75 kg/m	60 kg/m	50 kg/m
无缝线路/(Mt · km/km)	900	700	550
有缝线路/(Mt · km/km)	700	600	450

根据运营条件,合理的线路大修周期为15～20年。参考表4-2标准选择钢轨类型时,可能的条件下,采用重型钢轨。这样不仅增加线路轨道允许的通过总质量,延长了线路轨道的使用年限,减少由于换轨线路停运给运营带来的不利影响,而且分摊到每百万吨公里总质量的金属消耗量也随之减少,技术经济效益更明显。

总之,要将轨道各组成部分作为一个整体工程结构来考虑,根据运量和最高行车速度主要运营条件,在保证足够的强度与稳定的前提下,选择合适的轨道类型。《中国铁路主要技术政策》规定:铁路干线应铺设60 kg/m重型钢轨的轨道结构;运煤专线铁路可采用75 kg/m特重型钢轨的轨道结构。表4-3是《铁路轨道设计规范》规定的轨道类型选用标准。

表4-3　　正线轨道类型表

<table>
<tr><th colspan="5">项　目</th><th>单位</th><th>特种型</th><th colspan="2">重型</th><th>次重型</th><th>中型</th><th>轻型</th></tr>
<tr><td rowspan="2">运营条件</td><td colspan="4">年通过总质量</td><td>Mt</td><td>>50</td><td colspan="2">25～50</td><td>15～25</td><td>8～5</td><td><8</td></tr>
<tr><td colspan="4">路段旅客列车设计行车速度</td><td>km/h</td><td>160～120</td><td>60～120</td><td>≤120</td><td>≤120</td><td>≤100</td><td>≤80</td></tr>
<tr><td rowspan="10">轨道结构</td><td colspan="4">钢轨</td><td>kg/m</td><td>75</td><td>60</td><td>60</td><td>50</td><td>50</td><td>50</td></tr>
<tr><td rowspan="2">轨枕</td><td rowspan="2" colspan="2">混凝土枕</td><td>型号</td><td>—</td><td>Ⅲ</td><td>Ⅲ</td><td>Ⅱ或Ⅲ</td><td>Ⅱ</td><td>Ⅱ</td><td>Ⅱ</td></tr>
<tr><td>铺枕根数</td><td>根/km</td><td>1 667</td><td>1 667</td><td>1 760或
1 660</td><td>1 667或
1 760</td><td>1 600或
1 680</td><td>1 520或
1 640</td></tr>
<tr><td rowspan="4">碎石道床厚度</td><td rowspan="3">土质路基</td><td rowspan="2">双层</td><td>表层道碴</td><td>cm</td><td>30</td><td>30</td><td>30</td><td>25</td><td>20</td><td>20</td></tr>
<tr><td>底层道碴</td><td>cm</td><td>20</td><td>20</td><td>20</td><td>20</td><td>20</td><td>15</td></tr>
<tr><td>单层</td><td>道碴</td><td>cm</td><td>30</td><td>30</td><td>30</td><td>30</td><td>30</td><td>25</td></tr>
<tr><td>硬质岩石路基</td><td>单层</td><td>道碴</td><td>cm</td><td>35</td><td>35</td><td>—</td><td>—</td><td>—</td><td>—</td></tr>
<tr><td rowspan="3">无碴道床</td><td colspan="2">板式轨道</td><td rowspan="3">混凝土底座厚度</td><td>cm</td><td colspan="6" rowspan="2">≥15</td></tr>
<tr><td colspan="2">轨枕埋入式</td><td>cm</td></tr>
<tr><td colspan="2">弹性支承块式</td><td>cm</td><td colspan="6">≥17</td></tr>
</table>

注:① 年通过总质量应包括净载、机车和车辆的质量,单线按往复总质量计算,双线应按每一条线的通过总质量计算;
② 年通过总质量大于50 Mt的线路,根据实际的运营条件,经技术经济比选可采用60 kg/m的钢轨;
③ 货物列车设计行车速度为120 km/h时,应采用特重型或重型轨道,且重型轨道应采用Ⅲ型混凝土枕;
④ 设计行车速度小于160 km/h的改建铁路轨道,可采用Ⅱ型混凝土枕。

城市轨道交通的轨道结构需要充分考虑其车辆轴重轻、运营速度低、行车密度大、牵引力分散、全程距离短、运营时间长,运营性质单一、线路穿越城市、留给轨道维修作业时间短等诸多因素,宜选用重型轨(如60 kg/m),铺设无缝线路。

随着行车速度的提高,轮轨间的动荷载,会加速轨头病害的扩展、道碴粉碎和轨道几何变形,客运专线和高速铁路的轨道结构更需具有足够的强度和稳定性。如:正线轨道应一次铺设跨区间无缝线路;基础稳定的路基、桥梁及隧道等地段,宜铺设无碴轨道;正线应采用60 kg/m无螺栓孔钢轨等。

第四节 无 缝 线 路

一、概述

无缝线路是用许多普通钢轨焊接起来的长钢轨线路。它大大减少了普通线路接头因车轮巨大冲击力产生的震动、噪音和磨损与塌陷等弊端，提高了行车的平稳性和旅客的舒适度，降低线路维修费用，延长线路设备和机车车辆的使用寿命。第一条无缝线路1926年诞生于德国（长120 m）。至20世纪末，欧洲、日本4 400 km运营高速铁路无不采用无缝线路。我国从1957开始试铺无缝线路，至今已超过20 000 km。目前我国线路设计规范明确提出：新建和改建的重型轨道，应按无缝线路要求设计。

外界温度的变化引起钢轨的伸缩，是无缝线路技术处理的关键。按处理伸缩方法的不同，无缝线路分温度应力式和放散应力式两种类型。

(1) 放散应用力式无缝线路。这种形式无缝线路因结构复杂，操作性差，少有采用。如日本新干线的无缝线路每隔1.5 km设置一组正反向钢轨伸缩调节器（位于其间焊联钢轨胶接绝缘接头处），以解决季节变化的应力放散问题。

(2) 温度应力式无缝线路。普通温度应力式无缝线路由一根焊接长轨（无缝线路）及其两端2～4根标准轨（缓冲区，采用普通钢轨接头形式）组成。这种形式无缝线路在铺设锁定之后，中间焊结长轨条因受扣件及道床纵向阻力的抵抗，自由伸缩受到完全的限制；两端2～4根标准轨的自由伸缩受到一定的限制。因而在钢轨内产生温度力，其值随轨温变化而变化（图4-19）。温度应力式无缝线路具有结构简单、铺设养护比较方便等优点，在超长无缝线路中得到广泛应用，如法国、德国等欧洲铁路。但超长（跨区间）无缝线路因取消了缓冲区，若要进行应力放散，不可能通过更换不同长度的缓冲轨来补偿无缝线路的放散量，常采用锯切钢轨，预留“开口量”，采用液压钢轨拉伸器张拉钢轨实现应力放散。

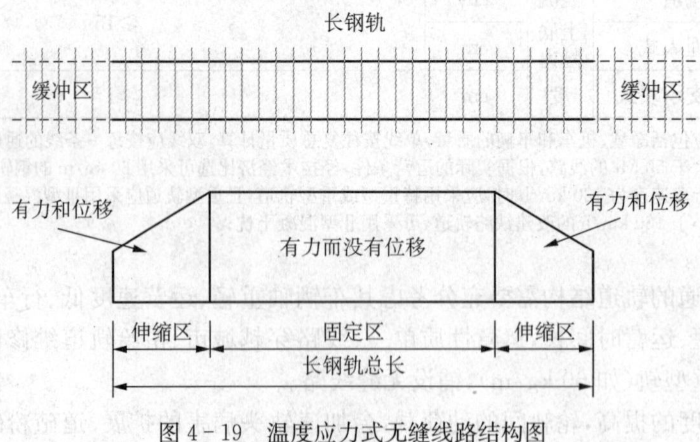

图4-19 温度应力式无缝线路结构图

二、无缝线路钢轨内的温度应力和温度力

若一根不受任何条件限制，可以自由伸缩的钢轨长度为l，当钢轨温度变化Δt(℃)，它自

由伸缩量 Δl 可用式(4-12)计算，即

$$\Delta l = \alpha \cdot l \cdot \Delta t(\mathrm{m}) \tag{4-12}$$

式中，α 为钢轨的线膨胀系数，取 $11.8 \cdot 10^{-6}/℃$。

无缝线路的钢轨由于被锁定，不能自由伸缩。当温度变化时，在钢轨内部将产生的温度应力 σ_t(压力或拉力)可由式(4-13)计算：

$$\sigma_t = E \cdot \frac{\Delta l}{l} = E \cdot \alpha \cdot \Delta t = 2.48\Delta t(\mathrm{MPa}) \tag{4-13}$$

式中，E 为钢的弹性模量，取 $2.1 \cdot 10^5$ MPa。

对于钢轨温度升高或降低 Δt℃时，一根钢轨中的温度力 P_t 为

$$P_t = \sigma_t \cdot F = 248 \cdot \Delta t \cdot F(\mathrm{N}) \tag{4-14}$$

式中，F 为钢轨的断面积，cm^2。

由式(4-14)可知，钢轨的温度力的大小仅与外界温度变化幅度有关，而与钢轨的长度无关。这就是采用无缝线路的理论依据。20 世纪 80 年代以来，高强、高韧性、长寿命胶接绝缘接头的广泛采用和无缝道岔焊接成功，使铺设跨区间的超长无缝线路成为现实。2004 年 9 月 20 日，在第五次大提速前，沪宁铁路 303 km，2.8 万个轨缝接头全部焊接成一根“超长”无缝钢轨。我国新建的城市轨道交通线路和客运专线铁路均采用超长无缝线路形式。

三、锁定轨温

锁定轨温(T_e)是指在施工时，钢轨由扣件扣紧在轨枕上的轨温。确定锁定轨温的目的是要降低钢轨温度应力，即控制轨温的变化幅度 Δt。合理的设计锁定轨温应能保证无缝线路在冬天钢轨不被拉断、在夏天不发生胀轨跑道事故。无缝线路设计锁定轨温应根据当地气象资料、无缝线路的允许温升、允许温降，并考虑一定的修正量，按式(4-15)计算。

$$T_e = 0.5(T_{max} + T_{min}) + \frac{[\Delta T_d] + [\Delta T_c]}{2} + \Delta T_k \tag{4-15}$$

式中　T_e——设计锁定轨温，℃；

T_{max}——当地历年最高轨温，℃；

T_{min}——当地历年最低轨温，℃；

$[\Delta T_d]$——轨道强度允许温降，℃；

$[\Delta T_c]$——轨道稳定性允许温升，℃；

ΔT_k——修正值，一般为 0℃～5℃。

应用式(4-15)确定锁定轨温时，注意以下事项。

(1) 轨温不同于气温，影响它的因素比较复杂。根据大量观测，一般认为最高轨温 T_{max} 要比当地气象统计的最高气温加 20℃，最低轨温 T_{min} 与当地的最低气温大致相同。

(2) 我国南方地区，最高轨温出现次数比较多，持续时间比较长，为防止胀轨跑道，T_e 应选择偏高一些；在年温差比较大，而最高轨温出现次数很少，持续时间又很短，低温季节较长的地区(如年轨温度幅度较大的东北严寒地区)，为防止焊缝因温度拉力过大而断裂，T_e 可选择得偏低些。

(3) T_e 确定后，可将 $T_e \pm 5℃$ 作为铺轨的温度范围(图 4-20)，以便于施工。其中设计锁

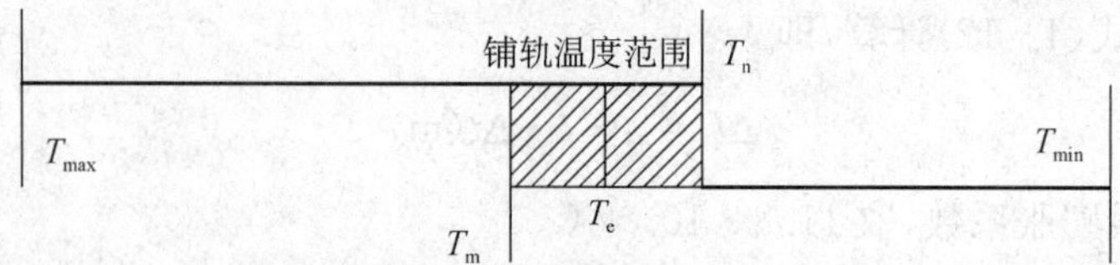

图 4-20 设计锁定轨温范围示意图

定轨温的上、下限应满足式(4-16)和式(4-17)。

$$T_m - T_{min} \leqslant [\Delta T_d] \tag{4-16}$$

$$T_{max} - T_n \leqslant [\Delta T_c] \tag{4-17}$$

(4) 对于超长的无缝线路,考虑地区间的温度差异,需要定多个设计锁定轨温。原则上同一区间(两站之间)单元轨节最高与最低锁定轨温之差不大于 10℃;相邻单元轨节锁定轨温之差不大于 5℃。这样可实现不同年轨温幅度条件下设计锁定轨温的递变,便于无缝线路日常的维修作业和管理。

复习思考题 4

[4-1] 铁路路基有哪两种主要形式?各自的适用性是什么?

[4-2] 在桥跨结构受力分类中,为何梁式桥在铁路工程中应用较广泛?

[4-3] 铁路桥位选择的主要影响因素有哪些?

[4-4] 隧道建筑物有哪些主要结构要素?它们的作用是什么?

[4-5] 铁路轨道有哪几部分主要部件,各部件的主要功用是什么?

[4-6] 高速铁路道岔与普速铁路道岔主要区别有哪些?

[4-7] 为什么轨道交通线路的轨距要大于轮对的宽度?

[4-8] 何谓铁路超高?超高确定的依据是什么?

[4-9] 何谓限界?限界在轨道交通线路工程的主要作用是什么?

[4-10] 无缝线路的理论依据是什么?

[4-11] 无缝线路锁定时为何要选择合理的时间?

[4-12] 铁路小曲线半径地段的轨距为何需要加宽?

[4-13] 铁路曲线地段的线间距离为何需要加宽?

[4-14] 某双线铁路曲线设计情况如图 4-21 所示($R = 1\,200$ m, $h_{外} = 120$ mm, $h_{内} = 100$ mm)。试求:

(1) 图 4-21 中信号机柱中心至相邻线路中心的距离(已知信号机柱宽 380 mm)。

(2) 图中信号楼(注:楼高 3 m)外墙至相邻线路中心的距离。

[4-15] 我国某地区的最高轨温为 63℃,最低轨温−17.9℃。设计超长无缝线路采用混凝土枕,钢轨类型为 60 kg/m,试计算铺轨温变动范围及最大温度力(已知:$[\Delta t_d] = -40$℃,$[\Delta t_u] = 45$℃,$\Delta t_k = 1.4$℃)。

[4-16] 简述铁路提速与线路结构的关系。

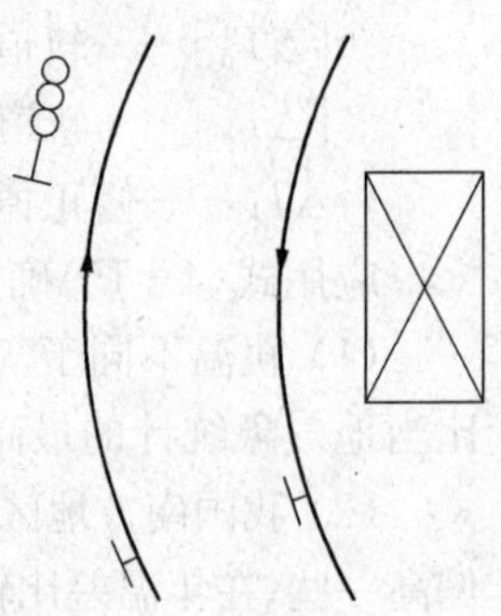
图 4-21 某双线铁路曲线位置示意图

第二篇　列车运行计算

第五章　列车受力分析

第一节　机车牵引力

一、机车牵引力

由动力传动装置引起、用以牵引列车前进的外力，称为机车牵引力。它的大小可以由司机控制。

(一) 轮周牵引力

对于轮轨制的轨道交通，机车牵引力只能来自于钢轨和轮周的接触点，称之为轮周牵引力。轮周牵引力形成的必要条件有两个：

(1) 机车动轮上有动力传送装置传来的旋转力矩。

(2) 动轮与钢轨接触并且存在摩擦作用。

轮周牵引力形成过程是：由原动机产生原动力，经能量传递机构传递至机车动轮，形成旋转力矩 M，并且在轮轨接触点 C 产生了动轮对钢轨的作用力 F' 和钢轨对动轮的反作用力 F，见图 5－1(a)；将 F 简化到动轮中心 O 点，可得力 F_1 和力偶(F_2，F)，见图 5－1(b)；当力偶(F_2，F)与旋转力矩 M 平衡，则 F_1 使动轮发生以轮轨接触点 C 为瞬间转动中心的滚动，再通过动轮作用于钢轨上，在轮轨间摩擦的作用下，钢轨反作用力使机车作平移(前进)运动。

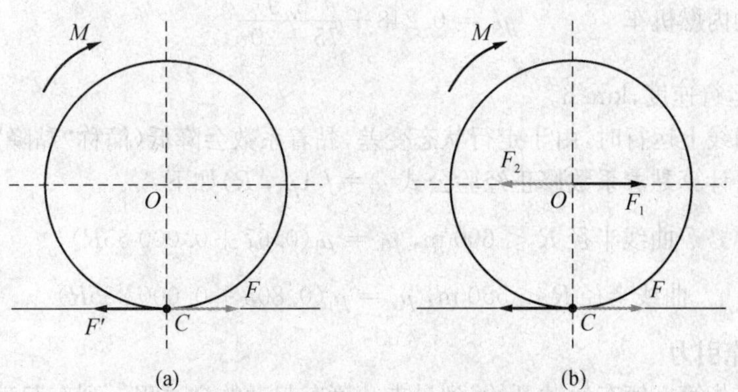

图 5－1　轮周牵引力产生原理图

在列车运行计算中，通常用轮周牵引力 F 作为机车牵引力的计算标准。因此，凡未特别说明者，机车牵引力均指轮周牵引力。列车单位牵引力则指列车中的机车牵引力与列车总重之比(N/kN)。

除此之外，列车运行计算还涉及其他几种牵引力概念。

(二) 黏着牵引力

1. “黏着”概念

在列车运动中，轮轨之间的接触摩擦关系非常复杂。因此，列车运行计算在分析轮轨间纵向力问题时，引入一个“黏着”名词来替代物理意义上的“摩擦”。黏着力指在黏着状态下轮轨间纵向水平作用力的最大值(物理意义上的“摩擦力”)；黏着力与轮轨间垂直载荷之比称为黏着系数(物理意义上的“摩擦系数”)。从而黏着力与运动状态的关系就被简化成黏着系数与运动状态的关系，黏着力的大小等于假定不变的垂直载荷与黏着系数的乘积。

2. 黏着牵引力 F_μ

机车牵引力产生于钢轨对车轮的反作用力。它的大小受到轮轨黏着条件限制。按黏着条件计算的牵引力，称为黏着牵引力，其计算公式为

$$F_\mu = 1\,000 P_\mu \cdot g \cdot \mu_j \quad (\mathrm{N}) \tag{5-1}$$

式中 P_μ——机车黏着质量，t，由于内燃和电力机车全部车轮均为动轮，故即为机车计算重量；

g——重力加速度，取 9.81 m/s^2；

μ_j——计算黏着系数。

黏着牵引力是机车可实现的最大牵引力，即机车牵引力 $F \leqslant F_\mu$。因为，当 $F > F_\mu$ 时，轮轨间“黏着”状态就会被破坏，机车动轮会打滑，发生空转，牵引力反而下降。此时，钢轨和车轮都将遭受剧烈磨耗，以致酿成严重事故。

3. 计算黏着系数

由于计算黏着系数受机车构造、环境气候、运行速度、线路质量和轮轨表面状态等多种因素影响，且是一个不断变化值，在实际应用中通过实验确定。我国目前采用的经验公式如下：

国产电力机车
$$\mu_j = 0.24 + \frac{12}{100 + 8v} \tag{5-2}$$

国产电传动内燃机车
$$\mu_j = 0.248 + \frac{5.9}{75 + 20v} \tag{5-3}$$

式中，v 为机车运行速度，km/h。

机车在小曲线上运行时，由于走行状态变差，黏着系数会降低(简称“黏降”)。电力和内燃机车试验得到折计算黏着系数修正经验公式 $\mu_r = f(\mu_j, R)$ 如下：

电力机车： 曲线半径 $R < 600$ m，$\mu_r = \mu_j(0.67 + 0.000\,55R)$ (5-4)

内燃机车： 曲线半径 $R < 550$ m，$\mu_r = \mu_j(0.805 + 0.000\,355R)$ (5-5)

(三) 起动牵引力

列车起动是指第一辆车运动开始，到最末一辆车起动的全过程。列车起动过程中，当最后一辆车起动时，机车所发挥的牵引力，称为计算起动牵引力 F_q。试验表明，此时机车速度约为 2.5 km/h。F_q 是按起动条件验算货物列车起动条件的依据。

(四) 计算牵引力

对应于列车计算速度的牵引力称为计算牵引力 F_j。计算速度是机车牵引车列在限制上坡道上作等速运行时的(最低)速度。所以 F_j 常用于计算列车牵引重量。

(五) 车钩牵引力

机车轮周牵引力传递到机车后钩上，牵引客、货车辆的牵引力称为车钩牵引力。其值等于轮周牵引力减去机车全部运行阻力。多用于机车牵引试验或按车钩强度检算牵引重量。

二、内燃机车牵引特性及牵引力计算

(一) 机车特性曲线

内燃机车的原动机是内燃机(柴油机)。为了实现理想的机车牵引特性，在内燃机的转轴和机车动轮的转轴之间，要增加一套传动装置，有电传动和液力传动之分。

(二) 取值方法

电传动内燃机车自起动至满手柄位或柴油机额定转速的牵引特性分两种形式：

(1) 由黏着牵引力曲线过渡至满手柄位。DF_4 型内燃机车为此类。当 $0 < v \leqslant 16.5$ km/h时，取黏着牵引力(其中 $v = 0 \sim 2.5$ km/h，取 F_q)；$v > 16.5$ km/h时，取满手柄位(16 位)牵引特性的牵引力(图 5-2)。DF_4 型内燃机车机车牵引数据见表 5-1。

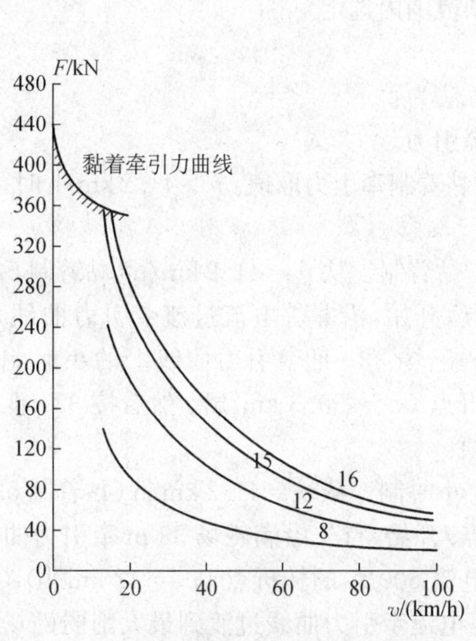

图 5-2　DF_4 型内燃机车牵引特性曲线

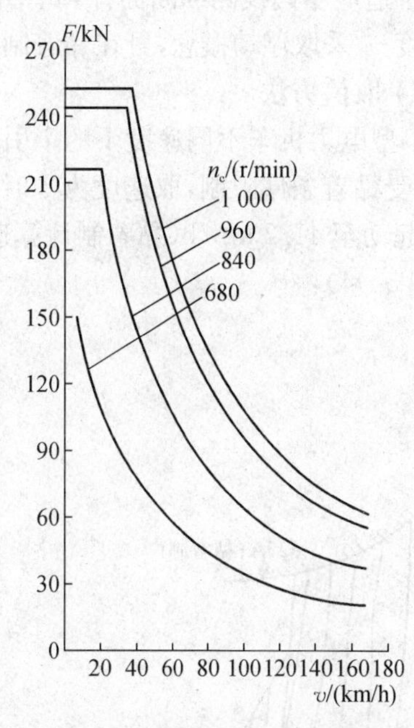

图 5-3　DF_{11} 型内燃机车牵引特性曲线

(2) 由起动电流限制线直接过渡至满手柄位。DF_{11} 型内燃机车属此类。当 $0 < v \leqslant 38.5$ km/h时，取受起动电流限制的牵引力 $F = 253$ kN；$v > 38.5$ km/h时，按柴油机转速 $n_c = 1\,000$ r/min 的牵引力曲线取值(图 5-3)。DF_{11} 型内燃机车机车牵引数据见表 5-2。

表 5-1　DF_4 型(货)机车牵引数据

速度 v/(km/h)		10	16.5	20	30	40	50	60	70	80	90	100
牵引力 F/kN		356.3	347.9	302.1	216.8	164.8	131.5	108.9	92.2	78.5	65.2	53.0
P_μ/t	135	v_j/(km/h)		20	F_j/kN	302.1	F_q/kN		401.7	机车全长/m		21.1

表 5-2 DF_{11}型(客)机车牵引数据

速度 v/(km/h)	10	20	30	38.5	40	50	60	70	80
牵引力 F/kN	253.0	253.0	253.0	253.0	245.1	203.1	173.1	150.6	132.9
速度 v/(km/h)	90	100	110	120	130	140	150	160	170
牵引力 F/kN	118.6	106.8	96.9	88.3	81.0	74.6	68.9	63.9	59.4

P_μ/t	138	v_j/(km/h)	65.6	F_j/kN	160.0	F_q/kN	253.0	机车全长/m	21.25

三、电力机车牵引特性及牵引力计算

(一) 机车牵引特性

电力机车系由接触网取得电能(高压交流电),经机内的变压器和整流器将其转变为直流电,供给动轮上的牵引电动机,产生机车牵引力。

为了适应不同线路纵断面计算牵引重量的需要,充分发挥牵引电动机的功率,电力机车对计算速度 v_j 采取浮动概念,可在黏着制和持续制范围内选定。

(二) 取值方法

SS_1 型电力机车不同速度下的牵引力取值方法为:

F_q 受黏着条件限制,取速度为零时的黏着牵引力。

自起动至 41.2 km/h(黏着制计算速度),按黏着制牵引力取值。$v>41.2$ km/h时,分三种情况(图 5-4):

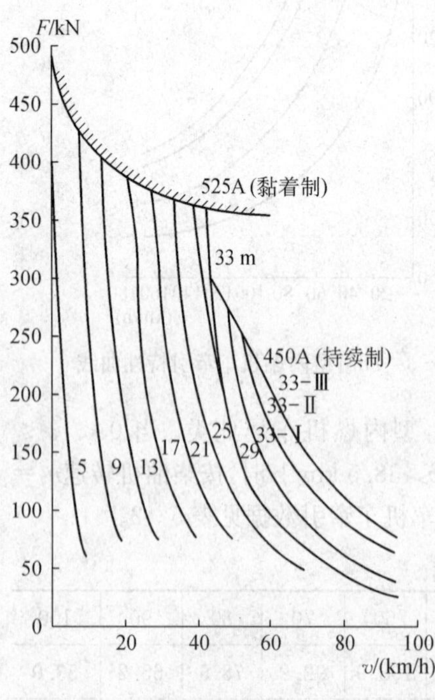

图 5-4 SS_1 型电力机车牵引特性曲线

(1) 黏着制。从 $v=41.2$ km/h(黏着制 525 A 电流转折点)开始,沿非等电流过渡牵引力曲线取值至最大削弱磁场 33-Ⅲ牵引力曲线上的小时制 500 A 电流转折点 ($v=55.3$ km/h),然后按 33-Ⅲ牵引力曲线取值。

(2) 小时制。从 $v=41.2$ km/h(黏着制 525 A 电流转折点)开始,首先沿满磁场 33 m 牵引力曲线取值至小时电流 500 A 的转折点 ($v=42$ km/h),然后沿 500 A 等电流牵引力曲线过渡到最大削弱磁场 33-Ⅲ牵引力曲线,最后按 33-Ⅲ牵引力曲线取值。

(3) 持续制。从 $v=41.2$ km/h(黏着制 525 A 电流转折点)开始,首先沿满磁场 33 m 牵引力曲线取值至持续电流 450 A 的转折点 ($v=43$ km/h),然后沿 450 A 等电流牵引力曲线过渡到最大削弱磁场 33-Ⅲ牵引力曲线,最后按 33-Ⅲ牵引力曲线取值。

根据《牵引计算规程》(简称《牵规》),电力机车的牵引力按持续制计算。在速度 0~10 km/h范围内,牵引力取 10 km/h 的黏着牵引力。SS_1 型电力机车机车牵引数据见表 5-3。

表 5－3　SS_1 型电力机车牵引计算数据

速度 v/(km/h)		10	20	30	40	41.2	43*	47.9	52.9
牵引力 F/kN	黏着制	415.0	387.5	372.8	363.6	362.6	—	—	—
	持续制	—	—	—	—	—	301.2	272.7	246.2
速度 v/(km/h)		57.4	60	70	80	90	95	95	
牵引力 F/kN	持续制	224.6	204.0	149.1	115.8	87.3	76.5	76.5	
P_μ/t	138	F_q/kN		487.6	机车全长/m		20.4	—	

注：表中"*"者为持续制的计算速度 v_j，相应的牵引力为 F_j

为了满足重载货物列车牵引需要，中国北车集团大同电力机车有限责任公司与法国阿尔斯通交通股份公司合作开发了大功率交流传动货运机车。其中和谐 2 型(HXD2)电力机车为八轴 9 600 kW，机车按 25 t 轴重设计，可单机牵引 7 000 t 重载列车，机车具备多机无线重联远程同步控制功能。2008 年和谐 2 型电力机车 2 万 t 重载牵引采取"1＋1"组合牵引模式(即由两台机车一前一中牵引 210 节车辆)，主要用于大秦铁路运煤专线，极大地提高了铁路运输效率。

四、机车牵引力因功率下降的修正

(一) 高海拔、高温环境条件对内燃机车的影响

内燃机车柴油机的功率是在标准大气条件(大气压 101.3 kPa、环境温度 20℃)下测定的。由于内燃机车的有效功率与进入汽缸的空气量有关，在大气压较低的高原地区或高温地区，内燃机功率的正常发挥会受到影响。因此需要对其牵引力进行修正。修正后的机车牵引力 F_x 可按式(5－6)计算：

$$F_x = F \cdot \lambda_p \cdot \lambda_h \cdot \lambda_s \tag{5-6}$$

式中　λ_p——内燃机车牵引力海拔修正系数，见表 5－4；

表 5－4　DF_4 型机车牵引力海拔修正系数

海拔高/m	500	1 000	1 500	2 000	2 500	3 000	3 500	4 000
DF_4(货、客)	1.000	0.933	0.855	0.780	0.707	0.638	0.569	0.503

λ_h——内燃机车牵引力环境温度修正系数，见表 5－5；

表 5－5　DF_4 型机车牵引力周围空气温度修正系数

周围空气温度/℃	30	32	34	36	38	40
DF_4(货、客)	1.000	0.985	0.958	0.930	0.904	0.877

λ_s——内燃机车牵引力受隧道影响的修正系数，对于 DF_4B(货客)型内燃机车，在隧道长度大于 1 000 m 时，单机和重联机车分别取为 0.88 和 0.85。

(二) 运用机车台数及其连挂方式

由于牵引列车所需的机车台数及机车在列车中连挂位置等条件的不同，使机车牵引力的发挥受到一定的限制。电力和内燃机车多机牵引情况下，重联操纵时，可使各机车的工况同

步，每台机车牵引力均取全值；分散操纵时，第二台及其以后的每台机车牵引力，均取全值的0.98；推送补机因与前部机车配合较困难，牵引力取全值的0.95。

第二节　列车运行阻力

列车运行时，不由人工操纵、阻止列车运行的外力叫做列车运行阻力。在列车运行计算中，列车运行阻力根据阻力产生的原因，分为基本阻力和附加阻力；根据列车组成，分为机车运行阻力和车辆运行阻力。按阻力的性质，又有总阻力和单位阻力之分。单位阻力指作用在机车车辆上的阻力与它受到的重力之比，计算单位为 N/kN(规定取至二位小数)。

一、基本阻力

指列车在任何情况下运行都存在的阻力。

(一) 基本阻力产生原因

引起基本阻力的因素很多。归纳起来主要有以下几方面。

1. 轴承阻力

当轮对滚动时，在轴颈与滑动轴承间会发生相对运动，轴颈与轴承在接触面处互相摩擦产生的阻力。轴承阻力大小受多种因素影响，除轴重外，摩擦系数是最重要的因素。滚动轴承的摩擦系数较滑动轴承小，因此，我国客车车辆已淘汰了滑动轴承，新型的货车也开始采用滚动轴承。

2. 滚动阻力

车轮在轨面滚动时引起的阻碍列车运行的阻力称为滚动阻力。它与轨面的变形程度、轴重及钢轨材质等因素有关。采用高强度的重型轨和增加轨枕的铺设密度，可以减少滚动阻力。

3. 滑动阻力

轮对在钢轨上滚动的同时还存在着纵向与横向的滑动，因而在轮轨间产生了阻碍列车运行的滑动阻力。减少滑动阻力的关键是加强线路与轮对的检修，提高保养质量。

4. 冲击和振动阻力

列车运行时，由于存在钢轨接缝、轨道不平直、轮轨擦伤等原因会引起轮轨间的冲击和机车车辆振动的加剧，消耗机车牵引力。这类阻力归于冲击和振动阻力。减少此类阻力的有效措施是铺设无缝线路，采用高强度的轨道结构。

5. 空气阻力

列车运行时，带动周围空气运动所形成的阻碍列车运行的阻力，称为空气阻力(W_α)。

空气阻力决定于列车速度、列车外形和尺寸。试验表明，通常用式(5-7)计算：

$$W_\alpha = C_x S \frac{\rho v^2}{2} \quad (\mathrm{N}) \tag{5-7}$$

式中 C_x——空气阻力系数，决定于列车外形；

S——列车最大截面积，m^2；

ρ——空气密度，$\mathrm{N/m}^3$；

v——列车速度，m/s。

由于空气阻力与列车速度的平方成正比。因此，高速列车要求采用流线形车体，以降低 C_x 值，从而减小列车空气阻力。

上述五种阻力的共同特点是都随着列车速度大小而有不同的变化。一般低速时，主要是轴承阻力；速度提高后，轮轨间滑动(摩擦)、冲击与振动、空气阻力所占比例逐渐加大；高速时，列车基本阻力则以空气阻力为主。

(二) 基本阻力的计算

由于影响基本阻力的因素极为复杂，在实际运用中很难用理论公式来推导、求算。因此，列车运行计算中采用试验后归纳的经验公式。无论机车还是车辆，其单位基本阻力公式为

$$w_0 = A + Bv + Cv^2 \quad (\mathrm{N/kN})$$

式中　A, B, C——试验测定的常数；

v——列车运行速度，km/h。

我国铁路客货车辆车型繁多，不同类型的车辆，由于外形、尺寸、轴承类型、转向架结构，以及自重、载重等因素的不同，单位阻力也不相同。

1. 客车单位基本阻力

21 型、22 型客车 ($v = 120$ km/h)

$$w''_0 = 1.66 + 0.0075v + 0.000155v^2 \quad (\mathrm{N/kN}) \tag{5-8}$$

$25B$, $25G$ 型客车 ($v = 140$ km/h)

$$w''_0 = 1.82 + 0.0100v + 0.000145v^2 \quad (\mathrm{N/kN}) \tag{5-9}$$

准高速单层客车 ($v = 160$ km/h)

$$w''_0 = 1.61 + 0.0040v + 0.000187v^2 \quad (\mathrm{N/kN}) \tag{5-10}$$

准高速双层客车 ($v = 160$ km/h)

$$w''_0 = 1.24 + 0.0035v + 0.000157v^2 \quad (\mathrm{N/kN}) \tag{5-11}$$

2. 货车单位基本阻力

滚动轴承重货车 $w''_0 = 0.92 + 0.0048v + 0.000125v^2 \quad (\mathrm{N/kN}) \qquad (5-12)$

滑动轴承重货车 $w''_0 = 1.07 + 0.0011v + 0.000236v^2 \quad (\mathrm{N/kN}) \qquad (5-13)$

油罐重车专列 $w''_0 = 0.53 + 0.0121v + 0.000080v^2 \quad (\mathrm{N/kN}) \qquad (5-14)$

空货车(不分种类) $w''_0 = 2.23 + 0.0053v + 0.000675v^2 \quad (\mathrm{N/kN}) \qquad (5-15)$

3. 混编列车的车辆基本阻力计算

对于空、重混编(或滚动轴承与滑动轴承货车混编)列车，可根据空、重车(或滚动轴承货车与滑动轴承货车)比例，按重量加权平均的方法求得其车辆列单位基本阻力 w''_0。

$$w''_0 = \frac{\sum (w''_{0i} G_i \cdot g)}{\sum (G_i \cdot g)} = \sum (w''_{0i} \cdot x_i) \tag{5-16}$$

式中　w''_{0i}——第 i 种车的单位基本阻力，N/kN；

x_i——第 i 种车的总重 G_i 与牵引重量之比。

油罐车与其他货车混编时按滚动轴承货车单位阻力公式计算。

【例 5-1】 某列车编组 60 辆货车，其中总重 80 t(滚动轴承)的重车 35 辆；总重 70 t(滑动轴承)的重车 10 辆，空车(自重 20 t，滚动轴承)15 辆。试求 $v = 50$ km/h 时的该车列单位基本阻力。

【解】 由题意，该车列由三类车组成，各车组的单位基本阻力为

(1) 80 t 重车 $w''_{01} = 0.92 + 0.0048 \times 50 + 0.000125 \times 50^2 = 1.47 \quad \text{N/kN}$

(2) 70 t 重车 $w''_{02} = 1.07 + 0.0011 \times 50 + 0.000236 \times 50^2 = 1.72 \quad \text{N/kN}$

(3) 空车 $w''_{03} = 2.23 + 0.0053 \times 50 + 0.000675 \times 50^2 = 4.18 \quad \text{N/kN}$

依据式(5-16)，该车列的单位基本阻力

$$w''_0 = \frac{2\,800 \times 1.47 + 700 \times 1.72 + 300 \times 4.18}{3\,800} = 1.73 \quad \text{N/kN}$$

4. 机车单位基本阻力

为简化计算，机车基本阻力不分牵引状态或惰行状态，统一按以下公式计算。

(1) 电力机车。

SS_1 型、SS_3 型及 SS_4 型 $w'_0 = 2.25 + 0.0190v + 0.000320v^2 \quad (\text{N/kN}) \qquad (5-17)$

(2) 内燃机车。

DF_4(货、客)、DF_4B 型(货、客)、DF_4C 型(货、客)DF_{4D}型等

$$w'_0 = 2.28 + 0.0293v + 0.000178v^2 \quad (\text{N/kN}) \qquad (5-18)$$

DF_{11}型 $w'_0 = 0.86 + 0.0054v + 0.000218v^2 \quad (\text{N/kN}) \qquad (5-19)$

由于列车在低速运行 ($v < 10$ km/h) 时，列车阻力变化复杂，所以利用上述公式计算基本阻力时，规定取 $v = 10$ km/h。对于装载轻浮货物的车辆的单位基本阻力计算，凡不足标记载重 50%者，按空车计算，其他情况按重车计算。

二、附加阻力

附加阻力主要取决于运行的线路条件，受机车车辆类型的影响很小。因此，附加阻力按列车计算。主要有坡道附加阻力，曲线附加阻力，隧道空气附加阻力。

(一) 坡道附加阻力

列车在坡道上运行时，在重力作用下，会沿轨道方向产生一个附加力，即坡道附加阻力 W_i。列车在上坡道运行，坡道附加阻力与列车运行方向相反，阻力是正值；列车在下坡道运行时，坡道附加阻力与列车运行方向相同，阻力是负值(实际上是加速力)。

若该坡道的坡度值为 i(为坡段终点对起点的高度差与两点间水平距离的比值，单位为‰)，那么坡道单位附加阻力 w_i 近似按式(5-20)计算：

$$w_i = \pm i \quad (\text{N/kN}) \qquad (5-20)$$

式(5-20)表明：单位坡道阻力值等于该坡道坡度的千分数。例如，$i = 3‰$ 时，单位坡道阻力

$w_i = 3$ N/kN；若为下坡道 $i = -3‰$，此时 $w_i = -3$ N/kN。

(二) 曲线附加阻力

机车车辆在曲线上的运行阻力大于同样条件下直线上的运行阻力，其增大的部分称为曲线附加阻力。由于曲线附加阻力与曲线半径、列车运行速度、外轨超高、轨距加宽量、机车车辆的固定轴距和轴重等许多因素有关，通常采取试验方法，按其主要因素——曲线半径 R 制定经验公式。列车的单位曲线附加阻力 w_r 的计算公式如下：

$$w_r = \frac{600}{R} \quad (\text{N/kN}) \tag{5-21}$$

式中　600——用试验方法确定的常数。

(1) 列车长度小于或等于曲线长度

$$w_r = \frac{600}{R} = \frac{600}{57.3 \times \dfrac{l_r}{\alpha}} = \frac{10.5\alpha}{l_r} \quad (\text{N/kN}) \tag{5-22}$$

式中　l_r——曲线长度，m；

α——曲线的转角，(°)。

(2) 列车长度(l_c)大于曲线长度

此时列车有一部分车辆位于直线上未受到曲线阻力。因此。此时列车的平均单位曲线阻力可根据阻力机械功相等的原则，分摊计算，即

$$w_r = \frac{10.5\alpha}{l_r} \times \frac{l_r}{l_c} = \frac{10.5\alpha}{l_c} \quad (\text{N/kN}) \tag{5-23}$$

(3) 列车跨越几组曲线(其转角和为 $\sum\alpha$)

$$w_r = \frac{10.5\sum\alpha}{l_c} \quad (\text{N/kN}) \tag{5-24}$$

(三) 隧道附加空气阻力

列车进入隧道时，由于空气受隧道空间的约束，造成了比空旷地段大得多的空气阻力。其增加部分称为隧道空气附加阻力。

列车的隧道空气阻力与许多因素有关，如行车速度、列车和隧道长度、列车迎风面积、隧道的洞门形状及净空面积、列车与隧道表面的粗糙程度等，理论上推导计算公式很难。单位隧道空气附加阻力 w_s 的经验公式为

隧道内有限制坡道时　$w_s = L_s v_s^2/10^7 \quad (\text{N/kN})$　(5-25)

隧道内无限制坡道时　$w_s = 0.000\,13 \times L_s \quad (\text{N/kN})$　(5-26)

式中　v_s，L_s——分别为列车在隧道内的运行速度(km/h)和隧道长度(m)。

(四) 加算附加阻力

上述三种与线路条件相关的附加阻力，有时单独存在，有时两种或三种并存。为了计算方便，用加算附加阻力 w_j 表示它们单位附加阻力之和。即

$$w_j = \pm w_i + w_r + w_s \quad (\text{N/kN}) \tag{5-27}$$

由于单位阻力在数值上等于坡道的坡度千分率。因此，这些附加阻力都可用一个相当的坡道附加阻力代替，这个相当的坡道称为加算坡道 i_j，在数值上有

$$i_j = \pm i + w_r + w_s \quad (‰) \tag{5-28}$$

(五) 起动阻力

起动阻力是包括起动加速力和起动阻力(指运行阻力和起动附加阻力之和)在内的综合值。由于起动时机车车辆所处的状态与运行时不同，所以起动阻力要单开计算。电力与内燃机车单位起动阻力 $w'_q = 5$ N/kN；货车单位起动阻力 w''_q 按式(5-29)计算，即

$$w''_q = 3 + 0.4i_q \quad (\text{N/kN}) \tag{5-29}$$

式中，i_q 为起动地段的加算坡度，‰。

当式(5-29)计算的 w''_q 小于 5 N/kN 时，取 5 N/kN。

三、列车运行阻力计算

$$列车总阻力\ W = [\sum (P \cdot w'_0) + G \cdot w''_0 + (\sum P + G)i_j] \cdot g \quad (\text{N}) \tag{5-30}$$

$$列车单位阻力\ w = \frac{\sum (P \cdot w'_0) + G \cdot w''_0}{\sum P + G} + i_j = w_0 + i_j \quad (\text{N/kN}) \tag{5-31}$$

式中 w'_0，w''_0，w_0——分别为机车、车辆、列车单位基本阻力，N/kN；

$\sum P$——机车计算总重(即计算质量，下同)，t；

G——列车牵引重量(即牵引总质量，下同)，t；

i_j——加算坡度的千分数，‰；

g——重力加速度，取 9.81 m/s²，下同。

若计算起动时的列车起动阻力，需要用机车、车辆单位起动基本阻力 w'_q，w''_q，w_q 替换式(5-30)和式(5-31)中对应的 w'_0，w''_0，w_0。

【例 5-2】 一台 DF_4 内燃机车牵引 3 300 t 重货列车(货车均为滚动轴承)，列车长度 600 m。当前列车运行速度为 50 km/h。行驶在 4‰的上坡道上，且恰遇平面曲线(曲线半径 800 m，长度 358.813 m，转角 25.7°)。试确定列车当前运行状态的变化(加速、匀速、减速)。

【解】 查表 5-1，DF_4 内燃机车 $P=135$ t，在 $v=50$ km/h 时的牵引力 $F=131.5$ kN。

$v=50$ km/h 时的列车单位基本阻力

车辆 $w''_0 = 0.92 + 0.004\,8 \times 50 + 0.000\,125 \times 50^2 = 1.47 \quad (\text{N/kN})$

机车 $w'_0 = 2.28 + 0.029\,3 \times 50 + 0.000\,178 \times 50^2 = 4.19 \quad (\text{N/kN})$

列车 $w_0 = \dfrac{3\,300 \times 1.47 + 135 \times 4.19}{(3\,300 + 135)} = 1.58 \quad (\text{N/kN})$

附加单位阻力 $w_j = 4 + \dfrac{10.5 \times 25.7}{600} = 4.45 \quad (\text{N/kN})$

列车总阻力 $W = 0.001 \times (1.58 + 4.45) \times (3\,300 + 135) \times 9.81 = 203.2 \quad (\text{kN})$

由于 $F - W = 131.5 - 203.2 = -71.7\ (\text{kN}) < 0$，因牵引力不足，列车将减速。

第三节　列车制动力

一、列车制动概述

为了使列车停车或减速，司机通过操纵制动装置，人为地施加一与列车运行方向相反的外力，即制动力。在制动操纵上，分常用制动和紧急制动。常用制动是正常情况下为调控列车速度或进站停车所施加的制动，其作用较为缓和，而且制动力可以调节，一般只使用列车制动能力的20%～80%。紧急制动则是在特殊情况下，为保证列车安全让列车尽快停住而施加的制动，其动作往往比较迅猛，使用列车的全部制动能力。

目前机车车辆中采用的制动方式很多，大致归纳如下：

(一) 按动能转移方式上划分

(1) 不可用能制动。主要有摩擦制动和动力制动(如电阻制动、再生制动)两类。闸瓦制动和盘形制动属摩擦制动，是轨道交通系统中应用最广泛的制动方式。通过闸瓦与车轮踏面或制动盘(装于车轴上或车轮上)与制动夹钳的机械摩擦把列车动能转变为热能消散于大气，并产生制动力。电阻制动是动力制动的一种，它广泛地应用在电力牵引机车、电传动内燃机车和电动(内燃动)车组上。其基本原理是利用牵引电机的可逆原理，制动时在机车或动车的车轮带动下，牵引电机产生逆作用(即牵引电机变为发电机)，并将发电机发出的电能通过电阻器转变为热能散发，产生制动作用。

(2) 可用能制动。指电力牵引机车和电动车组的再生制动。其制动原理与动力制动相近，但它将逆作用产生的电能通过一定的装置反馈回电网，供其他列车使用。显然此方式既节约能源，又能减少制动时对环境的污染，是一种较为理想的制动方式。目前法国的TGV、瑞典的X2000、中国的CRH动车组和韶山型与谐和号电力机车都将再生制动作为辅助制动手段。

(二) 按制动力形成方式上划分

(1) 黏着制动。它依赖于轮轨间的黏着力产生制动。铁路采用的空气制动机系统和盘形制动系统都属于黏着制动。其制动力的形成受控于轮轨间的黏着条件。

(2) 非黏着制动。目前主要有磁轨摩擦制动和磁轨涡轮制动。磁轨摩擦制动是在制动时将装在车架下的滑动梁放下，同时用电流励磁，使滑动梁利用磁吸力紧压钢轨，产生阻力，使列车减速(图5-5)。磁轨涡流制动与磁轨摩擦制动相似，但制动时磁轨器不与钢轨接触(相隔

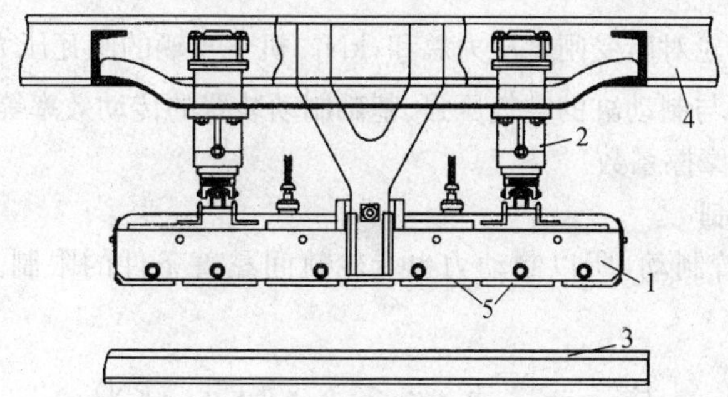

1—电磁铁；2—升降风缸；3—钢轨；4—转向架构架侧梁；5—磨耗板

图5-5　磁轨制动示意图

5 mm间隙)。制动时牵引电动机作为发电机使用,和电磁铁励磁供电,当磁铁在钢轨上方通过时,钢轨表面形成涡流而产生制动力。无论磁轨制动还是磁轨涡流制动都是用电磁力进行制动,因此其制动力的大小不受轮轨间黏着条件的限制。

(三) 按制动源动力划分

(1) 空气制动方式。指以压缩空气为源动力的制动方式,如闸瓦制动、盘形制动等。

(2) 电气制动方式。指以电为源动力的制动方式,如动力制动、磁轨制动等。

二、空气制动

空气制动系统是轮轨系统列车必备的制动方式。

(一) 闸瓦制动力的产生与传递

制动一般在牵引力为零(即列车惰行)情况下进行的。空气制动系统,借对列车管排气,使制动缸内的空气压力增加,并将压力传递至闸瓦(或制动夹钳)。闸瓦压紧车轮(或制动盘),引起轮轨接触点产生与列车运行方向相反的钢轨反作用力,阻止列车前进。该力即为制动力,如图 5-6。

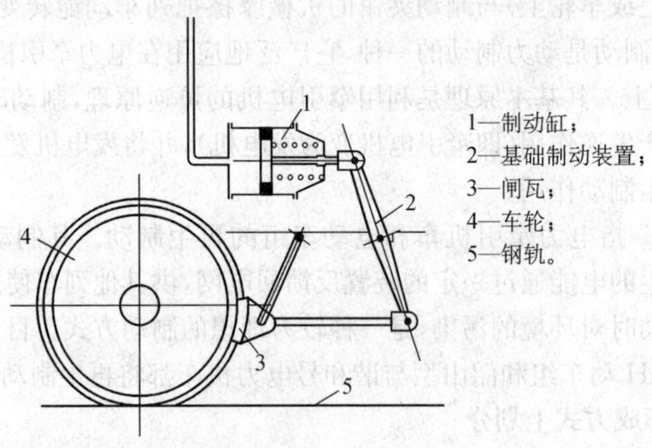

图 5-6　闸瓦制动示意图

(二) 闸瓦制动力计算

一个轮对的空气制动力的 B_z 可用式(5-32)计算。

$$B_z = \sum K \cdot \varphi_k \quad (\text{kN}) \tag{5-32}$$

式中　$\sum K$——一个轮对所受闸瓦压力总和,kN。机车车辆的闸瓦压力由制动缸提供的,其大小与制动缸的空气压强、基础制动装置的传动效率等因素有关;

φ_k——轮、瓦间摩擦系数。

(三) 制动力的限制

空气制动属于黏着制动,所以制动力也受轮轨间黏着条件的限制。轮对的最大制动力 B_{zmax} 为

$$B_{zmax} = \sum K \cdot \varphi_k \leqslant p_z \cdot g \cdot \mu \quad (\text{kN}) \tag{5-33}$$

式中　p_z——制动轴上的荷载,t;

μ——轮轨间的黏着系数。

当出现 $B_{zmax} > p_z \cdot g \cdot \mu$ 时，轮对将在钢轨上发生滑行（车轮被“抱死”，不转动），引起轮轨间的剧烈的摩擦。制动力大幅度下降，使制动距离延长，轮轨磨耗加剧。这种现象在列车低速（φ_k 值较大）和空车（p_z 值较小）时最易发生。为了避免这一情况，在标记载重 50 t 及其以上的大型货车制动机上，都设置空、重车制动调整手柄，当手柄在空车位时，制动缸会与降压风缸相通，而减少制动的闸瓦压力 K，达到减少制动力 B_{zmax} 目的。在计算这类大型车辆制动力时，应按空车、重车区分对待。

(四) 闸瓦摩擦系数分析

闸瓦摩擦系数 φ_k 主要受以下几个因素的影响。

(1) 闸瓦的材质。铸铁闸瓦中含磷量低，闸瓦的硬度过大，随列车速度的增加，φ_k 容易下降；含磷量高，虽然提高了制动效果，但闸瓦的脆裂性又是一个很大的缺陷。所以，中国铁路目前仍大量采用中磷铸铁闸瓦（含磷量在 0.7%～1.0%），并在积极研制推广金属与非金属相结合、性能优良的合成闸瓦。

(2) 列车运行速度。列车速度越高，φ_k 越小，这与列车运行安全的要求不一致。所以，高速行驶列车需要其他制动方式（如动力制动）予以辅助。

(3) 闸瓦压强。闸瓦压力 K 取决于闸瓦压强。试验结果表明，在一定条件下（如闸瓦压强小于 3 000 kPa），闸瓦压强越大，φ_k 越小。因此，增加制动力常通过增加闸瓦数量、加大闸瓦与车轮的接触面积（如“双侧制动”）、降低闸瓦压强方法来实现。

(4) 制动初始速度。试验发现，在材质、闸瓦压强相同的情况下，制动的初始速度越小，则 φ_k 越大。

此外，φ_k 还与气候条件、车轮踏面的清洁状况、闸瓦的温度等诸多因素有关。

(五) 列车制动力计算

1. 计算方法

列车制动力计算有实算法和换算法两种方法。

(1) 实算法。列车中各制动轴产生的制动力的总和称为列车制动力(B)，基本计算公式如下：

$$B = (K_1 \cdot \varphi_{k1} + K_2 \cdot \varphi_{k2} + \cdots + K_n \cdot \varphi_{kn}) = \sum K_i \varphi_{ki} \quad (\text{kN}) \tag{5-34}$$

式中 $K_1, K_2, \cdots, K_n$——机车及各类车辆的实算闸瓦压力，kN；

$\varphi_{k1}, \varphi_{k2}, \cdots, \varphi_{k3}$——对应于 $K_1, K_2, \cdots, K_n$ 的实算摩擦系数。

由于实际列车编组中车型（制动机）很复杂，而且实算摩擦系数 φ_k 与初速度和各瞬时速度相关，计算很繁琐。因此，为了简化计算，通常采用换算法计算列车制动力。

(2) 列车制动力的换算法。该方法的实质是假定闸瓦摩擦系数与闸瓦的压强无关，用列车中各闸瓦取定的一个固定的闸瓦压力 K_h（称换算闸瓦压力）的总和乘以闸瓦的换算摩擦系数 φ_h 来计算列车制动力。

$$B = \sum \varphi_h K_h = \varphi_h \sum K_h \quad (\text{kN}) \tag{5-35}$$

为了使两种方法计算结果相一致，换算闸瓦压力 K_h 的修正原则为

$$K_h \cdot \varphi_h = K \cdot \varphi_k \quad 即 \quad K_h = K\frac{\varphi_k}{\varphi_h} \tag{5-36}$$

2. 摩擦系数计算

(1) 实算摩擦系数。中磷闸瓦实算摩擦系数经验公式如下：

$$\varphi_k = 0.64\frac{K+100}{5K+100} \times \frac{3.6v+100}{14v+100} + 0.0007(110-v_0) \tag{5-37}$$

式中 v——制动过程中列车运行速度，km/h；

v_0——制动初始速度，km/h。

(2) 换算摩擦系数。考虑我国各类车辆制动机构成，以闸瓦压力的平均值 $K = 25$ kN 代入式(5-37)，得中磷闸瓦换算摩擦系数 φ_h：

$$\varphi_h = 0.356\frac{3.6v+100}{14v+100} + 0.0007(110-v_0) \tag{5-38}$$

另外，《牵规》推荐的其他类型闸瓦换算摩擦系数如下：

高磷铸铁闸瓦 $$\varphi_h = 0.372\frac{17v+100}{60v+100} + 0.0012(120-v_0) \tag{5-39}$$

低摩合成闸瓦 $$\varphi_h = 0.202\frac{4v+150}{10v+150} + 0.0006(100-v_0) \tag{5-40}$$

高摩合成闸瓦按每块闸瓦实算闸瓦压力 $K = 20$ kN 计算，

$$\varphi_h = 0.322\frac{v+150}{2v+150} \tag{5-41}$$

盘形制动合成闸片的换算摩擦系数按每块闸瓦实算闸瓦压力 $K=20$ kN 并折算到车轮踏面的 K 值计算，即

$$\varphi_h = 0.358\frac{v+150}{2v+150} \tag{5-42}$$

《牵规》规定：解算中磷、高磷及低摩等闸瓦混编列车的运行时间时，允许采用中磷闸瓦换算摩擦系数进行计算。

3. 换算闸瓦压力

为了进行一步简化计算，φ_k，φ_h 分别按式(5-37)和式(5-38)，略去制动初速度修正项，代入式(5-36)得中磷铸铁闸瓦换算闸瓦压力 K_h 值。

$$K_h = 1.8\frac{K+100}{5K+100}K \quad (\text{kN}) \tag{5-43}$$

其他材质的闸瓦或闸片也可以按相同的原则得出简化的换算计算式。机车和车辆的换算闸瓦压力参考值见表 5-6。

4. 列车换算制动率与列车单位制动力

列车换算制动率 θ_h 是列车换算闸瓦压力 $\sum K_h$ 与列车重力 $(\sum P + G)g$ 之比，它是反映列车制动能力的参数。

表 5－6　**机车和车辆换算闸瓦压力表(kN/辆或台)**

<table>
<tr><th colspan="4" rowspan="2">车 辆 类 型</th><th colspan="2">列车管定压力/kPa</th></tr>
<tr><th>500</th><th>600</th></tr>
<tr><td rowspan="5">客车</td><td colspan="3">L_3 型及 GL_3 型制动机(关闭附加风缸)、104 型制动机</td><td>—</td><td>330</td></tr>
<tr><td rowspan="3">104 型制动机、盘形制动装置,高摩合成闸片</td><td>不安装踏面制动单元</td><td>单层客车</td><td>—</td><td>210</td></tr>
<tr><td rowspan="2">安装有踏面制动单元</td><td>双层客车</td><td>—</td><td>200</td></tr>
<tr><td>单层客车</td><td>—</td><td>160</td></tr>
<tr><td colspan="3">104 型制动机、盘形制动装置中的踏面制动单元部分(不分单双层)</td><td>—</td><td>110</td></tr>
<tr><td rowspan="5">货车</td><td colspan="2" rowspan="2">GK 型、120 型或 103 型制动机、标记载重 50 t 及以上(包括载重 40 t 保温车)</td><td>重车位</td><td>250</td><td>280</td></tr>
<tr><td>空车位</td><td>160</td><td>160</td></tr>
<tr><td rowspan="2">K_2 型制动机</td><td colspan="2">标记载重 50 t 及其以上</td><td>160</td><td>190</td></tr>
<tr><td colspan="2">标记载重 40 t(包括载重 25 t 及不满 40 t 的保温车)</td><td>140</td><td>170</td></tr>
<tr><td colspan="3">K_1 型制动机,标记载重 30 t</td><td>120</td><td>140</td></tr>
<tr><td colspan="4">守车(4 轴)</td><td>90</td><td>110</td></tr>
<tr><td rowspan="8">机车</td><td rowspan="4">电力</td><td colspan="2">SS_1、SS_3</td><td colspan="2">700</td></tr>
<tr><td colspan="2">SS_4(高摩合成闸瓦)</td><td colspan="2">400</td></tr>
<tr><td colspan="2">SS_7</td><td colspan="2">840</td></tr>
<tr><td colspan="2">SS_8(粉末冶金闸瓦)</td><td colspan="2">280</td></tr>
<tr><td rowspan="4">内燃</td><td colspan="2">DF</td><td colspan="2">550</td></tr>
<tr><td colspan="2">DF_4(货、客)、DF_{4B}(货、客)、DF_8、DF_{11}</td><td colspan="2">650</td></tr>
<tr><td colspan="2">ND_5(高摩合成闸瓦)</td><td colspan="2">420</td></tr>
<tr><td colspan="2">DF_{7D}(低摩合成闸瓦)</td><td colspan="2">720</td></tr>
</table>

注:表中未注明闸瓦形式者为中磷闸瓦。

$$\theta_h = \frac{\sum K_h}{(\sum P + G) \cdot g} \tag{5-44}$$

那么,列车单位制动力 b 可写成

$$b = \frac{B}{(\sum P + G)g} = 1\,000\varphi_h \cdot \frac{\sum K_h}{(\sum P + G) \cdot g} = 1\,000\varphi_h \cdot \theta_h \quad (\text{N/kN}) \tag{5-45}$$

式中,$\sum K_h$ 为机车换算闸瓦压力 $\sum K'_h$ 与车辆换算闸瓦压力 $\sum K''_h$ 之和,kN。

为了简化计算,《铁路技术管理规程》(简称《技规》)规定:

(1) 一般货物列车,加算坡度在 20‰以内的坡道,列车换算制动率允许按 $\theta_h = \frac{\sum K''_h}{G \cdot g}$ 计算,因为货物列车中机车制动力占全列车制动力的比重不超过 5%。

(2) θ_h 计算值不得小于:高摩合成闸瓦的货物列车为 0.18;高磷铸铁闸瓦的旅客列车为 0.66;盘形制动、高摩合成闸片的特快、快速旅客列车为 0.32;踏面制动的行包列车为 0.25;踏面制动的快速货运列车为 0.2。

【例 5-3】 一车列由 50 辆车(满载)组成。其中 P_{50} 型 30 辆(载重 50 t,K_2 型制动机,闸瓦压力 24.1 kN,单闸瓦);C_{50} 型 20 辆(载重 50 t,GK 型制动机,闸瓦压力 39.1 kN,单闸瓦)。列车管定压 600 kPa。试用实算法和换算法比较计算列车在初速度为 40 km/h 开始实施紧急制动时的车列制动力。

【解】 (1) 实算法。由式(5-37),计算闸瓦摩擦系数

$$P_{50}\text{ 型}: \varphi_{k1} = 0.64 \times \frac{24.1 + 100}{5 \times 24.1 + 100} \times \frac{3.6 \times 40 + 100}{14 \times 40 + 100} + 0.0007(110 - 40) = 0.182$$

$$C_{50}\text{ 型}: \varphi_{k2} = 0.64 \times \frac{39.1 + 100}{5 \times 39.1 + 100} \times \frac{3.6 \times 40 + 100}{14 \times 40 + 100} + 0.0007(110 - 40) = 0.160$$

P_{50}型货车的闸瓦个数: $30 \times 8 = 240$(个)

C_{50}型货车的闸瓦个数: $20 \times 8 = 160$(个)

车列制动力: $B_{实} = 240 \times 24.1 \times 0.182 + 160 \times 39.1 \times 0.160 = 2\,057.0$ kN

(2) 换算法。计算车辆换算摩擦系数,由式(5-38),有

$$\varphi_h = 0.356 \times \frac{3.6 \times 40 + 100}{14 \times 40 + 100} + 0.0007(110 - 40) = 0.181$$

查表 5-6,K_2 型和 GK 型(载重 50 t)制动机的换算闸瓦压力为 190 kN 和 280 kN。

车列制动力: $B_{换} = (30 \times 190 + 20 \times 280) \times 0.181 = 2\,040.9$ kN

两种计算方法的相对误差为 $\dfrac{2\,057.0 - 2\,040.9}{2\,057.0} = 0.8\%$ (较小)

5. **列车制动力简化计算**

在进行解算列车运行时间或绘制合力曲线时分以下两种情况。

(1) 紧急制动时,列车换算制动率 θ_h 取全值;常用制动的 θ_h 与列车风管减压量有关。《牵规》规定:在解算列车进站的常用制动时,列车换算制动率一般取全值的 0.5;在计算固定信号机间距离时,取全值的 0.8;一般情况下,途中调速常用制动(减压量在 90~100 kPa 之间),取全值的 0.8。

(2) 为解决使用带有初始速度 v_0 的式(5-38)带来的计算困难,铁路机车车辆的中磷闸瓦的换算摩擦系数允许采用下列简化公式

$$\varphi_j = 0.356 \times \frac{0.4v + 100}{4v + 100} \tag{5-46}$$

三、动力制动

无论是电阻制动还是再生制动,动力制动的性能与闸瓦制动差异较大。如在高速时动力制动力随速度的降低而增大,在长大下坡道上,可以使列车以较高的速度安全行驶;在低速时动力制动力随速度的降低而减少,必须依靠其他制动工具(如闸瓦)来控制列车低速运行和停车。另外,动力制动装置仅配置在机车上,因此它仅能作为列车的辅助制动手段。

以电阻制动为例。在长大下坡道实施电阻制动时，牵引电动机电枢在坡道下滑力带动下旋转，使牵引电机变为发电机运行。由它激电机特性，可以求出轮周制动力 B_d 与速度 v 的特性公式为

$$B_d = 3.6(C\Phi)^2 \frac{v}{\eta_d \eta_c \sum R_d} \quad (\text{kN}) \tag{5-47}$$

式中 C——机车结构常数；

Φ——总磁通量，Wb，取决于励磁电流大小；

η_d，η_c——分别为电机效率和齿轮传动效率；

$\sum R_d$——总的制动电阻，Ω。

由式(5-47)可知，若不考虑损失，对某一固定的总磁通量(即某一固定的励磁电流量)来说，电阻制动力将随速度的增高而增大。SS_1 型电力机车的电阻制动力见表 5-7。

表 5-7　SS_1 型电力机车电阻制动力

v/(km/h)	10	20	30	37.7	40	50	60	70	80	90	95
B_d/kN	88.7	177.5	266.2	334.5	312.6	250.2	209.0	181.5	159.9	143.2	135.4

电阻制动仅作为列车运行时调节速度使用。按照《技规》规定，验算列车下坡道运行的最高允许速度或计算列车进站制动时，不应将电阻制动力计算在内。

【例 5-4】 一台 SS_1 电力机车牵引 3 000 t 重货列车(货车均为滚动轴承)，行驶于 8‰的下坡道上。若从安全考虑，司机欲限制列车运行速度为 65 km/h。试问采用电阻制动能否控制住列车恒速下坡?

【解】 查表 5-2，SS_1 机车 P=138 t，列车在长大下坡道时，切换至制动工况(F=0)。

v=65 km/h 时列车单位基本阻力

车辆　$w''_0 = 0.92 + 0.0048 \times 65 + 0.000125 \times 65^2 = 1.76$ N/kN

机车　$w'_0 = 2.25 + 0.0190 \times 65 + 0.000320 \times 65^2 = 4.84$ N/kN

列车总阻力 $W = 0.001 \times (1.76 \times 3200 + 4.84 \times 138) \times 9.81 = 61.8$ kN

列车下坡时需要制动力 $B_{d(需)} = (138 + 3200) \times 8 \times 9.81 - 61.8 = 200.2$ kN

由表 5-7，由内插法，可得 v=65 km/h 时的电阻制动力

$$B_d = 209.0 + (181.5 - 209.0) \times \frac{65-60}{70-60} = 195.3 \text{ kN}$$

因为 $B_d - B_{d(需)} < 0$，故列车电阻制动不足以维持 65 km/h 的限速，需要附加空气制动，以确保行车安全。

复习思考题 5

[5-1] 机车牵引力为什么只能来自于轮轨接触点? 牵引力产生的必要条件有哪些?

[5-2] 轨道交通的“黏着”与物理学上的“静摩擦”区别是什么?

[5-3] 何谓黏着牵引力？为什么它对机车牵引力有制约作用？

[5-4] 参照表 4-1，试编制 DF_4(货)型内燃机车、在海拔 4 000 m、温度 40℃，手柄在 16 位的各挡速度的牵引力(kN)。

[5-5] 何谓"单位阻力"？它的计算规定是什么？

[5-6] 简述单位基本阻力经验公式中 A, Bv, Cv^2 分别主要反映了何种阻力构成？

[5-7] 已知某列车的机车为 DF_4 型内燃机车双机重联操纵，牵引了标记载重 60 t 货车 35 辆(自重 20 t，长 13 m，滚动轴承，K_2 型制动机，全部满载，中磷闸瓦)，标记载重 50 t 的货车 25 辆(自重 20 t，长 13 m，滚动轴承，GK 型制动机，其中有 10 辆空车，中磷闸瓦)。试计算在机车计算速度条件下的列车运行的单位基本阻力、单位牵引力。

[5-8] DF_4 型机车牵引 4 000 t 货物列车行驶在 1.5‰的下坡道上。已知此时车列的基本阻力为 12 544 N，该坡道中有一曲线，且车列的单位加算阻力与车列的单位基本阻力正好相等。试求此曲线的半径为多少(m)？

[5-9] 列车(闸瓦)制动力为何受"黏着条件"限制？

[5-10] 为何货车要专设"重空车"手柄位？

[5-11] 列车制动力计算换算法的原理是什么？

[5-12] 根据题目[5-7]的条件，列车管定风压为 500 kPa。试计算：

(1) 该列车的换算制动率为多大？

(2) 若在 80 km/h 时施行紧急制动。试计算当列车速度(km/h)为 80，70，60，50，40，20，16.5，10，0 时的列车单位制动力。

[5-13] 简述动力制动和闸瓦制动的异同点。

第六章　列车运动方程及运行时分解算

第一节　单位合力曲线图

一、列车运动状态

列车牵引力、阻力和制动力的合力作用结果，决定了列车运行状态。当列车在无隧道的平直道上运行时，作用于列车上的合力 C(kN)分以下三种运行工况。

(1) 牵引运行。列车受到的力为机车牵引力 F 和运行阻力 W，合力 $C=F-W$。

(2) 惰行运行。列车受到的力仅为运行阻力，合力 $C=-W$。

(3) 制动运行。列车受到的力为运行阻力 W 和列车制动力 B，合力 $C=-(W+B)$。

单位合力
$$c=\frac{C\cdot 10^3}{(\sum P+G)g}\quad (\text{N/kN})$$

当 $C>0$ 时，列车加速运行；当 $C<0$ 时，列车减速运行；当 $C=0$ 时，列车等速运行。

二、单位合力曲线

绘制单位合力曲线，一般先编制单位合力曲线计算表(表 6-1)。利用加算坡道阻力与列车运行速度无关的特点，单位合力曲线先按列车在无隧道的平直线路上运行的情况绘制。在使用该合力曲线时，遇附加阻力，再考虑其影响。

(一) 单位合力计算

1. 牵引工况

$$c=f-w_0=\frac{\sum F\cdot 10^3}{(\sum P+G)g}-\frac{(\sum(P\cdot w_0')+G\cdot w_0'')g}{(\sum P+G)g}\quad (\text{N/kN})\qquad (6-1)$$

2. 惰行工况

$$c=-w_0=-\frac{(\sum(P\cdot w_0')+G\cdot w_0'')g}{(\sum P+G)g}\quad (\text{N/kN})\qquad (6-2)$$

3. 制动工况

根据采用制动方式的不同，分为三种情况。

(1) 常用空气制动。

$$c=-(w_0+0.5b)=-\frac{[\sum(P\cdot w_0')+G\cdot w_0'']g}{(\sum P+G)g}-500\varphi_h\cdot\theta_h\quad (\text{N/kN})\qquad (6-3)$$

(2) 电阻制动。

$$c=-(w_0+b_d)=-\frac{[\sum(P\cdot w_0')+G\cdot w_0'']g+B_d\cdot 10^3}{(\sum P+G)g}\quad (\text{N/kN})\qquad (6-4)$$

(3) 电阻与空气制动并用。

$$c=-(w_0+b_d+0.2b)=-\frac{[\sum(P\cdot w_0')+G\cdot w_0'']g+B_d\cdot 10^3}{(\sum P+G)g}-200\varphi_h\cdot\theta_h\quad (\text{N/kN})\qquad (6-5)$$

绘制单位合力曲线需要的资料有:机车类型、机车数量及编挂情况、列车空重车编组情况、牵引质量、列车单位制动能力等。速度分档取值由零开始,一般间隔为 10 km/h,直至限制速度为止(即机车、车辆构造速度和线路容许最大速度中的较小者)。另外,还应列入机车牵引曲线上各转折点所对应的速度(表 6-1 中 v=41.2 km/h 栏)。SS_1 型电力机车 v=0 时,F, w_0 均按 v=10 km/h 计算。SS_1 型电力机车的单位合力图见图 6-1。

表 6-1　SS_1 型电力机车单位合力计算表

运行工况		顺号	项目 \ 速度 v/(km/h)	0	10	20	…	41.2	…
牵引运行		1	机车牵引力 F/kN	415	415	387.5	…	363.2	…
		2	机车单位基本阻力 w_0'/(N/kN)	2.47	2.47	2.76	…	3.58	…
		3	机车基本阻力 $W_0'=P\cdot g\cdot w_0'\cdot 10^{-3}$/kN	3.3	3.3	3.7	…	4.8	…
		4	车辆单位基本阻力 w_0''/(N/kN)	1.10	1.10	1.19	…	1.52	…
		5	车辆基本阻力 $W_0''=G\cdot g\cdot w_0''\cdot 10^{-3}$/kN	29.1	29.1	31.5	…	40.2	…
		6	列车运行总基本阻力 $W_0=W_0'+W_0''$/kN	32.4	32.4	35.2	…	45.0	…
		7	列车运行合力 $C=F-W_0$/kN	382.6	382.6	352.3	…	318.2	…
		8	列车运行单位合力 $c=\frac{C\cdot 10^3}{(P+G)\cdot g}$/(N/kN)	13.74	13.74	12.65	…	11.43	…
惰行		9	列车惰行单位合力 $c=-w_0$ $c=-\frac{W_0\cdot 10^3}{(P+G)\cdot g}$/(N/kN)	−1.17	−1.17	−1.27	…	−1.62	…
制动运行	空气制动	10	闸瓦简化换算摩擦系数 φ_h	0.356	0.264	0.214	…	0.157	…
		11	紧急制动单位制动力 $b=1\,000\theta_h\varphi_h$/(N/kN)	92.6	68.6	55.6	…	40.8	…
		12	常用制动单位制动力 $0.5b$/(N/kN)	46.3	34.3	27.8	…	20.4	…
		13	常用制动单位合力 $c=-(0.5b+w_0)$/(N/kN)	−47.47	−35.47	−29.07	…	−22.02	…
	电阻制动	14	电阻制动力 B_d/kN	—	89.2	178.5	…	305.4	…
		15	电阻单位制动力 $b_d=\frac{B_d\cdot 10^3}{(P+G)\cdot g}$/(N/kN)	—	3.20	6.41	…	10.97	…
		16	电阻制动单位合力 $c=-(b_d+w_0)$/(N/kN)	—	−4.38	−7.68	…	−12.59	…

续　表

运行工况		顺号	速度 v/(km/h) 项　目	0	10	20	…	41.2	…
制动运行	两种制动并用	17	空气单位制动力 $0.2b$/(N/kN)	—	−13.72	−11.12	…	−8.16	…
		18	空气与电阻制动单位合力 $c=-(b_d+0.2b+w_0)$/(N/kN)	—	−18.10	−18.80	…	−20.75	…

注：$i_x=9‰$，$v_j=43$ km/h，$P=138$ t，$G=2\,700$ t，$\theta_h=0.26$。

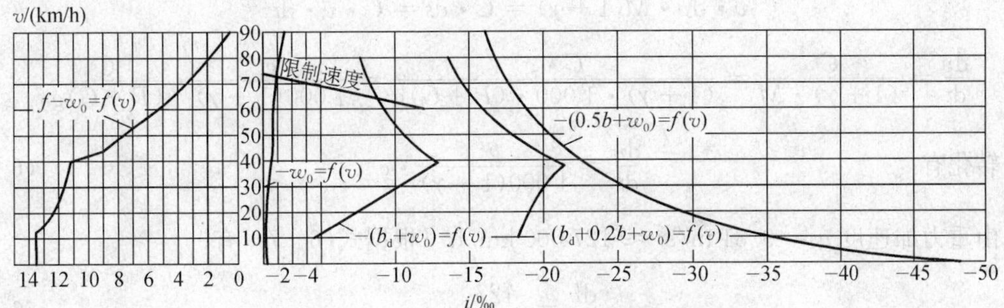

图 6-1　SS_1 型电力机车的单位合力图

(二) 计算加算坡度影响

在使用合力曲线(图 6-1)时，若遇加算坡道的坡度 $i>0$，将速度纵轴后左移 i 个千分数，曲线上各点的单位合力 c 都相应减少了 i 个千分数，即新的单位合力 $c'=c-i$；同理，当遇加算坡道的坡度 $i<0$，将速度纵轴后右移 i 个千分数，曲线上各点的单位合力 c 都相应增加了 i 个千分数，即新的单位合力 $c'=c+i$。

(三) 列车均衡速度

当速度纵轴与三种工况的单位合力曲线中的任一曲线相交时，由于交点处 $c=0$，该点的速度即为列车在该工况和该加算坡道的均衡速度。对于一定的坡度，在牵引或惰行工况时，列车速度总是趋向于该工况的均衡速度；而制动工况时，则相反，即列车速度总是背离该工况的均衡速度。

第二节　列车运动方程

一、列车运动方程式推导

列车运动方程是反映机车牵引力、列车运行阻力和列车制动力的合力与列车加(减)速运行状态改变的函数关系式。

整个列车可视为刚性系统。列车运动看作由两部分组成：整个列车的平移和某些转动部分的回转运动。所以列车的动能亦由这两部分组成，即

$$E_k=\frac{Mv^2}{2}+\sum I\frac{\omega^2}{2}=\frac{Mv^2}{2}+\sum I\frac{v^2}{2R_h^2}$$
$$=\frac{Mv^2}{2}\left(1+\sum\frac{I}{MR_h^2}\right)=\frac{Mv^2}{2}(1+\gamma) \tag{6-6}$$

式中 M——列车全部质量,kg;

v——列车运行速度,m/s;

I——回转部分的转动惯量,$\mathrm{kg \cdot m^2}$;

ω——回转部分的角速度,1/s。$\omega = v/R_h$(R_h 为回转半径,m);

γ——回转质量系数,$\gamma = \sum \frac{I}{MR_h^2}$。

对式(6-6)进行微分,则得列车动能的增量为:$\mathrm{d}E_k = v \cdot \mathrm{d}v \cdot M \cdot (1+\gamma)$

动能的增量应等于作用于列车上的合力所作的功,即

$$v \cdot \mathrm{d}v \cdot M(1+\gamma) = C \cdot \mathrm{d}s = C \cdot v \cdot \mathrm{d}t$$

$$\frac{\mathrm{d}v}{\mathrm{d}t} = \frac{C}{(1+\gamma) \cdot M} = \frac{C \cdot g}{(1+\gamma) \cdot 1\,000 \cdot (P+G)g} = \frac{g}{1\,000(1+\gamma)} \cdot \frac{C}{(P+G)g}$$

转化有

$$\frac{\mathrm{d}v}{\mathrm{d}t} = \frac{g}{1\,000(1+\gamma)} \cdot c \tag{6-7}$$

由重力加速度 $g = 9.81\ \mathrm{m/s^2} \approx 127\,000\ \mathrm{km/h^2}$,根据式(6-7),有

$$\frac{\mathrm{d}v}{\mathrm{d}t} = \frac{127}{1+\gamma} \cdot c \tag{6-8}$$

令 $\frac{127}{1+\gamma} = \xi$,代入式(6-8)即得出列车运动方程的一般表达形式

$$\frac{\mathrm{d}v}{\mathrm{d}t} = \xi \cdot c \tag{6-9}$$

ξ 为加速度系数,其值取决于回转质量系数 γ。为计算方便,列车运行计算中取 $\xi=120$,故列车运动方程亦可写为

$$\frac{\mathrm{d}v}{\mathrm{d}t} = 120c \quad (\mathrm{km/h^2}) \quad 或 \quad \frac{\mathrm{d}v}{\mathrm{d}t} = 2c \quad (\mathrm{km/(h \cdot min)}) \tag{6-10}$$

对式(6-10)按速度积分,便可得到计算列车运行时分的公式为

$$t = \frac{1}{2}\int \frac{\mathrm{d}v}{c} \quad (\mathrm{min}) \tag{6-11}$$

又 $\mathrm{d}s = v \cdot \mathrm{d}t$,两边积分可得列车运行距离公式为

$$s = \int v \cdot \mathrm{d}t = \frac{1}{120}\int \frac{v \cdot \mathrm{d}v}{c} \quad (\mathrm{km}) \tag{6-12}$$

二、列车运动方程的近似算法

由于单位合力是速度的复杂函数,式(6-11)和式(6-12)求解困难。实际中采用有限差分法。其基本思想是:将式(6-11)和式(6-12)中速度 v 积分的上、下限间,划分若干个速度小间隔 Δv,以有限小的速度间隔来代替无限小的速度变化;并假定在每个速度间隔内单位合力为常数,即取 Δv 范围内平均速度的单位合力 c_p 值。这样,列车在 Δv 范围内作匀变速度运动。设 Δv 内的初、末速度分别为 v_1 和 v_2,由式(6-11)和式(6-12)积分可得

$$\Delta t=\frac{(v_2-v_1)}{2c_{\mathrm{p}}}\quad(\mathrm{min})\tag{6-13}$$

$$\Delta s=\frac{4.17(v_2^2-v_1^2)}{c_{\mathrm{p}}}\quad(\mathrm{m})\tag{6-14}$$

第三节　列车运行速度与时分计算

一、列车运行时分的分析计算法

列车运行计算时，速度间隔取用 5～10 km/h，可保证必要的精度。对于一定的计算范围(区间)，运用式(6-13)和式(6-14)，可累加计算出相应的列车运行时分 t 和距离 s。即：$t=\sum\Delta t(\mathrm{min})$ 和 $s=\sum\Delta s(\mathrm{m})$。

式(6-13)和式(6-14)中的平均单位合力 c_{p}，根据不同的牵引工况下速度间隔的平均速度 $v_{\mathrm{p}}=\frac{v_1+v_2}{2}$ 以及线路条件决定的加算坡道的坡度综合确定。由于相邻坡段间加算坡道差异较大，手工计算时，变坡点处速度要经过多次试凑才能得到，比较繁琐。但分析计算法是列车牵引"电算"编程的理论基础。

表 6-2 为分析计算法的计算表格形式。列车由 A 站发车不停车通过 B 站的运行时分为 14.1 min(按规定，列车区间运行时分取 1 位小数)。

表 6-2　某区间 A 站—B 站的列车运行时分计算汇总表

坡度 i_j/‰	坡长 L_{p}/m	工况	速度间隔 Δv/(km/h)	行驶距离/m		运行时分/min	
				Δs	$\sum\Delta s$	Δt	$\sum\Delta t$
0	4 650	牵引	0～10	27	27	0.33	0.33
		牵引	10～11	6	33	0.03	0.36
		牵引	11～20	100	133	0.39	0.75
		牵引	20～30	318	451	0.76	1.51
		牵引	30～40	682	1 133	1.17	2.68
		牵引	40～50	1 330	2 463	1.76	4.44
		牵引	50～58.8	2 185	4 648	2.4	6.84
−2	2 300	牵引	58.8～60	177	177	0.18	7.02
		牵引	60～70	1 863	2 040	1.72	8.74
		牵引	70～71.2	259	2 299	0.24	8.98
3	2 500	牵引	71.2～70	156	156	0.13	9.11
		牵引	70～61	2 341	2 497	2.14	11.25
0	3 000	牵引	61～68.7	2 997	2 997	2.81	14.06

二、列车运行时分的图解法

图解法一直是人工解算列车运行速度和时分常的方法。最常用的是垂直线法。该方法分分两步进行：

第一步　先根据单位合力 $c=f(v)$ 曲线及线路化简纵断面，并且假定在一定小的速度间隔内单位合力为常数，用画垂直线的方法，绘出速度与距离关系曲线 $v=f(s)$；

第二步　根据 $v=f(s)$ 曲线，再用垂直线法，绘出时间与距离的关系曲线 $t=f(s)$，进而得出列车在区间的运行时分。

(一) 图解法常用比例尺

(1) 绘 $v=f(s)$ 曲线比例尺关系

$$y \cdot k = 120m^2 \tag{6-15}$$

(2) 绘 $t=f(s)$ 曲线比例尺关系

$$x \cdot k = 2m \cdot \Delta \tag{6-16}$$

式中　y——距离代量，20 mm 代表 1 km；

m——速度代量，1 mm 代表 1 km/h；

k——合力代量，6 mm 代表 1 N/kN；

x——时间代量，10 mm 代表 1 min；

Δ——参数代量，代表时间辅助轴固定间隔，取 30 mm。

(二) 绘制速度曲线 v = f(s)

如图 6-2 所示，将单位合力曲线 $c=f(v)$ 置于左边，在图的右边按一定的比例尺画出 $v=f(s)$ 曲线，其纵坐标代表速度 v，横轴为距离 s 坐标。在 s 坐标下面按同样的比例尺画出线路化简纵断面。具体作图时，$c=f(v)$ 曲线图与 $v=f(s)$ 曲线图的相互位置可任意放置，但必须保持两图的速度坐标轴相互平行。

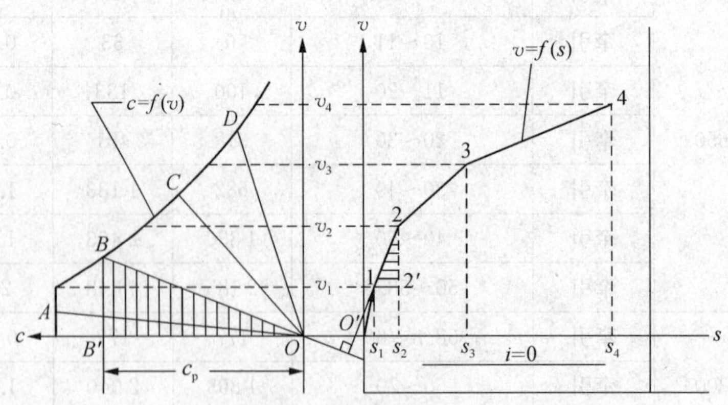

图 6-2　$v=f(s)$ 曲线绘制方法示意图

假定列车从车站起动发车，$v=0$ 开始。依次选择速度间隔 $0—v_1$，$v_1—v_2$，$v_2—v_3$，…，在单位合力曲线上找出各自的平均速度 v_p 所对应的点 A，B，C，…。根据线路坡段的加算坡度 $i_j>0$ 或 $i_j<0$，左移或右移单位合力曲线的速度坐标位置，确定坐标原点 O 的位置。然后从

O 点引射线 OA，OB，OC，…。再以 $v=f(s)$ 曲线坐标原点 O' 依次作垂线段 $\overline{O'1}$，$\overline{12}$，$\overline{23}$，…，将这些线段连起来，即为 $v=f(s)$ 曲线。各速度点在 s 坐标上的投影代表了列车在线路上的位置，s 坐标上对应的数值表示列车达到该速度时行驶的距离。

绘至某坡段的末端(即变坡点)时，与分析计算法相似，也要试凑变坡点处的速度，使所选定的末速度正好位于变坡点处。

为便于分辨，应按不同的线型绘制速度曲线。如牵引运行时用实线；惰行时用虚线，空气制动时用点划线，动力制动时用加有小圆圈线等。在牵引运行与制动运行转换之间，应有一段合理的惰行过程，一般不少于 500 m。列车进站停车制动，要考虑道岔区的限速要求，从车站中心速度零点，向相反运行方向倒绘，试凑得到过岔的速度曲线。

(三) 绘制时间曲线 $t=f(s)$

时间曲线 $t=f(s)$ 是在绘制好的速度曲线 $v=f(s)$ 基础上进行的。如图 6-3 所示，横坐标仍然表示运行距离 s，纵坐标则用另一个比例尺表示运行时间 t。首先，在 $t=f(s)$ 曲线图的左端作一辅助轴 AB，并使 $AC=\Delta$。由 $v=f(s)$ 曲线上原选定的速度间隔的平均速度点引出水平线与 AB 线相交。并从 C 点向这些交点引射线。然后，从 O' 点起逐段向对应的射线引垂线段 $\overline{O'1'}$，$\overline{1'2'}$，$\overline{2'3'}$，…，将这些线段连起来，即为 $t=f(s)$ 曲线。

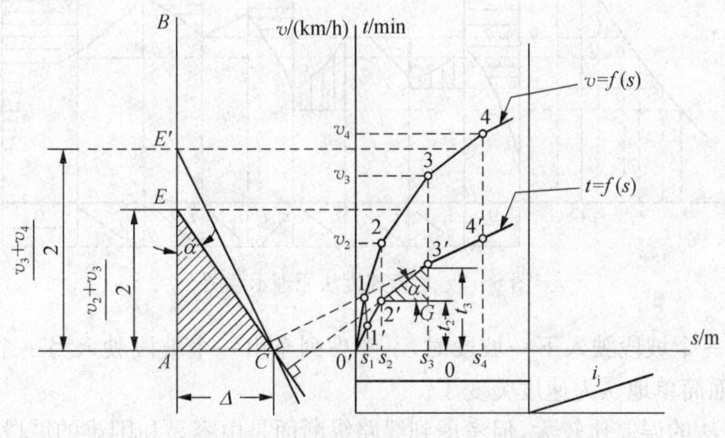

图 6-3 $t=f(s)$ 曲线绘制方法示意图

时间曲线用实线绘制。由于时间曲线总是上升的，为了绘图和计算方便，可把 $t=f(s)$ 每 10 min 作为一段，每隔 10 min 把终点投影到距离坐标轴上再继续绘制。车站总是时间曲线的分界点，不管停车或通过前时分是不是达到整 10 min，停车或通过后时间曲线均应从距离坐标轴上，即从零开始绘制，便于统计各区间运行时分。图 6-4 为某区间时分曲线绘制示例。

三、列车运行时分的均衡速度法

列车运行时间均衡速度法是编制列车运行图、计算机车燃料及电能消耗、线路设计中常用的方法。

均衡速度法基于以下两个假定(图 6-5)。

(1) 在任何坡段上，列车以合力达到平衡状态下所能实现的均衡速度 $v_{均}$(当 $v_{均}\leqslant v_{限}$)或以该坡段的限速 $v_{限}$(当 $v_{均}>v_{限}$)作等速运行(横虚线)；

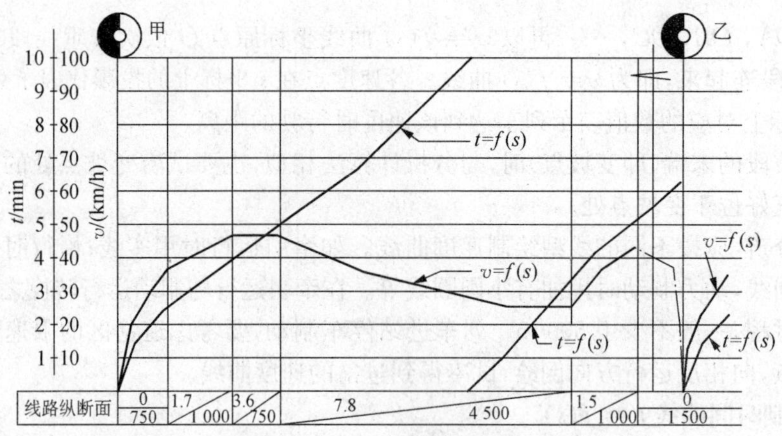

图 6-4 速度时分曲线绘制示例

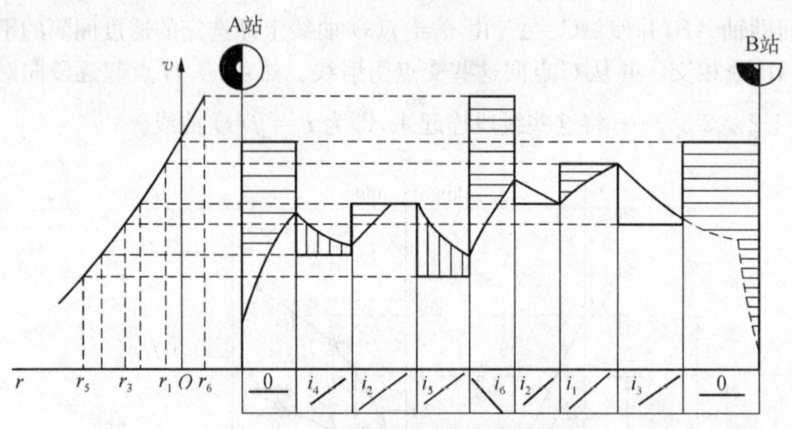

图 6-5 均衡速度法原理示意图

(2) 列车由一个坡段驶入下一坡段时，不考虑列车由一个坡段驶入另一个坡段时列车速度的渐变过程，而简单地认为速度突变了。

虽然这种方法的误差比较大，但考虑到线路纵断面是由容易和困难的坡段相交替组成的。列车在区间运行时，均衡速度的超过部分(垂直阴线)与不足部分(水平阴线)的误差在一定程度上可以互相抵消。只有列车起动加速和停车减速的误差不能相互抵消。因此，可用式(6-17)来计算列车的运行时分。

$$t=\sum\frac{60\times L_i}{v_i}+\sum t_{\mathrm{q}}+\sum t_{\mathrm{t}}\quad(\mathrm{min})\tag{6-17}$$

式中 L_i——第 i 个坡段的长度，km；

v_i——第 i 个坡段的均衡速度或运行限速，km/h；

t_{q}，t_{t}——列车有起、停时的附加时分，一般 t_{q} 取 1～3 min，t_{t} 取 1 min。

四、线路纵断面化简

在解算列车运行速度和时分时，无论分析计算法还是图解法，为了减少不同坡段间因试凑带来的计算工作量，常常在不影响计算结果必要精度的前提下，在绘制速度曲线和时间曲线前，将几个相邻的坡度相差不大的坡段合并为一个等效坡段，并保持化简的坡段总长等于实际各坡段长度之和。这一做法称为线路纵断面化简。

化简后线路纵断面的长度为 $l_h = \sum_{j=1}^{k} l_j$；

化简的坡度为

$$i_h = \frac{i_1 \cdot l_1 + i_2 \cdot l_2 + \cdots}{l_h} = \frac{\sum_{j=1}^{k} i_j \cdot l_j}{l_h} \tag{6-18}$$

式中　i_h，l_h——化简坡道的坡度，‰和长度，m；

i_j，l_j——各组成坡段坡度，‰和长度，m。

为保证必要的计算精确度，规定化简坡段内的每一坡段 $l_i \leqslant \frac{2\,000}{\Delta i}$ 时，方可化简。其中，2 000为经验常数；$\Delta i = |i_h - i_j|$ 为化简坡度与所要检验的实际坡段坡度差的绝对值。

化简中要注意车站到发线、动能坡道（指需要动能闯坡的坡道）、限制坡道以及其他需校验牵引重量的坡道不得和相邻的坡道一起化简。

当化简坡段范围内有曲线、隧道时，应按前述的方法，分运行方向将它们折算成换算坡度，再累加计算化简后的加算坡度 $i_{hj} = i_h + i_r + i_s$。图 6－6 为一线路纵断面化简示例。

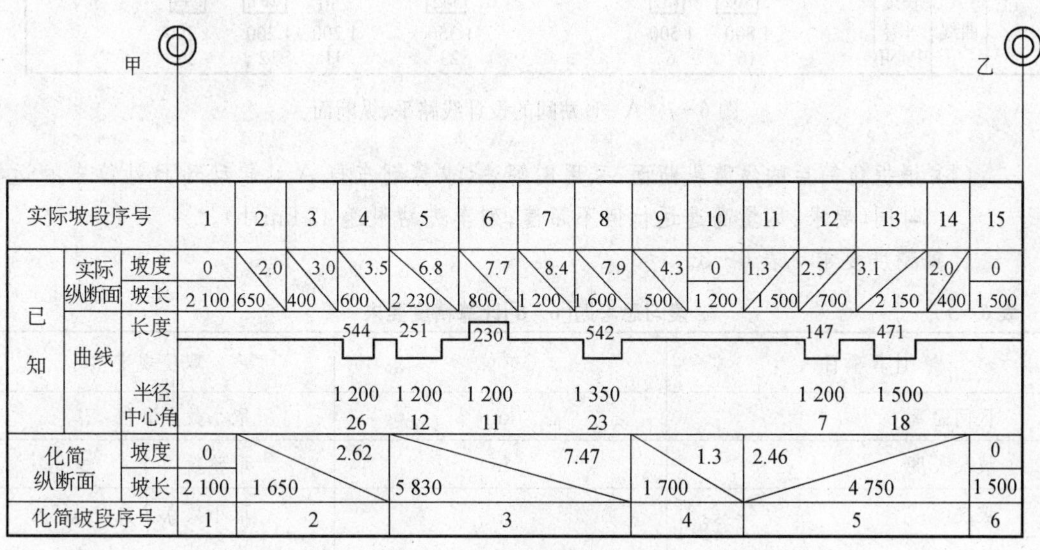

图 6－6　线路纵断面化简结果图

复习思考题 6

[6－1] 如何利用单位合力曲线图判断列车在各种坡道和不同运行工况下的动态（加速、匀速、减速）？

[6－2] 何谓列车运行的“均衡速度”？为什么说常用制动的均衡速度实质是一种限速？

[6－3] 为什么说制动工况下，列车在坡道上的运行速度背离均衡速度？

[6－4] 简述列车运行时分的有限差分法计算的基本原理及计算要求。

[6－5] 列车运行时分均衡速度法的实质是什么？

[6－6] 以复习思考题[5－7]和[5－12]为基础，补充条件：该线路为Ⅰ级单线普速铁路，设计最高行车速度 120 km/h，限制坡度 9‰，A—B 站间距离为 15.78 km，列车管定风压为 500 kPa，货物列车最高限速 80 km/h。列车从 A 站起动，至 B 站停车，进站减速采用常用制动模式。要求完成：

(1) 编制列车牵引、惰行和常用制动工况的单位合力表；

(2) 绘制列车牵引的单位合力曲线；

(3) 化简 A—B 站间的设计线路（下行方向）纵断面（图 6－7）；

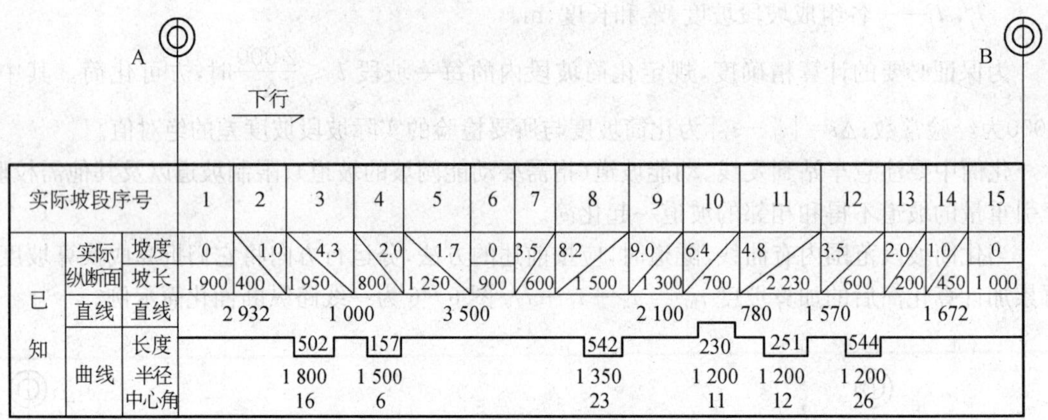

图 6－7　A—B 站间的设计线路平、纵断面

(4) 根据化简后的线路纵断面，采用图解法，求算列车自 A 站起动到 B 站停车的运行时间（要求：尽量高速运行但不超速；列车进站限速 45 km/h）。

计算精度要求见表 6－3。

表 6－3　复习思考题[6－6]计算精度要求

计算项目	单位	取值规定
区间距离	km	取小数点 2 位
坡段长度	m	取整数
坡度	‰	取小数点 2 位
牵引力、运行阻力、制动力	kN	取小数点 1 位
速度	km/h	取小数点 1 位
牵引重量（牵引质量）	t	取至 10 的整倍数
区间运行时间	min	取小数点 1 位

第七章　列车运行计算原理应用

第一节　列车制动解算

一、列车制动解算概念

列车制动问题是轮轨系统的运输效率和安全的非常重要而又复杂的问题。制动距离指司机将制动阀手柄置于制动位始至列车停车为止列车所运行的距离。它是综合反映制动装置性能和实际制动效果的主要技术指标。列车制动距离的检算就是在不同线路条件下,研究列车制动能力、运行速度、制动距离三者之间的关系。

二、列车制动距离计算

由于列车制动系统的特殊结构,在司机实行制动时,制动风管的减压是逐步传递到机后各车辆,引发制动风缸压强(或闸瓦压力 ΣK)逐步上升,从而造成列车中各车辆的闸瓦并非立即、同时压上车轮、产生制动力。为了便于计算,根据列车制动机的工作原理,假定全列车的闸瓦都是在一瞬间同时压上车轮,且此刻闸瓦压力从零突变至预定值(图 7-1 中虚线)。这样,列车制动距离被划分为两段(图 7-1):前一段为实施制动到这一假定瞬间的 t_k 时间内列车靠惯性空走了的距离(s_k);后一段从假定瞬间至列车停止的列车不断减速的有效制动距离(s_e)。

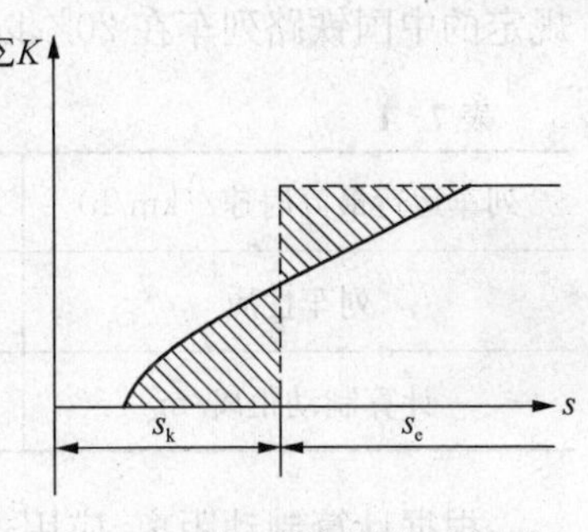

图 7-1　制动距离计算示意图

(一) 空走距离 s_k

虽然列车在空走过程中速度是变化的,但为计算方便,通常假定在空走时间 t_k(s)内,列车始终以制动初速 v_0(km/h)均速惰行,即有

$$s_k = \frac{v_0 \cdot t_k}{3.6}(\mathrm{m}) \tag{7-1}$$

空走时间 t_k 应按制动距离等效的原则(即空走距离与有效制动距离之和等于实际制动距离)来确定。其经验公式如下。

旅客列车紧急制动　$t_k = 3.5 - 0.08 i_j (\mathrm{s})$　(7-2)

旅客列车常用制动　$t_k = (4.1 + 0.002 r \cdot n)(1 - 0.03 i_j)(\mathrm{s})$　(7-3)

货物列车紧急制动　$t_k = (1.6 + 0.065 n)(1 - 0.028 i_j)(\mathrm{s})$　(7-4)

货物列车常用制动　　$t_k=(3.6+0.00176r\cdot n)(1-0.032i_j)(s)$　　(7-5)

式中　n——牵引辆数；

r——列车管减压量，kPa。其他符号意义同前；

i_j——加算坡道的坡度千分数，当 $i_j>0$ 时，规定按 $i_j=0$ 计算。

(二) 有效制动距离 s_e

列车有效制动距离可按分析计算法，划分为若干个速度间隔来计算。

$$s_e=\sum\frac{4.17(v_{i+1}^2-v_i^2)}{c_p}=\sum\frac{4.17(v_i^2-v_{i+1}^2)}{1\,000\theta_h\cdot\varphi_h+w_0+i_j}(\mathrm{m})\tag{7-6}$$

式中，c_p 为相对于每次速度间隔的平均速度$\frac{v_1+v_2}{2}$的单位合力，N/kN。

(三) 制动距离 s_b

$$s_b=s_k+s_e=\frac{v_0\cdot t_k}{3.6}+\sum\frac{4.17(v_i^2-v_{i+1}^2)}{1\,000\theta_h\varphi_h+w_0+i_j}(\mathrm{m})\tag{7-7}$$

(四) 计算制动距离

为了确保行车安全，世界各国都根据自己的铁路技术条件(如列车运行速度、牵引重量、信号及制动技术等)，规定了最长允许紧急制动距离的标准，即计算制动距离。表 7-1 为《技规》规定的中国铁路列车在 20‰以内线路坡道上计算制动距离标准。

表 7-1　　列车计算制动距离表

列车运行最高时速/(km/h)	<120	120～140	>140～160	>160～200
列车性质	客货列车	旅客列车	旅客列车	旅客列车
计算制动距离/m	800	1 100	1 400	2 000

根据计算制动距离，应用式(7-7)可反解算需要的有效制动距离及制动初速(限速)。

三、列车制动距离等效一次计算法

为了简化式(7-6)有效制动距离的分段累计法的复杂性，假定闸瓦换算摩擦系数和制动时的单位基本阻力在制动过程都不随速度而变，即用等效的常量 φ_s 和 w_s 来代替式(7-6)中的 φ_h 和 w_0，一次性计算出列车制动距离。该方法称之为“等效一次计算法”。这样式(7-6)变为式(7-8)。

$$s_e=\frac{4.17(v_0^2-v_z^2)}{1\,000\theta_h\cdot\varphi_s+w_s+i_j}(\mathrm{m})\tag{7-8}$$

式中，v_z 为制动终速，km/h。

等效值 φ_s 可由式(7-6)和式(7-8)，并且忽略坡度和阻力的影响计算而得。

$$\varphi_s=\frac{v_0^2-v_z^2}{\sum\frac{v_1^2-v_2^2}{\varphi_h}}\tag{7-9}$$

同理，等效值 w_s 可以在忽略坡度和制动力的影响条件下计算而得。

$$w_s = \frac{v_0^2 - v_z^2}{\sum \frac{v_1^2 - v_2^2}{w_0}} \tag{7-10}$$

【例 7-1】 某类客车配置了高磷（铸铁）闸瓦。按距离等效原则，试求出制动初速度为 120 km/h，末速度为 0 的等效换算摩擦系数为多少？

【解】 由式(7-9)，$v_0 = 120$ km/h，$v_z = 0$ km/h。根据式(5-39)，取 $\Delta v = 10$ km/h，$v_1 = 120$ km/h，$v_2 = 110$ km/h，$\varphi_h = 0.109$，依次计算的 $\frac{v_i^2 - v_{i+1}^2}{\varphi_h}$ 如表 7-2 所示。

表 7-2　　计算过程表

v_i	120	110	100	90	80	70
v_{i+1}	110	100	90	80	70	60
φ_h	0.109	0.110	0.110	0.111	0.112	0.113
$\frac{v_i^2 - v_{i+1}^2}{\varphi_h}$	21 059.3	19 165.0	17 271.3	15 378.5	13 486.7	11 596.5
v_i	60	50	40	30	20	10
v_{i+1}	50	40	30	20	10	0
φ_h	0.114	0.116	0.119	0.126	0.143	0.372
$\frac{v_i^2 - v_{i+1}^2}{\varphi_h}$	9 708.5	7 823.9	5 944.9	4 076.0	2 227.2	388.0

$$\varphi_s = \frac{v_0^2 - v_z^2}{\sum \frac{v_1^2 - v_2^2}{\varphi_h}} = \frac{120^2 - 0}{128\,125.8} = 0.112$$

表 7-3—表 7-6 为部分客货车辆的 φ_s 和 w_s 值。

表 7-3　　盘形制动高摩合成闸片的距离等效摩擦系数 φ_s（$v_0 = 160$ km/h）

v_z	0	10	20	30	40	50	60	70
φ_s	0.256	0.255	0.255	0.254	0.253	0.251	0.250	0.248
v_z	80	90	100	110	120	130	140	150
φ_s	0.247	0.246	0.244	0.243	0.241	0.240	0.239	0.237

表 7-4　　中磷闸瓦的距离等效摩擦系数 φ_s

v_z \ v_0	120	110	100	90	80	70	60	50	40	30	20	10
0	0.109	0.118	0.127	0.137	0.147	0.158	0.171	0.185	0.291	0.223	0.254	0.317
10	0.109	0.117	0.127	0.136	0.146	0.157	0.169	0.182	0.197	0.216	0.240	—
20	0.108	0.116	0.125	0.135	0.144	0.155	0.166	0.178	0.191	0.206	—	—

续 表

v_z \ v_0	120	110	100	90	80	70	60	50	40	30	20	10
30	0.107	0.115	0.124	0.133	0.142	0.152	0.162	0.173	0.185	—	—	—
40	0.106	0.114	0.123	0.131	0.140	0.150	0.160	0.170	—	—	—	—
50	0.105	0.113	0.121	0.130	0.139	0.148	0.157	—	—	—	—	—
60	0.104	0.112	0.120	0.128	0.137	0.146	—	—	—	—	—	—
70	0.103	0.111	0.119	0.127	0.136	—	—	—	—	—	—	—
80	0.102	0.110	0.118	0.126	—	—	—	—	—	—	—	—
90	0.101	0.109	0.117	—	—	—	—	—	—	—	—	—
100	0.101	0.108	—	—	—	$\varphi_h=0.356\frac{3.6v+100}{14v+100}+0.0007(110-v_0)$						
110	0.100	—	—	—	—							

表 7-5　　21 型、22 型客车的距离等效单位阻力 w_s

v_z \ v_0	120	110	100	90	80	70	60	50	40	30	20	10
0	3.13	2.96	2.79	2.63	2.48	2.33	2.20	2.08	1.97	1.87	1.78	1.70
10	3.15	2.98	2.81	2.65	2.49	2.35	2.22	2.10	1.99	1.89	1.81	—
20	3.20	3.03	2.86	2.69	2.54	2.40	2.27	2.15	2.04	1.94	—	—
30	3.28	3.10	2.93	2.77	2.62	2.47	2.34	2.22	2.11	—	—	—
40	3.39	3.20	3.03	2.87	2.71	2.57	2.43	2.31	—	—	—	—
50	3.51	3.32	3.15	2.98	2.82	2.68	2.54	—	—	—	—	—
60	3.65	3.46	3.28	3.11	2.95	2.80	—	—	—	—	—	—
70	3.81	3.62	3.43	3.26	3.09	—	—	—	—	—	—	—
80	3.98	3.78	3.60	3.42	—	—	—	—	—	—	—	—
90	4.17	3.96	3.77	—	—	—	—	—	—	—	—	—
100	4.36	4.16	—	—	—	$w_0=1.66+0.0075v+0.000155v^2$						
110	4.57	—	—	—	—							

表 7-6　　重货车(滚动轴承)的距离等效单位阻力 w_s

v_z \ v_0	120	110	100	90	80	70	60	50	40	30	20	10
0	1.98	1.85	1.73	1.61	1.50	1.40	1.30	1.21	1.13	1.06	1.00	0.95
10	2.00	1.87	1.75	1.63	1.52	1.41	1.32	1.23	1.15	1.08	1.02	—
20	2.04	1.91	1.78	1.67	1.55	1.45	1.35	1.27	1.19	1.12	—	—

续　表

v_0 / v_z	120	110	100	90	80	70	60	50	40	30	20	10
30	2.10	1.97	1.85	1.73	1.61	1.51	1.41	1.32	1.24	—	—	—
40	2.19	2.05	1.92	1.80	1.69	1.58	1.48	1.39	—	—	—	—
50	2.29	2.15	2.02	1.89	1.77	1.66	1.56	—	—	—	—	—
60	2.40	2.26	2.12	1.99	1.87	1.76	—	—	—	—	—	—
70	2.53	2.38	2.24	2.11	1.98	—	—	—	—	—	—	—
80	2.66	2.51	2.37	2.23	—	—						
90	2.81	2.65	2.50	—	—	—						
100	2.96	2.80	—	—	—	—						
110	3.13	—					$w_0=0.92+0.0048v+0.000125v^2$					

【例 7-2】　某货物列车编组重车 50 辆，换算制动率为 0.33。在加算坡度为 6‰的下坡直道上以 80 km/h 实施紧急制动。试按等效一次计算法计算其紧急制动距离。

【解】　由式(7-4)，空走时间 $t_k=(1.6+0.065\times50)[1-0.028\times(-6)]\approx5.7$ (s)

由式(7-1)，空走距离 $s_k=80\times5.7/3.6\approx127$ (m)

由表 7-4 和表 7-6 查得 $\varphi_s=0.147$，$w_s=1.5$ N/kN，代入式(7-8)得有效制动距离

$$s_e=\frac{4.17\times80^2}{1\,000\times0.33\times0.147+1.5+(-6)}\approx606\ (\mathrm{m})$$

紧急制动距离　　$s_b=s_k+s_e=127+606=733$ (m)。

第二节　列车牵引重量确定

一、列车牵引重量计算

列车牵引重量(即质量)和运行速度是铁路运输工作中两个最重要的指标。它们决定着铁路的通过能力和运输成本。在机车车辆和线路条件不变的情况下，列车牵引重量增加，其运行速度自然降低；而要想提高列车运行速度，则必须减少列车牵引重量。最有利的牵引重量与运行速度的确定，与许多技术和经济因素有关。列车牵引重量 G(指机车牵引的车列的重量)通常按列车在限制坡道上，以机车的计算速度作等速运行的条件计算确定，即

$$G=\frac{\sum F_j\lambda_y-[\sum(P\cdot w_0')+\sum P\cdot i_x]\cdot g\cdot10^{-3}}{(w''_0+i_x)\cdot g\cdot10^{-3}}\ (\mathrm{t}) \tag{7-11}$$

式中　F_j——机车计算牵引力，kN；

i_x——限制坡道的加算坡度值(‰)，包括限制(上)坡度值和线路加算附加阻力；

λ_y——牵引力使用系数，取 0.9。其他符号意义同前。

由式(7-11)计算所得出的牵引重量，旅客列车化整为 10 t 的整倍数；货物列车取 50 t 的

整倍数，不足者舍去。

二、牵引重量检算

从技术上讲，式(7-11)计算的牵引重量，一般要按特殊条件进行检算。

(一) 按起动条件

列车牵引重量 G 不应大于区段最困难车站起动时的牵引重量 G_q。

$$G_q=\frac{\sum F_q-[\sum(P\cdot w'_q)+\sum P\cdot i_q]\cdot g\cdot 10^{-3}}{(w''_q+i_q)\cdot g\cdot 10^{-3}}(\mathrm{t}) \tag{7-12}$$

式中　$\sum F_q$——机车计算起动牵引力，kN；

i_q——起动地段的加算坡道的坡度值(‰)，包括起动坡度值和线路加算附加阻力，其他符号意义同前。

若出现 $G>G_q$ 情况，则不能保证列车能顺利起动，应降低列车牵引重量(如取 $G=G_q$)，或减少设计车站的站坪坡度、或该列车在该站不停车的办法来解决。

【例 7-3】 某Ⅰ级线路采用 SS_1 电力机车，列车牵引定数 $G=3\,000$ t(40 辆重车，滚动轴承，车均长度 14 m)。中间站 A 的站坪设计坡度 1.5‰，曲线半径 $R=800$ m，曲线转角 $\alpha=16°30'$。试检算该站设计能否满足列车停车后的起动要求。

【解】 查表 5-3，机车起动牵引力 $F_q=487.6$ kN

机车长度 20.4 m

列车长度　$L=20.4+14\times40=580.4(\mathrm{m})$

曲线长　$K_y=\dfrac{3.14\times16.5\times800}{180}=230.267(\mathrm{m})$

因为　$L>K_y$，列车起动时的加算坡度 $i_q=\dfrac{10.5\times16.5}{580.4}=0.30(‰)$

机车单位起动阻力　$w'_q=5(\mathrm{N/kN})$

车辆单位起动阻力由式(5-29)，$w''_q=3+0.4\times0.30=3.12(\mathrm{N/kN})<5(\mathrm{N/kN})$，取 5 N/kN

根据式(7-12)，$G_q=\dfrac{487.6-138\times(5+0.30)\times9.81\times10^{-3}}{(5+0.30)\times9.81\times10^{-3}}=9\,240(\mathrm{t})$

因 $G_q>G$，说明该站平纵断面设计能满足列车停车后起动的要求。

(二) 按平直道保有加速度要求

为了能在平直道较快地达到最高速度，必须使机车在接近和达到最高运行速度时仍有相当的余力。按此条件检算牵引重量为

$$G=\frac{\sum F_g-\sum(P\cdot w'_0)\cdot g\cdot 10^{-3}-\sum P(1+\gamma)\cdot a}{w''_0\cdot g\cdot 10^{-3}+(1+\gamma)\cdot a}(\mathrm{t}) \tag{7-13}$$

式中　$\sum F_g$——列车最高运行速度下的机车牵引力，kN；

γ——机车车辆回转质量系数，取 0.06；

a——列车保有加速度，$\mathrm{m/s^2}$，货物列车取 0.005；旅客列车按其最高速度 120 km/h，140 km/h，160 km/h 分别取 0.01，0.015，0.02。其他符号意义同前。

【例 7-4】 DF_{11} 内燃机车牵引准高速单层客车，在平直道上最高速度为 160 km/h，试求

列车保有加速度 $a=0.02\ \mathrm{m/s^2}$ 时的牵引重量。

【解】 查表 5-2，机车 $P=138$ t，$F_g=63.9$ kN。在 160 km/h 时，

机车单位基本阻力 $w'_0=0.86+0.0054\times160+0.000218\times160^2=7.30$(N/kN)

车辆单位基本阻力 $w''_0=1.61+0.0040\times160+0.000187\times160^2=7.04$(N/kN)

由式(7-13)，有

$$\text{牵引重量}\ G=\frac{63.9-138\times7.30\times9.81\times10^{-3}-138\times(1+0.06)\times0.02}{7.04\times9.81\times10^{-3}+(1+0.06)\times0.02}=566(\mathrm{t})$$

根据有关规定，该旅客列车的牵引重量取 560 t(10 t 整数倍)。

(三) 按“动能闯坡”要求

当某个区间或区段内坡度最大的坡道虽不一定是限制坡道，但也要求列车能以不低于 v_j 的速度闯过此坡道。如图 7-2，第四个坡段为需要进行动能闯坡验算的坡道。显然需经几次验算，由右侧的 $v=f(G)$ 曲线，找出 $G=f(v_j)$ 的牵引重量。

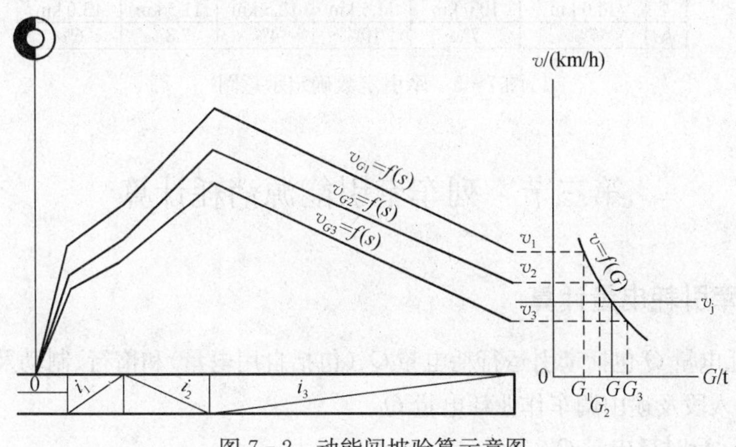

图 7-2　动能闯坡验算示意图

(四) 按车站到发线有效长

车站到发线有效长指到发线信号机至警冲标间的距离。列车的牵引重量 G 不应于大于区段内最短到发线有效长 l_e 所允许的列车重量 G_e。

$$G_e=q_c\frac{(l_e-l_j-l_s-30)}{l_c}+q_s(\mathrm{t}) \tag{7-14}$$

式中　q_c，l_c——每辆货车平均总重，t 和长度，m；

30——附加停车安全安全距离，m；

l_s，q_s——守车长度，m 和重量，t。若不附挂守车时，此两项取 0。

若出现 $G>G_e$ 情况，为防止列车在站内停车会与邻线列车发生侧面冲突，应降低列车牵引重量(如取 $G=G_e$)，或规定该列车在该站禁止停车会让。

此外，对于复杂的线路条件，还要考虑列车牵引重量是否受长大下坡道上制动机充风和空走时间的限制；小曲线机车黏着牵引力降低的限制；内燃机车通过隧道最低速度的限制；列车追踪间隔时间的限制等，并进行相应的检算。

三、列车牵引定数确定

为了减少直通货物列车在技术站的改编作业量，加速车辆周转，一条或几条线路同方向的

牵引重量的统一规定值，称为牵引定数。区段内的牵引定数要根据线路的平纵断面的条件，分别计算不同区间的牵引重量，通过技术经济分析，合理确定统一的牵引定数。如图 7－3，AG 整个区段的牵引重量以区间 CD 的 $G_{CD}=2\ 600$ t 为最低，若以此为牵引定数，其他区间的运输能力会浪费很大。若取区间 BC 的 $G_{BC}=3\ 500$ t 为牵引定数，区间 DE，FG 运输能力损失不大，而区间 CD 和 EF 则采取一定的技术措施(如动能闯坡或双机牵引)，从而实现区段牵引定数的划一。

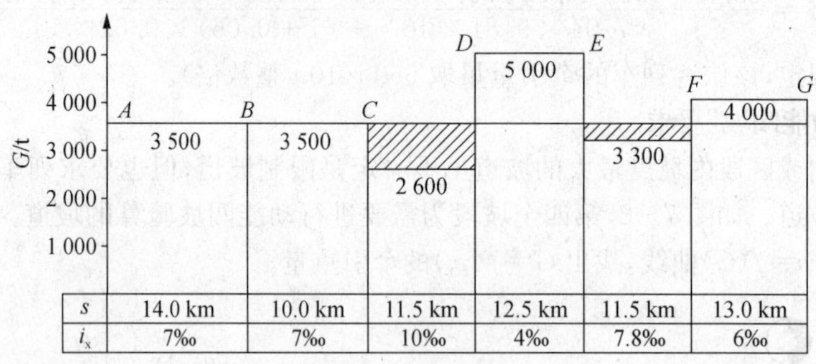

图 7－3　牵引定数确定示意图

第三节　列车牵引能源消耗计算

一、电力牵引耗电量计算

电力牵引耗电量 Q 包括牵引运行耗电量 Q_y(包括自用电量)和惰行、制动及停站时的自用电量 Q_o 以及出入段及途中调车作业耗电量 Q_t。

(一) 牵引运行时耗电量 Q_y

$$Q_y=\frac{U_w\left[\sum(I_p\cdot\Delta t)+I_{p0}\cdot\sum\Delta t\right]}{60\times10^3}(\mathrm{kW\cdot h})\qquad(7-15)$$

式中　U_w——受电弓处网压，V。

I_p——平均有功电流，A，从有关机车特性曲线图或表中查得。《牵规》规定：最高负荷(最高手柄位)按九折计；其他负荷(手柄位)取值也不得大于同一速度最高负荷九折后的 I_p 值。SS_1 型机车有功电流表如表 7－7 所示。

表 7－7　**SS_1 型电力机车有功电流表**

速度/(km/h)		0	10	12.4	18.6	20	24.8	30	31.0	37.0	40
I_p	手柄位	4	9	13	17	17	21	21	25	29	29
	最高负荷/A	24	37	84	114	105	144	109	173	202	167
速度/(km/h)		41.2	43.0	47.9	52.9	57.4	60	70	80	90	95
I_p	手柄位	33 m	33 m	33－Ⅰ	33－Ⅱ	33－Ⅲ	33－Ⅲ	33－Ⅲ	33－Ⅲ	33－Ⅲ	33－Ⅲ
	最高负荷/A	223	194	193	192	191	177	146	129	129	119

I_{p0}——自用电有功电流,A。一般情况下,牵引运行时4轴或6轴机车取6 A;8轴机车取7.5 A。SS_1 型机车牵引时7 A,惰行、停站及空气制动时2 A,电阻制动时10 A。

Δt——相应工况的运行时分,min。

电力牵引的耗电量计算可采用表7-8式样进行。

表7-8 按"有功电流"求牵引运行耗电量计算表

速度间隔序号	操纵方式	初速 v_1/(km/h)	末速 v_2/(km/h)	平均速度 v_p/(km/h)	运行间隔 Δt/min	平均有功电流 I_p/A	$I_p \cdot \Delta t$/(A·min)

(二) 惰行、制动、停站时自用电量 Q_0

$$Q_0 = \frac{U_w \cdot \sum (I_{p0} \cdot \Delta t_0)}{60 \times 10^3} \text{(kW·h)} \tag{7-16}$$

式中 I_{p0}——自用电有功电流,A。一般情况下,惰行、空气制动及停站时,取2 A;电阻制动时4轴或6轴机车取10 A;8轴机车取13 A。

Δt_0——对应各 I_{p0} 的时间,min。

(三) 出入段及途中调车作业时耗电量 Q_t

电力机车出入段及途中调车作业耗电量不考虑工况,仅按时间计算。各类作业所用的时间按规定的标准通过查定确定。耗电量 Q_t 的计算标准如下:

(1) 出入段每小时100 kW·h;

(2) 途中调车作业每小时250 kW·h。

二、内燃机车燃油消耗量

内燃机车燃油消耗量 E 包括牵引运行燃油消耗量 E_y、柴油机空转(包括惰行和制动)燃油消耗量 E_0 和出入段及途中调车作业燃油消耗量 E_t。它要按照牵引工况和非牵引(如惰行、制动和停站等柴油机空转)工况分别计算。

$$E = E_y + E_0 + E_t = \sum (e_y \cdot t) + \sum (e_0 \cdot t_0) + E_t \text{(kg)} \tag{7-17}$$

式中 e_y, e_0——分别为牵引工况(包括手柄位和速度)和柴油机空转的单位时间燃油消耗量(kg/min)。DF_4 型内燃机车燃油消耗量指标见表7-9。

表7-9 DF_4 型内燃机车燃油消耗量指标表

速度/(km/h)			10	16.5	20	30	40	50	60	70	80	90	100
e_y/(kg/min)	手柄位	8	3.00	3.00	3.00	3.00	3.00	3.00	2.98	2.95	2.90	2.85	2.80
		12	5.23	5.23	5.23	5.23	5.27	5.28	5.27	5.18	5.08	4.89	4.70
		15	7.29	7.29	7.29	7.29	7.29	7.28	7.23	7.14	6.80	6.40	5.98
		16	8.15	8.24	8.28	8.33	8.34	8.33	8.24	7.97	7.55	7.08	6.52
手柄级位			0,1	2	3	4	6	8	10	12	14	15	16
e_0/(kg/min)			0.35	0.38	0.41	0.46	0.58	0.70	0.84	1.01	1.20	1.34	1.48

t, t_0——分别为牵引工况和柴油机空转的运行时分,min。

内燃机车燃油消耗量计算可参照表 7-10 形式进行。内燃机车出入段及途中调车作业燃油消耗量 E_t,由铁路局自行查定。

表 7-10　燃油消耗量计算表

坡段序号	运行工况	运行速度/(km/h)			牵引工况			惰行和制动工况			区间燃油消耗量 E/kg
		v_1	v_2	v_p	Δt/min	e_y/(kg/min)	E_y/kg	Δt/min	e_0/(kg/min)	E_0/kg	

注:$v_p=(v_1+v_2)/2$。

应用表 7-9 计算 DF_4 型内燃机车燃油消耗量时,应注意如下几点。

(1) 在起动过程中,0～10 km/h 的单位时间燃油消耗量,按 3 kg/min 计;

(2) 惰行、空气制动的单位时间燃油消耗量,按柴油机空转第 0,1 手柄位 0.353 kg/min 计;

(3) 牵引运行的单位时间燃油消耗量,应根据运行速度(取速度间隔的平均速度值)和手柄位查表 7-9 取值;

(4) 在高原地区、高温地区进行牵引力修正时,单位时间燃油消耗量也应进行相关调整。

【例 7-5】 DF_4 内燃机车牵引 2 500 t 货物列车(重载,滚动轴承),要求:以速度 65 km/h 的限速行驶于加算坡度 1.5‰的坡段。试求此时的机车单位时间燃油消耗量。

【解】 经计算,机车和车辆在 65 km/h 时的单位基本阻力分别为 5.54 N/kN 和 1.76 N/kN。

维持列车 65 km/h 均衡速度运行的牵引力为

$$F=[(135\times(1.5+5.54)+2\,500\times(1.5+1.76)]\times 9.81\times 10^{-3}=89.3(\text{kN})$$

由 $F=89.3$ kN 和 $v=65$ km/h,查 DF_4 内燃机车牵引特性曲线(图 5-2),牵引级位大约在 12 手柄位。

查表 7-9,由内插法,得:$e_y=5.23$ kg/min

复习思考题 7

[7-1] 为什么要将列车制动过程假定为"空走过程"和"有效制动过程"?该假定成立的条件是什么?

[7-2] 列车制动过程中的空走时间与线路坡度的关系是什么?

[7-3] DF_4 型机车牵引一列由 40 辆 C60 型货车(滚动轴承)编成的重车车列,在 10‰直下坡道上运行。现列车在 70 km/h 时施行紧急制动,走行 678 m 后停车。试求列车换算制动率为多少。

[7-4] 根据复习思考题[5-7]和[5-12]的条件,假定列车行经在-20‰长大下坡道上,请验算列车制动初速为多少才能确保运行安全?(要求:最高速度不得超过 80 km/h)

[7-5] 根据复习思考题[6-6]的计算结果,试计算相应的燃油消耗量。假定:

(1) 列车运行环境:环境温度 30℃,海拔高度 500 m 的标准环境,修正系数为 1.0。

(2) 单位时间燃油消耗量简化按 16 手柄位打九折取值。

计算精度要求见表 7－11。

表 7－11　　复习思考题[7－5]计算精度要求

计算项目	单位	取值规定
内燃机车区段燃油消耗量 E	kg	取整数
单位时间燃油消耗量 e_y	kg/min	取小数点 2 位
速度 v_p	km/h	取小数点 1 位
区间运行时间 Δt	min	取小数点 1 位

第八章　动车组运行计算特点

动车组列车一般指由动车和拖车组成的动力分散型列车，目前已成为城际和城市轨道交通客运的重要交通工具。除列车动力类型有电动和内燃之别外，目前运行中动车组列车仍属于轮轨系统。因此，其运行计算的基本特征与机车加车辆组成的动力集中型列车大同小异。

第一节　动车组牵引特性

一、动车组组成

动车组一般由数辆装有动力装置的动车和无动力装置的拖车混编而成。我国目前轮轨(双轨)系统的城市轨道交通列车和时速达到或时速超过 200 km 铁路的旅客列车均采用动车组。例如中国生产的 CRH2 动车组由 4M(动车)＋4T(拖车)组成(图 8－1)。

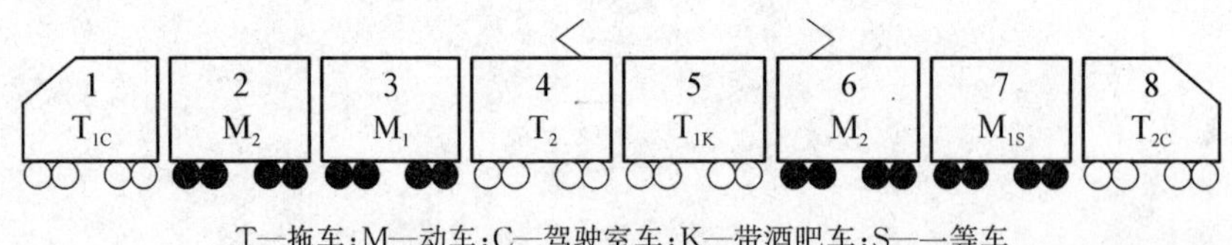

T—拖车；M—动车；C—驾驶室车；K—带酒吧车；S—一等车

图 8－1　CRH2 动车组列车构成

二、牵引力

(一) 牵引力限制

动车组的牵引力来自于其中的各个动车。动车的本质是一个能量转换机构，它通过动力传动装置(牵引电动机)将电能转换为机械能，并通过机械传动装置传递到动车的动轮上，使列车运动或加速。

动车动轮牵引力与机车一样，也受黏着条件的限制，即可实现的最大黏着牵引力 F_μ 为

$$F_\mu = P_\mu \cdot g \cdot \mu(\text{kN}) \tag{8-1}$$

式中，P_μ 为动车组所有动轮对钢轨的垂直载荷之和，t。其他符号意义同前。

(二) 牵引特性

动车组牵引力计算可根据牵引特性曲线取值。根据参考文献[7]提供的资料，CRH1、CRH2－200 全功率牵引特性如图 8－2 和图 8－3。动车组牵引性能特点有：

(1) 低速区轨周牵引力恒定(图 8－2)或随速度升高而略有下降(图 8－3)，动力分散型高速动车组，启动时及低速范围的牵引力略低于黏着牵引力；

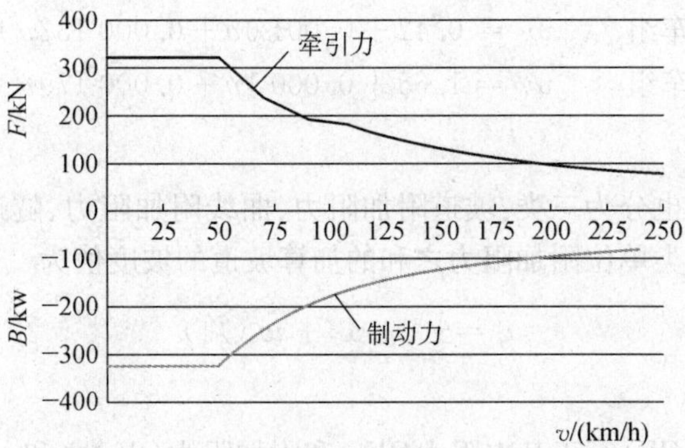

图 8-2　CRH1 型动车组牵引、制动特性曲线

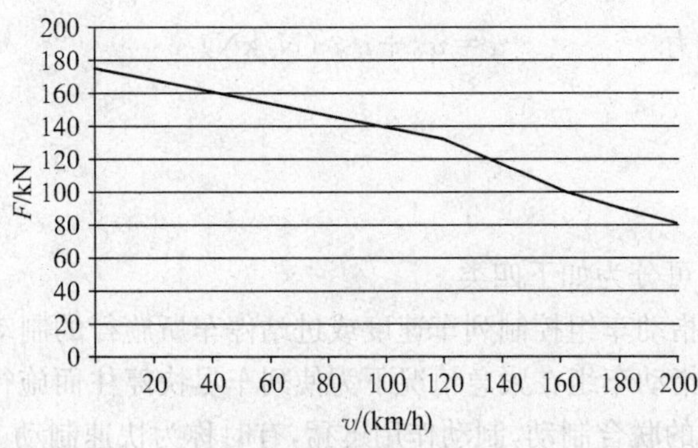

图 8-3　CRH2 型动车组全功率牵引特性曲线

(2) 高速区为恒功率范围，牵引力随速度升高而呈现双曲线关系下降。CRH1 和 CRH2-200 动车组的恒功率范围起始点约为 50 km/h 和 125 km/h(图 8-2，图 8-3)；

(3) 高速动车组大都采用轻质材料，牵引力明显比大功率机车要小。

(三) 牵引力计算

根据动车组不同的速度，查动车组牵引特性曲线，可以得出该速度对应的牵引力。若已知 v_x 对应的牵引力为 F_x，则其单位牵引力 f_x 为

$$f_x = \frac{F_x \cdot 10^3}{M \cdot g}(\text{N/kN}) \tag{8-2}$$

式中，M 为动车组总质量，t。其他符号意义同前。

三、运行阻力

动车组运行阻力按其产生原因，可分为基本阻力和附加阻力。

(一) 基本阻力

动车组基本阻力产生的原因同机车车辆。实际运用中，也采用以速度为参变量的一元二次经验公式进行计算。国产 CRH 动车组的单位基本阻力计算公式如式(8-3)—式(8-6)。

CRH1 动车组　$w_0 = 1.12 + 0.00542v + 0.000146v^2$ (N/kN)　(8-3)

CRH2 动车组　$w_0 = 0.88 + 0.00744v + 0.000114v^2$ (N/kN)　(8-4)

CRH3 动车组 $w_0 = 0.42 + 0.0016v + 0.000132v^2$(N/kN) (8-5)

CRH5 动车组 $w_0 = 1.65 + 0.0001v + 0.000179v^2$(N/kN) (8-6)

(二) 附加阻力

动车组的附加阻力也分为三类:坡道附加阻力、曲线附加阻力、隧道附加阻力。它们的计算方法同一般列车。各类单位附加阻力之和的加算坡道的坡度值为

$$i_j = \pm i + w_r + w_s (‰) \quad (8-7)$$

(三) 动车组阻力

动车组的运行阻力(W)等于基本阻力(W_0)和附加阻力(W_j)之和。

$$W = W_0 + W_j = (w_0 + i_j) \cdot M \cdot g (N) \quad (8-8)$$

动车组单位基本阻力 $w = w_0 + i_j$ (N/kN) (8-9)

四、制动力

(一) 制动分类

动车组制动按用途可分为如下四类。

(1) 常用制动。其指动车组控制列车速度或进站停车所施行的制动。

(2) 非常制动。其指动车组在紧急情况下为使列车尽快停住而施行的制动。其特点是使用了电制动和空气制动的联合制动,制动作用迅猛,有时称为快速制动。

(3) 紧急制动。其指动车组在紧急情况下仅用空气制动全力制动将列车制停。

(4) 辅助制动。其指动车组在某些特殊情况(如救援、回送、常用制动电路发生故障等)下施行的制动。

(二) 制动力计算

动车组的制动系统是一种由再生(电)制动和盘形制动组成的复合制动系统。车载计算通过制动控制单元(BCU)优先采用再生制动,盘形制动作为再生制动的后备与补充。CRH2 动车组采用"拖车优先延迟充气控制"。当动车的再生制动不足以完成承担拖车所需的制动力时,BCU 会起动拖车盘形制动作为补充;若拖车的盘形制动仍不能满足自身制动需求时,BCU 起动动车的盘形制动作为补充;当再生制动不起作用时,BCU 将起动拖车和动车盘形制动。

图 8-4 为 CRH2 动车组单辆车的再生制动性能曲线,其制动特性为:

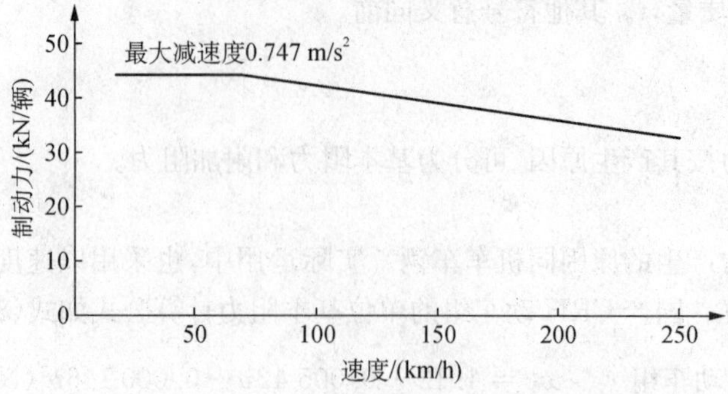

图 8-4 CRH2 动车组再生制动性能曲线

(1) 在速度 15 km/h 以下时不使用再生制动;

(2) 在速度 15～70 km/h 范围内为 VVVF 控制的恒力(或恒转区);

(3) 在速度 70～250 km/h 范围内,制动力受电机功率的限制,随着速度的升高而减少。

电制动力计算一般参考动车组电制动特性曲线(图 8-4),运用线性插值法或曲线拟合法求算。

第二节　动车组运行计算

一、运动方程

在动车组运行计算中,动车组也简化视作为一个刚性系统。因此,动车组运动方程推导原理与机车和车辆组成的列车方程相同。由第六章第二节可知,动车组运动方程的一般形式为

$$\frac{\mathrm{d}v}{\mathrm{d}t}=\xi\cdot c \tag{8-10}$$

动车组加速度系数 ξ 的值受车型及其回转质量系数 γ 而异,可通过试验得出。对于动车组来说,一般规律是动车 γ 值大于拖车;动车和拖车组成列车后,原则上 γ 值按质量加权平均计。如动力集中式的动车组 γ 值一般可取 0.06～0.08;动力分散式动车组取 0.08～0.11。由有限差分法,动车组在每个速度间隔内的运行时间和速度可用式(8-11)和式(8-12)计算。

$$\Delta t=\frac{60(v_2-v_1)}{\xi\cdot c_{\mathrm{p}}}(\mathrm{min}) \tag{8-11}$$

$$\Delta s=\frac{500(v_2^2-v_1^2)}{\xi\cdot c_{\mathrm{p}}}(\mathrm{m}) \tag{8-12}$$

二、动车组制动距离计算

对于动车组来说,制动重要性不仅仅是安全问题,它还是限制动车组速度进一步提高的重要因素。对于高速动车组,除要具备较大的牵引功率外,还必须拥有足够强的制动能力。从能量的角度分析,列车的制动能量和速度的平方成正比。时速 200～250 km 的动车组的制动能约为普速列车的 4～10 倍。

动车组制动时,制动指令由 BCU 将控制信号传送至电空转换阀会有一定的延迟,从而造成各车的制动缸不可能同时充气、增压。为了简化计算,按照距离等效原则,动车组的制动距离也分为两段:空走距离和有效制动距离。

空走距离
$$s_{\mathrm{k}}=\frac{v_0\cdot t_{\mathrm{k}}}{3.6}(\mathrm{m}) \tag{8-13}$$

有效制动距离
$$s_{\mathrm{e}}=\sum\frac{500(v_2^2-v_1^2)}{\xi\cdot c_{\mathrm{p}}}=\sum\frac{500(v_1^2-v_2^2)}{\xi(b+w_0+i_{\mathrm{j}})}(\mathrm{m}) \tag{8-14}$$

复习思考题 8

[8-1] 动车组提高列车牵引力的主要途径是什么?

[8-2] 按照动能的转移方式,动车组采用的制动方式有哪几种?

[8-3] 与普速铁路相比,动车组制动的不同意义表现在哪些方面?

[8-4] 动车组制动控制与普速列车的主要不同点是什么?

第九章　列车运行计算电算化

第一节　概　述

如前所述,列车运行计算涉及较为复杂的计算工作,发挥计算机工具所长,进行列车运行计算称之为列车运行计算电算化,简称列车运行电算。

一、列车运行电算模型

列车运行计算模型主要为列车模型和牵引模型。

(一) 列车模型

列车运行计算的运动方程所假定条件是:整个列车的质量都集中在列车长度的中心点,且列车是一个刚性系统。这两点假定与实际存在较大的差异。如制定列车区间限速,是以列车头部抵达限速点为准,而非列车中心点。当今高速铁路列车运行时速数百公里,半个列车长度也对列车速度变化有一定的影响。此外,对于由车钩串接成列的列车,每个车辆不可能瞬间同步加速或减速,因此列车更像一个“弹性链”。若将列车中各车辆当作单独的质点,那么,用多质点来描述列车的运动规律更符合实际。

1. *单质点模型*

将列车视为一个没有尺寸的质点,所有的受力都在质点上。因此,单质点模型的分析计算比较简单,容易实现。以往的手工计算和早期列车牵引电算软件,均采用此类模型。单质点模型的缺点是对列车运行过程描述过于简略,会有一定的计算误差。

2. *多质点模型*

列车是由多个车辆编挂而成。行驶在不同中的线路平纵断面中,各辆车所受力的情况实际上是不同的。因此,以每辆车为一个质点,则可以较好地反映现实情况,相对于单质点模型,多质点模型的受力分析更加复杂,但计算结果误差相对较小。

(二) 牵引模型

牵引模型是列车牵引过程描述的数学模型。在列车运行方程基础上,针对列车起动和牵引、惰行、制动不同工况,分别建立相应的列车运行状态计算模型,并且能根据不同的平纵断面情况,通过道岔、信号机等特殊线路设备的限速要求,描述列车运动状态的变化。由于列车运行状态过于复杂,难以建立确定型的解析模型。实际中基本上采用计算机模拟算法,以时间或距离间隔为步长,近似描述列车运行过程。随着大型、高性能计算机的问世,即使多质点模型也可以在可接受的时间里得出列车运行计算的结果。

二、列车运行电算程序特点

随着计算机技术和计算机性能的飞速发展,计算机数据与图形处理能力大大加强,为列车牵引电算化的优化，提供了良好的基础与工具。目前以中国铁道科学研究院车辆研究所开发的 TREC－CARS 列车运行计算机程序为代表的现代列车运行计算程序，与早期列车牵引电算程序相比，有了质的飞跃，主要表现在以下几方面。

(1) 一次允许计算的线路长度大大增加。适用于现代运算速度快，存贮容量大的高性能计算机，大大提高了基础数据处理能力，从而使一次性计算规模扩大。

(2) 程序整体性好，具有良好的用户界面。程序在 Windows 系统下运行，采用窗口风格，所有功能可在统一的中文菜单提示下操作。

(3) 程序应用目的多样化。程序中的列车运行模型采用多质点的列车动力学数学模型，可以对列车中每一节车辆所在线路位置及所受载荷进行分析和计算列车运动状态和过程。

(4) 具有计算机仿真功能。程序采用列车操纵模拟方式，使用者可通过列车操纵指令进行列车运行计算。而且应用计算机动画技术，使列车运行计算过程和结果可以根据用户的要求做到可视化，直观形象地反映列车运行计算的结果。

第二节　列车运行电算程序简介

开发一个列车运行电算程序，涉及大量专业和计算机方面的知识与要求。一般来说要处理好以下几个问题。

1. 数据的准备与格式的设计

列车运行计算需要大量的数据，主要可划分为以下三类。

(1) 机车数据。将不同种类与类别的机车牵引特性和动力制动特性，通过“插值法”或分段函数方法，转化成计算机可以读取的数据。机车的阻力特性只要保存各工况下的阻力计算系数即可。一般可通过数据库设计，事先存于计算机中。

(2) 线路数据。其是列车运行计算中数据量最大的数据，尤其是坡段和曲线的数据随线路长度的增加与平纵断面复杂程度上升而增加。一般按线路名称、线路坡道、线路曲线、线路信号机位置、车站位置等分类进行数据组织。由于这部分数据需要人工输入，程序应提供方便、快速的输入功能。通过数据库的合理设计，达到既节省存贮容量，又方便程序对线路数据的读取与使用目的。

(3) 有关列车、运行和环境的数据。指除机车、线路等相对固定的原始数据之外的一些与列车组成、列车运行要求等有关的数据。如列车初始状态、位置与速度；机车初始手柄位置；列车阻力、牵引重量和列车制动等计算的相关参数；不同车站进出站道岔限速（与在该站是否停车有关）；海拔高度与环境温度相关的内燃机车牵引力修正系数等。这类数据比较繁杂，其中一部分固定数据，可通过编程序的方法，预置于计算机中，使用时直接读取。

2. 建立模型

以列车运动方程为基础，以列车运行速度为主要自变量，建立与其相关的牵引力、阻力、制动力、合力等计算模型。通过近似积分解算方法，分段计算列车在线路某一段上的运行时分、运行距离，进而求得从每段（或该线路）计算始点至计算终点的累计时间和累计距离。

3. 算法设计

列车运行计算中，最为复杂的是牵引工况合理切换的选择（含进站限速制动）与某一坡段末速的确定。通过算法的合理设计，以实现列车运行计算的自动化，尽量减少人工干预的不确

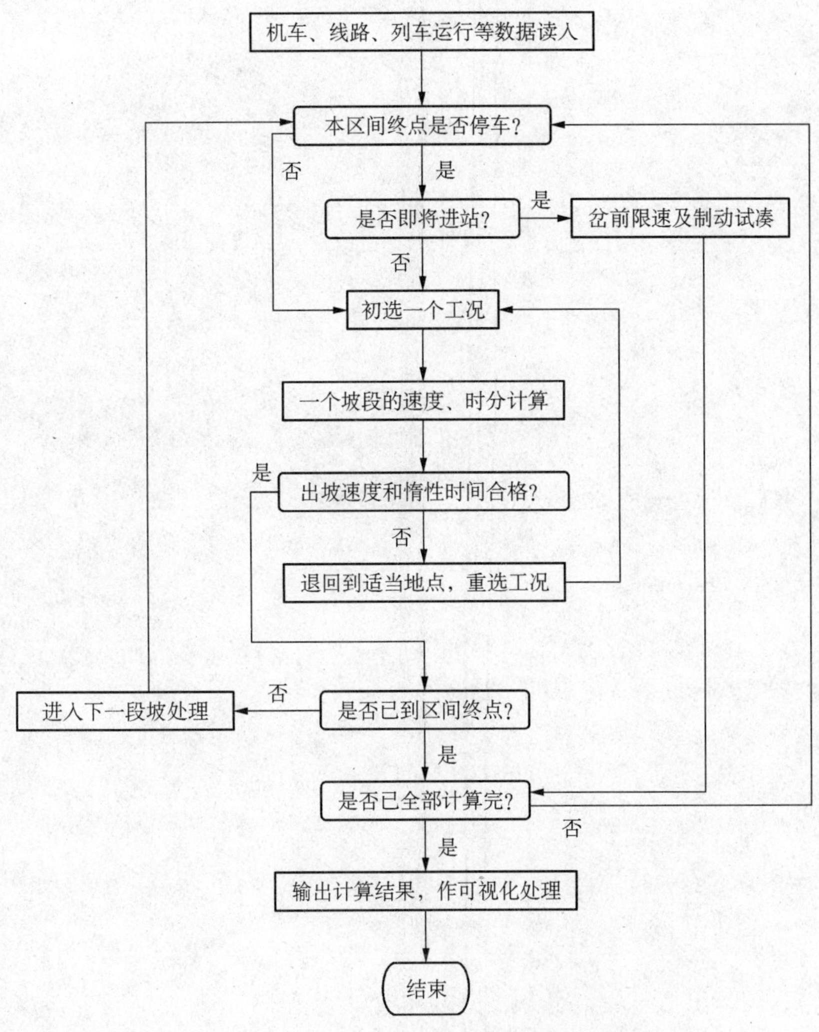

图 9-1　列车运行速度、时间计算程序框图

定性。算法粗框图见图 9-1。添加一些子程序，还可以同时计算机车燃料消耗数量等。

4. 结果输出

完成列车运行计算后，将数值型的列车运行计算结果，转化为图形化的速度、时分曲线。既可以在屏幕上动态显示计算的结果，还能通过绘图仪或打印机，按用户需要输出图形结果。添加一些小模块，还能做到对各区段的平均速度、运行时分及能耗等指标作统计分析，供线路设计中方案比选使用。对需要保留的计算条件与结果数据，可以文件方式存贮在磁盘上，便于用户的随时查阅或重新计算。

第三篇　有轨交通线路选线设计

第十章 铁路选线

第一节 铁路选线概述

铁路是一条带状的三维空间实体结构物。在规划或设计阶段，用其中心线表示。铁路中心线在水平面上的投影称作为线路平面；铁路中心线展直后在铅垂面上的投影称作为线路纵断面；垂直于铁路中心线的线路断面在铅垂面上的投影称作为线路横断面。铁路选线就是在地形图或地面上选定线路的走向并确定线路的空间位置。

一、铁路选线的基本要求

(一) 铁路选线的意义

铁路空间位置的研究一般要经历选线和定线来完成。铁路选线就是通过线路规划工作，在线路的起讫点之间选择与确定一条技术上可行、经济上合理、符合线路设计要求的铁路中心线的空间位置，确定与线路有关各类设备与建筑物(如路基、桥梁、隧道、车站、电力牵引供电设备、机务段等)的分布和类型。而铁路定线则在线路基本走向的基础上，经比选局面线路方案，通过平面、纵断面、横断面设计，最后确定线路的位置。

一条铁路线建成之后，将会对沿线地区的政治、经济、国防和文化建设，起到积极的促进作用。如 1997 年建成的京九铁路，增加铁路网的南北通道能力，也给皖、鄂、湘、赣等革命老区对外经济与文化交往，提供了新的大容量运输通道。截至 2010 年，我国建成通车的京津城际、石太、武广、温福、甬台温、胶济、合武、合宁、沪宁等多条客运专线，初显“四纵四横”铁路快速客运的功效。

铁路建设具有投资大、施工期和投资回收期长，而且固定建筑物不可转移性的特点，所以，铁路选线既要满足当地政治、经济、国防等方面的要求，还要考虑线路行经地区的自然、地质条件，以尽量减少铁路建设所耗费的资金、材料、劳力以及占用可耕农田为目标，合理地确定线路的位置以及设计线的技术标准。

(二) 铁路选线工作特点

铁路选线工作是一项外业与内业相结合的工作。外业勘测与调查是内业定线的依据，而内业定线又指导下一阶段的外业勘测。经过多次反复，最后才将线路测设于地面。

铁路选线是铁路勘测设计中决定全局的重要工作。要做好选线工作，必须综合考虑多方面因素，解决好以下几方面的问题。

(1) 树立全局观念，在不违背总体设计原则条件下，分阶段、按步骤地进行。设计内容上从粗到细、从整体到局部；工作过程是从面到带、从带到线，最终确定线路的合理位置。

(2) 正确处理铁路建设与沿线地区其他建设项目的关系，使两者协调配合；在兼顾国家、地方和铁路的利益基础上，调动各方的积极性，寻求合理的线路建设方案。

(3) 正确选择主要技术标准。既要使设计线各主要技术标准达到最佳配合,又要力争和邻接铁路相互协调,并应考虑整个路网远期发展的要求。

(4) 正确处理好线路与其他专业的关系。线路和线路上分布的各类建筑物(如车站、机务段等)是一个有机的整体,应力争它们在能力上、结构与强度上相互配合、协调一致。

(5) 正确处理好设计、施工与运营之间的关系。结合线路建设的意义与作用,努力寻求方便施工、节省工程和便利运营的线路方案。

(三) 各设计阶段选线设计工作的基本内容

大型的铁路线路建设项目,一般有以下几个研究与设计阶段。

(1) 可行性研究阶段。根据铁路项目建议书,选线时通常利用 1∶10 万~1∶5 万小比例尺地形图,在规定的线路起讫点间大面积范围内,找出一切可能方案,经过方案比选,提出可行的线路原则性方案,作为建设项目主管单位编制设计任务书的主要依据。这一阶段选线工作特点,通过重点踏勘,确定线路走向和接轨问题,完成"由面到带"工作。

(2) 初步设计阶段。根据下达的设计任务书,仔细研究线路方案,通过外业初测,得到 1∶2 000~5 000 的大比例尺带状地形图。在此基础上,进行各方案的线上定线和主要技术标准比选,进而推荐出最佳方案("从带到线"),供建设项目主管单位审批。

(3) 技术设计阶段。根据批准的初步设计方案和审批意见,逐段研究线路位置的合理性,进行线路的平、纵、横断面的改善;然后将带状地形图上的线路测设于地面。再根据定测的资料编绘线路详细的平面图及纵断面图。与此同时,展开各专业的单项工程设计。

(4) 施工图阶段。仅对线路需要进一步改善的个别地段,重新编绘线路详细的平面图和纵断面图。

(四) 铁路定线应搜集的资料

为了做好铁路选线工作,应该通过各种方式和手段尽可能地搜集现有的资料,以减少外业勘测与调查的工作量。与铁路选线相关的主要资料如下。

(1) 各种比例尺的地形图、航测资料和以往的勘测设计资料;

(2) 沿线地区客货运输量及需求调查等经济勘察资料;

(3) 相邻线路的主要技术标准、平面与纵断面图、历史年度的客货运输量统计以及设计、施工和运营资料;

(4) 线路行经地区地质、水文、气候等自然条件方面的有关资料;

(5) 线路行经地区的城镇、工矿、交通、水利建设与规划资料。

二、线路走向的选择

(一) 线路走向的拟定

在设计线起讫点间,因城市位置、资源分布、工农业布局和自然条件等具体情况不同,常有若干可供选择的线路走向。如图 10-1,A 为新兴的旅游城市,拟从 A 市建一条与干线 C 站相连的铁路线。若从 A 市出发,与经过的城市 B, C 直接连接,则线路必须多次跨过大河,穿越较高的山岭和著名风景旅游区,不仅投资多,还破坏了风景区的自然美。为了降低工程造价,节约运营支出和不影响风景区旅游资源的开发,可根据自然条件选择有利地点通过,如特大桥或复杂大桥的合适桥址 D, E,绕避风景区的 F, G,垭口 H, I(这些点称为控制点)。这样,据点 A, B 之间就有两个可能走向,即 $ADFB$ 和 $AGEB$;而据点 B, C 间也有 BHC 和 BIC

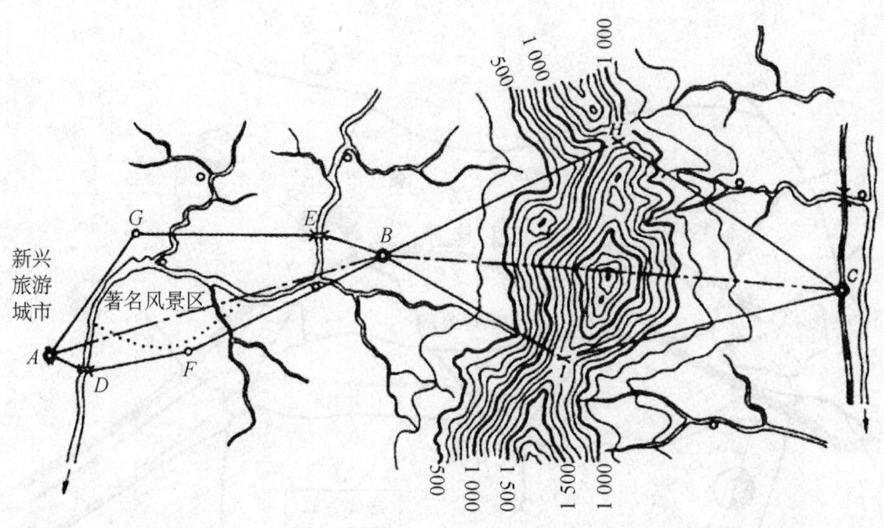

图 10-1 线路走向的拟定

两个可能走向,它们通常称为航空折线。选线的基本任务之一,就是从中选出最合理的方案作为进一步设计的依据。

线路走向的选择,关系到能否适应国家的要求和地区国民经济发展的需要,并直接影响到铁路本身的经济效益和工程运营条件。因此,必须充分作好调查研究与分析,使设计线更好地满足国家的要求和地区的需要。新建铁路干线的走向一般在路网规划经济选线的初步轮廓基础上,通过勘测设计工作,根据新的要求和情况,作进一步研究与落实。

(二) 影响线路走向选择的主要因素

影响线路走向选择的因素很多,主要有以下几个方面。

1. 设计线的意义及其在路网中的作用

选择线路走向,首先应明确该线路在政治、经济和国防上的意义,以及在路网中的作用。对于线路意义重大、在路网中起骨干作用、年输送能力需求大且以直通客货运为主的干线铁路,线路走向应力求顺直,以缩短直通客货运输的距离和时间;对于地区运输特征明显,或远期年客、货运量较小的铁路,则考虑以满足地区运输为主,线路宜尽量经过或靠近线路行经的政治与经济控制点。

京沪高速铁路是连接京津唐环渤海和长三角两个经济区域重要铁路客运干线。因此在选线时,主要考虑三大经济区和沿线主要城市的交通快速联系的要求。在南京—丹阳段选线时,有南线(经句容)方案和北线(经镇江市)方案(图 10-2)。虽然从线网布局均衡考虑,在尚无铁路的句容地区引入高速铁路,既可以彻底改变该地区无铁路的面貌,提高苏南地区的铁路可达性,而且相对北线方案线路长度也有所缩短。但是,京沪高速铁路是为发达地区提供快速铁路客运交通服务为主要目标,客流以商务流为主。相对而言,镇江市的客流吸引范围和数量远超过较句容地区,镇江市的区位条件更能发挥高速铁路的效用。因此,最终选择了北线方案。

2. 政治经济控制点和经济效益

选择线路走向时,对重要的政治经济控制点,必须考虑通过。对有些政治经济控制点,重要干线经过有困难时,可考虑用支线联结的方案。如合(肥)九(江)铁路,为缩短全线的距离和减少工程量,采用了从高河埠引支线的方式,联接安徽省的重要经济据点——安庆市。

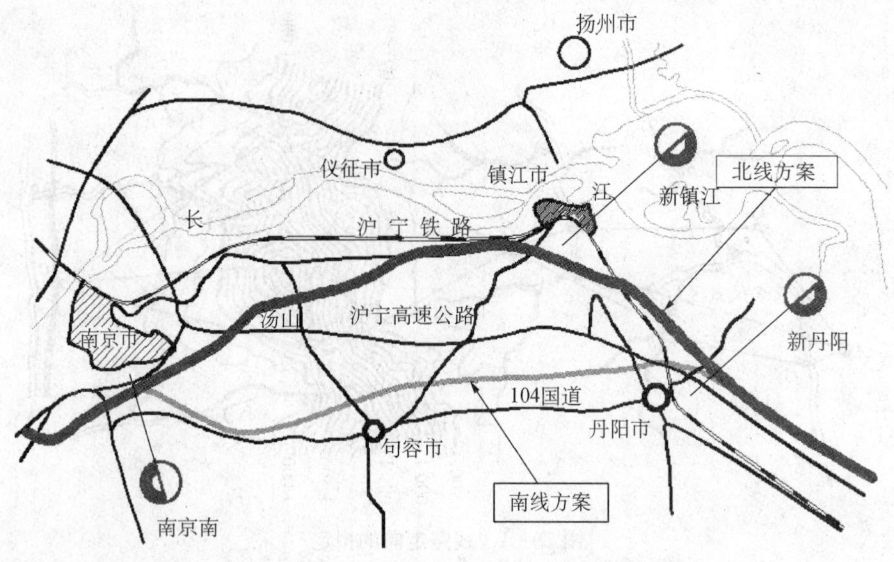

图 10－2　京—沪高速铁路南京至丹阳段选线

铁路对经过地区的经济发展有很大的影响。因此，选择线路走向应尽可能有利于该地区的经济发展和扩大吸引范围；同时也扩大铁路客、货运量，增加运输收入，争取较高的铁路建设经济效益。如“八五”期间国家重点工程南昆铁路（图 10－3 中粗实线）的线路东段（广西盆地），设计选择了靠近广西铅矿、右江煤矿、穿右江石油开发区；线路中段（百色至罗平），选择了靠近黔西南地区煤炭资源及主要城镇；线路的西段则靠近滇东南煤炭及著名风景旅游区路南石林。

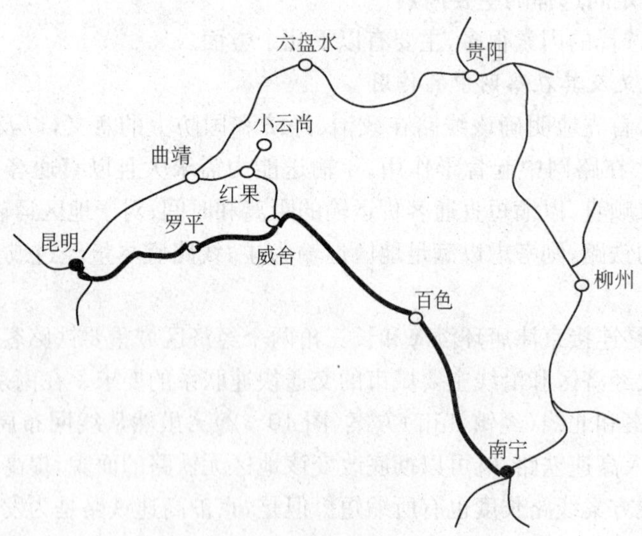

图 10－3　南—昆铁路走向示意图

在线路方案拟定中，要正确贯彻“强本简末”的理念，一方面要重视投资的控制，也不能忽视线路的社会综合效益。如沪汉蓉快速铁路选线中，曾提出过南、北线两个方案。北线方案为上海—南京—合肥—麻城—武汉；南线方案为上海—南京—芜湖—九江—武汉。从工程投资角度分析，南线方案投资 452 亿元，北线方案投资 470 亿元。单从工程投资角度分析，南线方案比北线方案有优势。从旅行时间角度分析，北线方案比南线方案少 2.5 h，且北线方案经过的省会城市较南线多。因此最终选择了北线方案。

3. 铁路与其他建设的协调

选择线路走向应考虑与其他建设密切配合，诸如较大规模的农田水利建设、水力资源开发、重要工业基地建设以及与其他交通方式的合理衔接和城乡建设等。如成(都)昆(明)铁路当时选择了西线方案，就是为了避免对金沙江水力资源开发的干扰，同时为我国西南重要的攀枝花钢铁基地建设提供对外运输能力。沪宁快速轨道交通通道有沪宁铁路、沪宁城际(高速)铁路、京沪高速铁路(沪宁段)等多条铁路，沪宁高速公路等。因此，铁路的建设规模需要充分考虑运输需求与运能供给的协调。

4. 合理选择接轨点

接轨站是指设计线起点或终点以及中间与既有线相联的车站。在选择线路走向的同时，要研究合适的接轨点，有利于铁路干线、支线的衔接和路网发展。理想的接轨点应具备的条件是：

(1) 符合路网的发展。在铁路枢纽中接轨时，要考虑枢纽的发展与改建工程数量。如南—昆线起讫的接轨点(图 10-3)，东端选择在南宁枢纽中江西村站，改建工程较小；西端选择在昆明南站，不光工程小、投资省，还有利于昆明东枢纽的疏解、昆明枢纽南环线的形成。

(2) 主要客货流方向顺直。如新中国解放初修建的宝成铁路，在天水和宝鸡两个接轨站方案比较中，最后采用宝鸡站方案的主要理由之一，就是此线为关中入川的干线铁路，而主要货物交流为西南与华中之间，约占总货运量的 2/3。在宝鸡站接轨可缩短运距(154 km)，节省运费(图 10-4)。

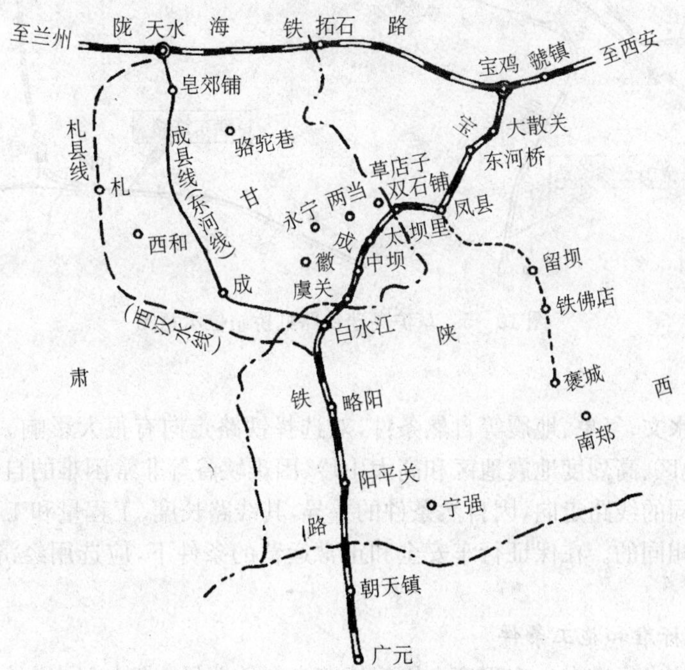

图 10-4　宝成铁路北段选线示意图

(3) 充分利用既有设备,减少工程投资。如南昆线的北端从威舍引出支线与盘西线上的红果(区段)站接轨,既便于利用既有机务设备,减少工程投资,也有利于西南地区路网的发展。

京沪高速铁路在上海的终点站几经比选,最终确定为虹桥站,除充分反映了上海城市建设与发展的需求外,也有利于上海铁路枢纽结构优化和未来上海沪宁、沪杭两翼高速铁路通道的贯通,为东部南北向通道的高速直通旅客列车的组织创造条件(图 10-5)。

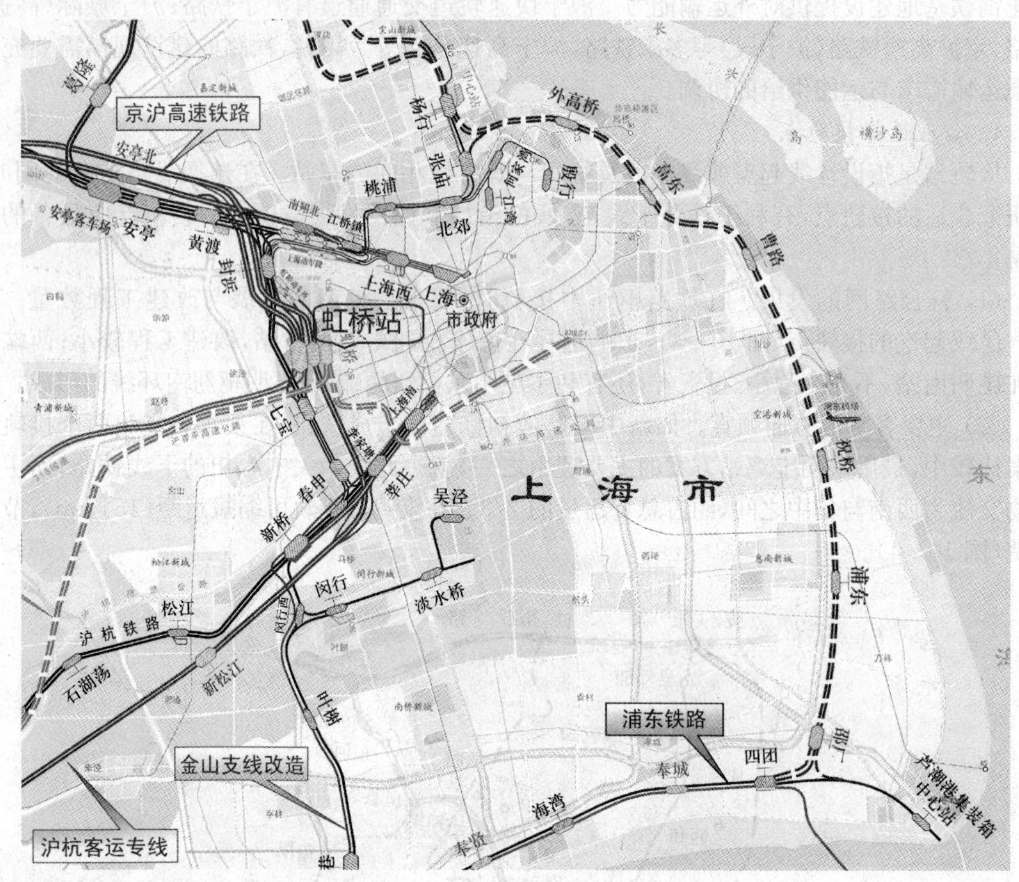

图 10-5　京沪高速铁路虹桥站位示意图

5. 自然条件

地形、地质、水文、气象、地震等自然条件,对选择铁路走向有很大影响。对于严重的不良地质地区、缺水地区、高烈度地震地区和高大山岭、困难峡谷等非常困难的自然障碍,选线时尽量考虑绕避。不同的线路走向,因自然条件的差异,其线路长度、工程量和工程费、运营费和运输效率等是各不相同的。在保证行车安全和正常运营的条件下,应选用经济效益较好的线路方案。

6. 主要技术标准和施工条件

线路的主要技术标准在一定程度上影响线路走向的选择。例如:同样的运输任务,采用大功率机车,则可以采用较大的最大坡度(限制坡度)值,克服更大的拔起高度,使线路有可能更靠近短直方向,达到缩短线路长度的目的。南昆铁路地处我国西南地区,沿线地形及工程地质条件极其复杂。线路先后经由广西盆地、黔桂山地、云贵高原三大地貌单元。线路设计高程自南宁附近的78 m,逐渐上升到石林东部的2 088 m,后至昆明的1 910 m。上、下行需克服总高程达5 098 m。为此南昆线设计中选用初期一次实现单线电气化牵引,上、下行分向坡度方案(上、下行限制坡度分别为6‰和13‰),其中百色至陆良段(506 km)采用双机牵引,从而实现加大设计坡度、缩短线路长度、减少工程的目的。

施工期限、施工技术水平等,对困难山区的线路走向选择,具有重大影响,有时甚至成为决定性的因素。例如早期成昆线沙木拉打隧道方案的选定,贵昆线梅花山隧道方案的取舍,都与当时工期紧迫,缺乏特长隧道的施工技术和经验有关。随着铁路施工技术的进步,如今我国铁路隧道和桥梁工程虽是关键工程,但不一定成为项目的限制工程。2010年建成通车的沪宁城际铁路和沪杭高速铁路,绝大部分为高架铁路,而且项目都比原工期安排提前竣工。

上述各项因素是相互联系且又互为影响,故应深入调查,摸清情况,从整体考虑才能选出较为理想的线路走向。

(三) 铁路选线案例

1. 宝成铁路越秦岭方案

解放前,作为大同至成都线的一部分,曾对宝略段线路作过多次尝试。后又对宝成线、成县线、礼县线(图10-4)进行过勘测比较,但都因工程艰巨没有什么结果而告终。解放后,对礼县线方案进行定测,发现该线沿西汉水有40 km地质不良地带,后改走成县线(称天略段),并与宝略段进行了全面的比较。最后放弃了天略段方案,而选用宝略段方案穿越秦岭。1953年初步设计中比较资料如表10-1所示。

表10-1 宝略段与天略段比较表

方案别	宝略段	天略段
长度	242 km	237 km
投资	2.9亿	2.2亿
地形	地势陡峻,展线困难,其中渭河至秦垭口间直线距离25 km,高差达800 m,坡陡32‰	分水岭处有土层覆盖,地势平缓,工程小
地质	地质较恶劣,地层为花岗岩,岩堆、崩塌、滑坡较严重	地下水发达,隧道施工困难;路基易坍滑,且板岩地层长达60 km,坍方问题难处理
意义	在宝鸡接轨,满足主要货流便捷运输的要求	宝天线技术标准低,且沿狭窄的渭河河谷,修复线不易。在天水接轨,单线难以承受华中与西北和西南双方向的巨大运量需求
结论	推荐采用方案	放弃方案

2. 兰州至重庆铁路线路走向方案

修建兰州至重庆铁路(简称兰渝铁路)可扩大西北的东通路、西南的北通路的运输能力,开辟一条新的西北石油入川通道,为西北地区新增一条连接东南沿海经济发达地区的捷径,对线路行经区域的发展具有重要作用。结合区域铁路网规划,在系统考虑沿线经济布局的基础上,有四个走向方案(图10-6),方案特征如表10-2所示。

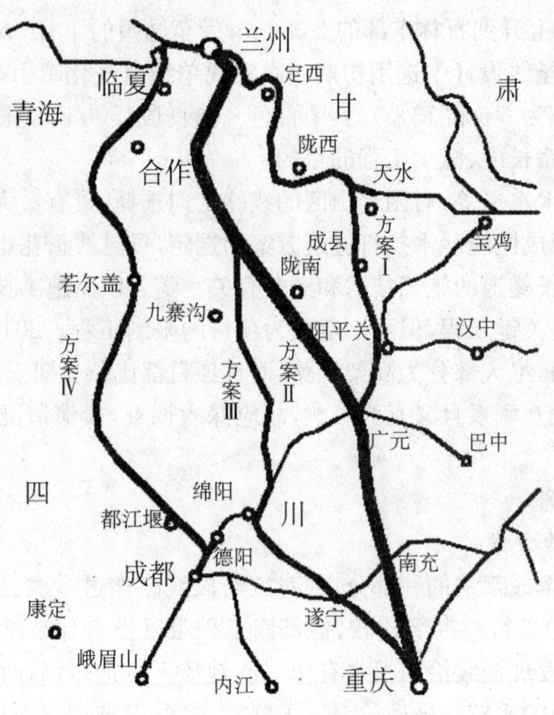

图 10－6　兰渝铁路方案图

表 10－2　　　　兰—渝铁路走向方案特征表

方案别	方案 1	方案 2	方案 3	方案 4
线路走向	兰州—阳平关—广元—南充—重庆	兰州—广元—南充—重庆	兰州—绵阳—遂宁—重庆	兰州—成都—遂宁—重庆
接轨站	陇海铁路三阳川站	兰州枢纽骆驼巷站	同方案 2	兰新铁路河口南站
线路运营长/建筑长度/km	1 029.47/636.27	869.65/788.22	1 009.662/819.39	1 305.41/804.91
桥隧比重/%	60.7	61.1	63.3	63.1
途经地区基本情况	多地利用既有铁路，仅通过成县、康县、宁强县等 3 个贫困县	吸引 25 个县市区，经过 12 个国家级贫困县	布局偏西，部分地段远离县城，新增吸引范围较小	新线地段人烟稀少
对环境影响	较小	较小	线路通过国家级风景名胜区九寨沟及白河、勿角、王朗、泗河、小河沟等省级自然保护区	线路通过卧龙国家级自然保护区、若尔盖湿地省级自然保护区

续 表

方案别	方案 1	方案 2	方案 3	方案 4
不良地质特征	线路经陇南山字形构造及陇南斜叠弧形构造体系的交错部位，岩性繁杂多变，线路大多沿断裂带走行，沿线滑坡、泥石流错落等不良地质十分发育，线路经过礼县附近9度以上高地震带	兰州至广元段线路通过西京构造南端秦岭东西纬间构造带和华夏系及新华夏系构造。地质不良地段集中于岷县至陇南段，线路通过陇南附近8度地震区	兰州至绵阳段线路通过秦岭东西向褶皱带、龙门山褶皱带和扬子地台。其中黑店峡至九寨沟间的秦岭、龙门山区构造断裂十分发育，岩体破碎严重。线路通过九寨沟附近8度地震区	线路通过祁吕贺兰山山字构造体系西褶皱带、秦岭—昆仑东西向褶皱带和松潘—甘孜褶皱带及龙门山褶皱带及四川地台成都拗陷。沿线构造十分复杂，断裂十分严重，松潘附近为9度以上地震区，且线路通过若尔盖草原沼泽区，地表土具季节性冻土特点

综合比较表 10-2 各种情况，方案 2 为推荐方案，理由如下。

(1) 线路走向符合路网规划，有利于国土资源开发，环境保护。

(2) 全线为新建铁路，并直接衔接重庆枢纽。线路经过广元，可与广元—乐坝—达州铁路连在一起，改善了川东北广大地区的路网结构，符合区域路网布局要求。

(3) 线路经过的经济据点最多，有利带动沿线经济发展；不仅对带动地方经济发展有利，而且使本线的客货运量得以保证。

(4) 线路走向顺直，接近于兰州与重庆的航空线，线路运营里程最短。

(5) 地形、地质条件在 4 个方案中相对较好，施工条件和运营条件较佳。

(6) 经测算，项目全部投资财务内部收益率为 5.15%，投资回收期 21.22 年(含建设期)，贷款偿还期为 16.67 年(含建设期)。项目全部投资经济内部收益率为 15.27%，经济净现值 183.5 万元，符合项目投资经济效益要求。

3. 京沪高速铁路引入济南铁路枢纽方案

济南铁路枢纽是京沪高速铁路经由的重要枢纽之一，是京沪、胶济和邯济三大铁路干线的交汇点。枢纽布局已初步形成，其中济南站为主要客运站，济南东为辅助客运站(图 10-7)。

济南市已经确定了“东拓、西进、南控、北跨、中疏”的城市总体发展战略。整个城市由东向西将形成“东部产业带、东部新城、泉城特色风貌带、西部新城、西部片区”五大区域和拟跨黄河发展的北部片区。

(1) 东线方案。京沪高速铁路引入既有济南(客)站。规划：济南站为枢纽主要客运站，济南东站为枢纽辅助客运站，预留济南南站为第二辅助客运站的条件。该方案修建高速正线约 69 km。济南站设高速客运车场和普速客运车场。津浦上、下行线改线，修建北园站至济南站第三线，津胶联络下行线向东侧改线；预留修建京沪上行线至邯济线的联络线。

(2) 西线方案。京沪高速铁路采用新建济南高速站(济南西站)方案。济南站和济南西站为枢纽主要客运站，济南东站为枢纽辅助客运站。该方案修建高速正线约 59 km，新建济南高速站和于家庄动车运用维修所。考虑京沪高速铁路与青岛方向的交流，近期设南、北联络线，结合规划的太(原)—青(岛)客运专线，济南高速站预留其接轨条件和疏解条件。

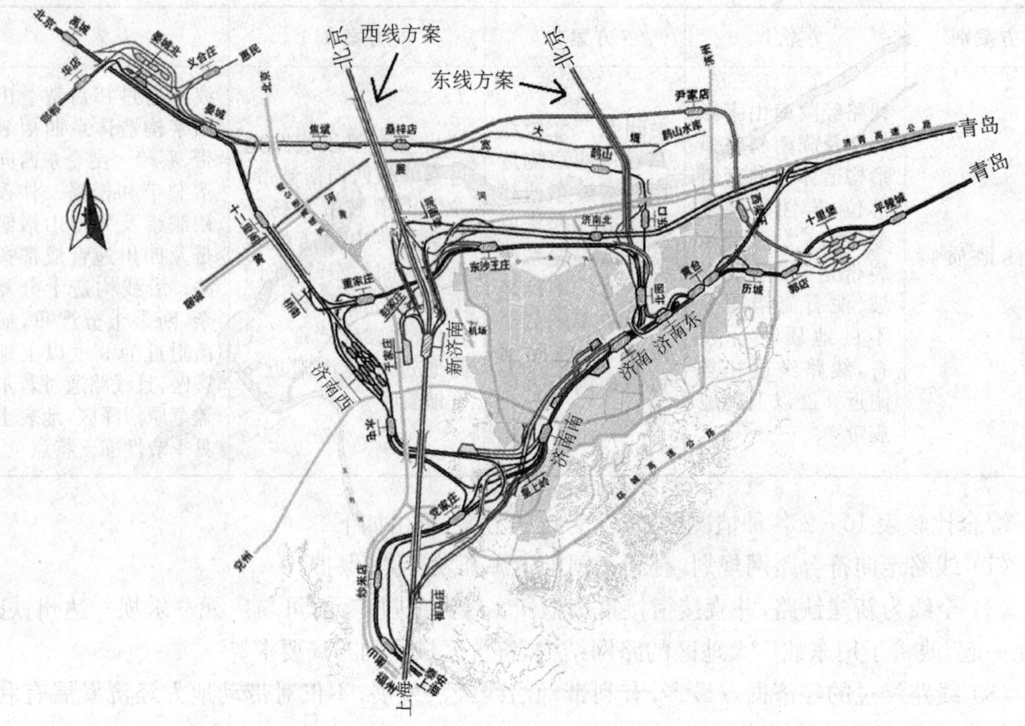

图 10－7　京—沪高速铁路引入济南枢纽示意图

两个方案的比较见表 10－3。考虑到东线方案投资大，施工干扰严重，走行距离长，换乘条件便利优势有限等情况，最终选择了优点明显、与城市规划配合好的西线方案。据此方案，济南市规划以京沪高速铁路建设为依托，在位于二环西路以西、京福高速公路以东，建设西部新城，规划建设用地约 35 km^2。以商贸、金融和物流产业为支撑，形成沿腊山河南北全新功能、全新面貌新城景观轴线，形成正对新济南（高速）站和利用经十路的东西向功能轴线，将新旧城区连为一体，使济南城市布局得到改善。

表 10－3　　京沪高速铁路引入济南枢纽方案比较表

方案	优　点	缺　点
西线方案	1. 正线修建长度缩短约 10 km，运行时分减少，工程投资节省约 2.9 亿元 2. 线路条件顺直，无限速区段 3. 拆迁工程小 4. 站址交通规划条件很好 5. 施工对既有线运营干扰小 6. 有利于枢纽运输组织 7. 对城市的环境保护有利 8. 符合地方规划发展要求 9. 枢纽有进一步发展条件	1. 高速主客运站位于城市新区中心，京沪高速铁路运营初期，旅客乘车距离较远，对吸引客流不利 2. 与普速铁路济南站较远，旅客换乘不便

续表

方案	优　　点	缺　　点
东线方案	1. 主客运站位于城市中心，旅客能就近上车，可以较好地吸引客流 2. 高速客场与普速客场同站布置，旅客换乘距离近、方便	1. 正线修建长度长 10 km，建设投入多 2. 枢纽内线路平面条件较差，部分线段需要限速运行 3. 在既有济南站扩建，拆迁工程量大 4. 济南站集疏运的市内交通条件难满足旅客集散高峰的要求 5. 施工对既有铁路线施工干扰大 6. 高速客场、普速客场共站布置，客流组织复杂、难度大 7. 多条铁路线直接引入城市中心区，对城市的环境保护不利 8. 方案与济南市发展规划不吻合 9. 既有济南站改扩建难度大，无进一步发展空间

三、车站分布原则与要求

车站是完成铁路运输任务的基层生产单位。车站分布主要任务是确定站间距离。不同性质、正线数量不同的铁路，车站分布的原则与要求不同。

(一) 普速铁路

(1) 单线铁路。从行车技术组织的角度分析，车站分布是设计线通过能力的重要决定因素。对于单线普速铁路，站间距离越短，车站的数量越多，区间的通过能力就越大，但列车运营速度会下降。

(2) 双线铁路。列车追踪运行间隔替代站间距离成为线路通过能力的主要限制因素。站间距离越大越有利于提高列车运行速度，缩短旅客和货物的运送时间。随着铁路运输集中化的推进，铁路车站间距有扩大的趋势。

除线路通过能力要求外，工程因素也不容忽视。铁路车站(尤其是区段站以上的大型车站)的作业量大、人员多、设备与建筑物布置密集，使车站具有投资大、占地多、建成后难以迁移的特点。铁路车站数量越多，不光增加站内设备投资，而且在地形困难情况下，需展长线路，增加区间线路的工程投资以及运营中的列车起停次数、造成旅行速度下降，运营费用增加。另外，车站站坪宽度及其平、纵断面的主要技术标准比区间正线要求高，有时各类车站在不同程度上影响或控制线路走向和位置，而设计线的不同方案又对车站分布产生重要影响。

1. 车站分布的基本原则

(1) 必须满足国家要求的年输送能力和客车对数。

(2) 办理客、货运业务的中间站应根据日均客货运量，结合该地区其他运输工具的发展情况，并与城市或地区规划相协调合理分布。有技术作业的中间站应满足技术作业要求。

(3) 应考虑地形、地质、水文和铁路运营条件。

(4) 应考虑区间通过能力的均衡性。

2. 车站分布的一般要求

(1) 根据技术作业的要求，在线路适当地点设置技术作业车站。单线铁路技术站相邻区间的列车往返走行时分，应小于该线车站分布的最大往返走行时分，减少的规定为：区段站相邻区间各减少 4 min；其他技术作业站如因技术作业需要（如补机摘挂、制动检查、凉闸、长隧道通风等）而影响通过能力，且将来不易消除其影响者，可根据需要减少相邻区间走行时分。

（2）新建单线铁路的个别地段，当设站引起巨大工程时，经技术经济比较，可延长区间距离，设计为双线。

（3）新建双线铁路车站分布，应根据不同牵引种类、客车对数和路段旅客列车设计行车速度等因素确定。站间货物列车单方向的运行时分不宜大于表 10－4 规定的数值。困难条件下，个别区间的货物列车运行时分可较表 10－4 规定的数值增大 1～2 min。

表 10－4　新建双线铁路站间货物列车单方向运行时分

路段旅客列车设计行车速度/(km/h)		140		≤120		
旅客列车对数/(对/d)		≤30	＞30	≤20	21～40	＞40
站间货物列车单方向运行时分/min	电力	25	20	30	25	20
	内燃	40	35	45	40	—

（4）新建铁路的站间距离，从经济的角度分析，单线和双线分别不宜小于 8 km 和 15 km。大城市范围内铁路枢纽内车站间最短距离，可再短一些，但不得小于 5 km。为保证必要的通过能力和方便地方客货运输，单线和双线的站间距离不宜大于 20 km 和 30 km。

（5）远期为双线、近期为单线的新建铁路宜按双线标准分布车站。当近期不能满足通过能力需要时，可采用增加会让站等措施过渡。

（6）改建既有或增建第二线时，在通过能力允许的情况下，可关闭作业量较小的车站。

（二）高速铁路(含客运专线)

高速铁路线路采用双线、全封闭线路结构。

（1）对于全高速运行模式的高速铁路，线路的站点分布主要取决于沿线城镇分布和线路走向。为了实现列车尽可能地高速运行，站间距较普速铁路更大。如日本东京—大阪新干线(515.4 km)的平均站间距 43 km；法国高速铁路东南线(巴黎—里昂，426 km)平均站间距89 km。

（2）对于高、中速混行的高速铁路，因运输组织需要，需要设有一定数量的中间站（或称越行站）供中速列车待避高速列车的越行。待避列车数量会影响列车的追踪运行间隔，即线路的通过能力。京沪高速铁路站名表见表 10－5。京沪高速铁路的最短站间距 31.65 km，最长站间距 62.4 km，平均站间距 47.6 km。

表 10－5　京沪高速铁路客运站名表

种类	数量	车　　站
客运始发站	5	北京南站、天津南站、济南西站、南京南站、上海虹桥站
客运中间站	18	廊坊站、沧州西站、德州东站、泰安站、曲阜东站、滕州东站、枣庄站、徐州东站、宿州东站、蚌埠南站、定远站、滁州站、镇江南站、丹阳北站、常州北站、无锡东站、苏州北站、昆山南站

（3）车站分布原则。

① 车站设置应最大限度地满足沿线各城镇旅客出行需求，促进地区经济发展与交流。

② 车站设置应满足高速铁路运输组织需要。

③ 车站位置应考虑高速旅客集散便捷要求，并方便与其他交通方式中转、换乘。

④ 车站分布还必须与综合维修工区设置一并考虑。

⑤ 车站选址还应考虑地形、地质、水文和拆迁工程数量等影响因素。

铁路选线实践经验表明，为了保证选线设计的质量，应将车站分布与铁路定线有机结合起来。对于客货混行的普速铁路一般过程是：先结合机车交路的设计分布区段站；然后结合纸上定线，并根据需要通过能力，分布中间站、会让站、越行站。而对于以客运为主的客运专线(高速)铁路，则是先确定线路的大致走向后，结合沿线城镇的地位、与行车速度相适应的最小站间距离限制，确定合理的车站分布。在随后的铁路定线过程中，根据实际情况，有时也可对已分布的车站位置作适当的调整。总之，铁路选线与车站分布应互相配合，全面考虑，才能得到从整体上较为理想的线路位置。

四、普速铁路车站分布

(一) 区段站分布

区段站是划分机车牵引区段的车站。它最主要任务之一是为邻接区段及时供应机车。此外还有通过列车的接发作业、区段和摘挂列车的解编作业以及机车的整备和检修、车辆检修等作业。除车站运转需要的人员与设备外，还设有客货运业务设备、机务段、车辆段。因此，区段站分布对线路的方向选择和工程、运营条件，特别对机车运用效率有很大影响。必须结合机车交路设计，对区段站位置认真进行技术经济比较，从而得出经济合理、运营方便的优化方案。

影响区段站分布的因素较多，主要应考虑以下几方面。

(1) 结合路网布局与相邻铁路机务段布置，并适应车流的需要，合理分布区段站。区段站设置应和接轨站选择结合考虑，可利用既有线的基本段或折返段(图 10-8(a))；或设计线新建基本段而在既有线区段站折返(图 10-8(b))。方案需根据车流情况、既有线机务段的负荷与改建条件以及设计线设置区段站的条件比选后确定。

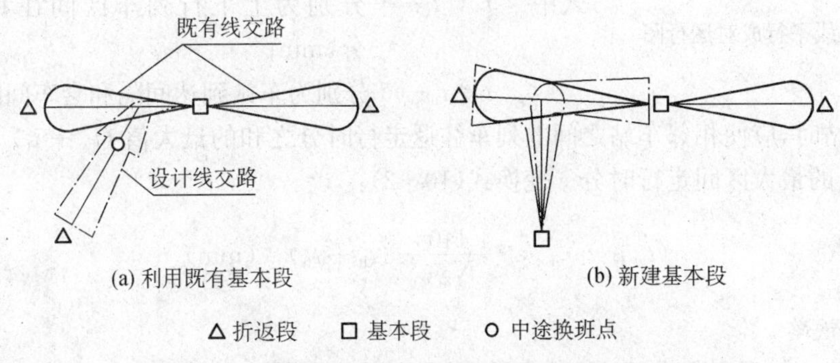

图 10-8 各种接轨情况下的交路和区段站设置示意图

(2) 尽量采用长交路、轮乘制，以加速机车车辆周转、提高运营经济效益，并节约区段站投资。

(3) 区段站分布要满足机车乘务员工作不超劳的要求。按规定，机车乘务组一班一次连续工作时间(包括出退勤)一般以 10 h 为宜，最长不得超过 12 h。因此，区段站布置要结合机车交路要求，相互适应、相互配合。

(4) 尽量靠近较大城镇和工矿企业所在地设置区段站，以满足客货流集散的需要，并可改善铁路员工的生产与生活条件。区段站站址的位置要与城镇发展规划相配合。

(5) 区段站应设在地形平坦、地质条件较好、少占农田、便于“三废”(废气、废水、废渣)和水源、电源较为方便的地点。

(6) 尽可能在列车换重、补机摘挂地点设置区段站,以减少列车改编设备和补机整备设备的投资。

(二) 中间站、会让站、越行站分布

中间站的功能主要有两个:一是进行列车会车、越行及其他技术作业,以满足行车及通过能力的要求;二是进行客、货运作业,以满足地方客、货运量的要求。办理客、货运业务的中间站分布应结合城市或地区及交通规划合理设置,以方便地方客货运输。

随着铁路发展集中化运输,不再站站办理客、货运业务。对不办理客、货运业务,仅办理列车会让和越行又没有其他技术作业的车站在单线铁路称会让站,双线铁路称越行站。车站分布首先必须满足国家规定的客货运量的要求,即通过能力 N 必须大于需要通过能力 N_x。对于客货混行的普速铁路,N_x 可按式(10-1)计算。

$$N_x = (1+\alpha)(N_{zt} + \varepsilon_k N_k + \varepsilon_{kh} N_{kh} + \varepsilon_{ld} N_{ld} + \varepsilon_{zg} N_{zg})\quad (对) \qquad (10-1)$$

式中　N_{zt}, N_k, N_{kh}, N_{ld}, N_{zg}——按行车组织设计确定的直通货物、旅客、快货、零担、摘挂列车对数,对/d;

ε_k, ε_{kh}, ε_{ld}, ε_{zg}——上述相应列车的换算系数;

α——通过能力储备系数。

1. 单线铁路

对于单线半自动闭塞铁路(图 10-9),其通过能力要求为

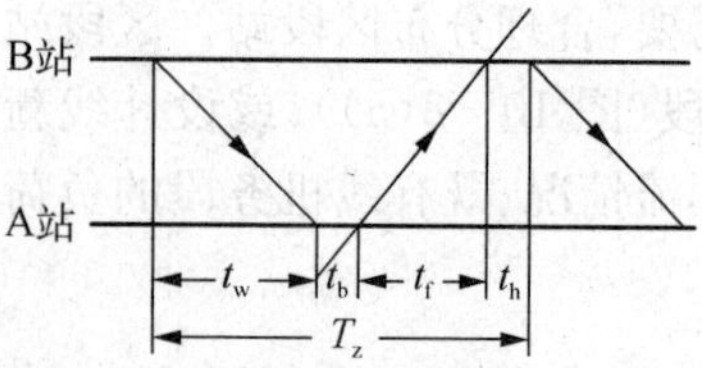

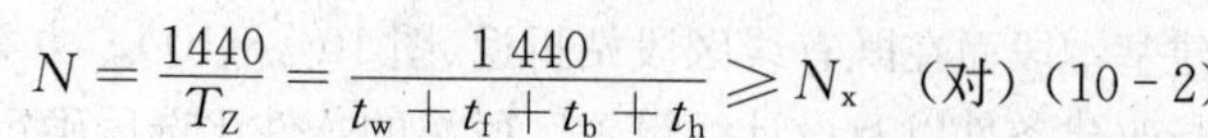

$$N = \frac{1440}{T_Z} = \frac{1\,440}{t_w + t_f + t_b + t_h} \geqslant N_x \quad (对)\qquad (10-2)$$

式中　t_w, t_f——分别为上下行列车区间往和返走行时分,min;

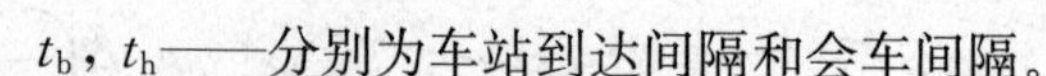

t_b, t_h——分别为车站到达间隔和会车间隔。

图 10-9　单线平行成对运行图

分布车站时,应使相邻车站之间的列车往返走行时分之和的最大值 $(t_w + t_f)_{max}$ 不大于按 N_x 计算得出的最大区间走行时分。变换式(10-2):

$$(t_w + t_f)_{max} \leqslant \frac{1\,440}{N_x} - (t_b + t_h)\quad (min) \qquad (10-3)$$

2. 双线铁路

双线铁路一般采用自动闭塞,上、下行列车在双线上单方向可实现追踪运行(图 10-10)。其通过能力的要求为

$$N = \frac{1\,440}{I} \geqslant N_x \quad (对) \qquad (10-4)$$

式中　I——同向前后两列车由同一车站发车的追踪间隔时分,min。

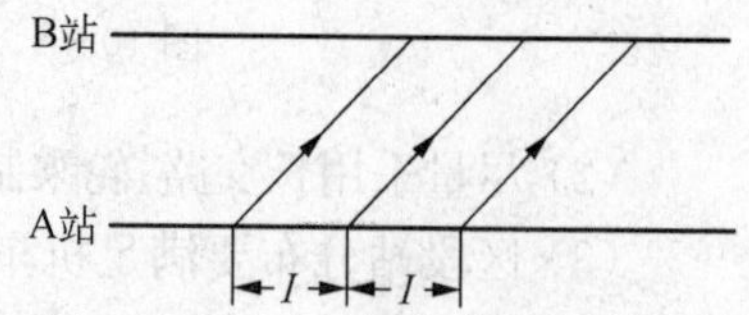

图 10-10　双线追踪运行图

双线自动闭塞铁路车站分布的疏密与该线的平行运行图能力没有直接的关系；但当客货列车运行速度差增大时，在一个区间内客货列车会形成一定的走行时差，使货物列车待避旅客列车的几率增加，影响实际的(非平行)运行图能力。所以双线铁路车站的站间距离可以超过 20 km，但最长以不大于 30 km 为宜。

(三) 单线铁路规划纵断面

根据地形特点并考虑通过能力的要求，对一段线路的车站分布进行总体安排，概略地估计各车站位置、标高和区间坡度，其线路纵断面称为规划纵断面。对于单线普速铁路，规划的要求是各车站位置满足式(10-3)要求。根据实际地形的变化，规划纵断面的区间有多种类型(图 10-11)，其规划纵断面编制方法分述如下。

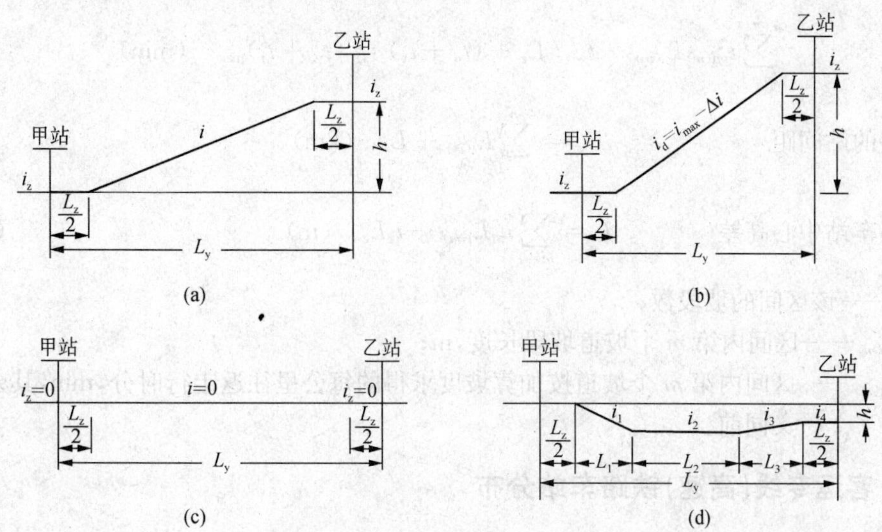

图 10-11　规划纵断面区间断面类型

1. 单面坡

如图 10-11(a)，(b)。当区间为单一坡度 i 时，可先按允许的最大区间往返走行时分 $(t_w+t_f)_{max}$，求得允许的站间距离 L_y，若车站分布的站间距离不大于 L_y，则一般满足要求。

如图 10-11(a)，设车站站坪坡度为 i_z，站坪长度为 L_z，按均衡速度法计算站坪范围内和区间的加算坡度上的每公里往返走行时分为 $t_{wf(z)}$ 和 $t_{wf(i)}$，并考虑一对列车起、停各一次(时分为 t_q 和 t_t)。那么，区间的往返走行时分将有

$$t_{wf(i)}\times(L_y-L_z)+t_{wf(z)}\times L_z+(t_q+t_t)=(t_w+t_f)_{max}$$

允许的站间距　$$L_y=\frac{(t_w+t_f)_{max}-t_{wf(z)}L_z-(t_q+t_t)}{t_{wf(i)}}+L_z\quad(\text{km})\tag{10-5}$$

相邻车站中心高差　$$h=i(L_y-L_z)+i_zL_z\quad(\text{m})\tag{10-6}$$

对于紧坡地段(图 10-11(b))，为了缩短线路的总长度，除站坪范围内设计较缓坡度外，其余地段需用足最大坡度设计纵断面。由于平面上不可避免地会有曲线或(≥400 m)隧道，故最大坡度 i_{max} 应予以减缓(Δi)。定线坡度 i_d 为

$$i_d=i_{max}-\Delta i\quad(‰)\tag{10-7}$$

式中，Δi 根据定线的经验，视地形、地质困难情况取 $0.05 \sim 0.15 i_{max}$ （‰）。

2. 平坡

如图 10-11(c)。当地形平坦时，车站及区间坡度可取平坡（$i = 0$）。两相邻车站的高差 $h = 0$。若平坡的每公里往返走行时分为 $t_{wf(0)}$，由式(10-5)，可得出允许的最大站间距为

$$L_y = \frac{(t_w + t_f)_{max} - (t_q + t_t)}{t_{wf(0)}} \quad (km) \tag{10-8}$$

3. 多坡段组合

如图 10-11(d)。当缓坡地段的区间取为若干个地段平均坡度（均小于最大坡度）时，应按下式验算区间走行时分：

$$\sum_{m=1}^{n} t_{wf(m)} L_{i(m)} + t_{wf(z)} L_z + (t_q + t_t) = (t_w + t_f)_{max} \quad (min)$$

允许的站间距

$$L_y = \sum_{m=1}^{n} L_{i(m)} + L_z \quad (km) \tag{10-9}$$

相邻车站中心高差

$$h = \sum_{m=1}^{n} i_m L_{i(m)} + i_z L_z \quad (m) \tag{10-10}$$

式中 n——该区间的坡段数；

$L_{i(m)}$——区间内第 m 个坡道坡段长度，m；

$t_{wf(m)}$——区间内第 m 个坡道按加算坡度求得的每公里往返走行时分，min，其余符号意义同前。

五、客运专线(高速)铁路车站分布

双正线的客运专线(高速)铁路采用的是先进的列车控制系统，车站分布与信号系统没有关联关系。在单一速度模式下，列车追踪间隔可缩小至 3～4 min。车站间距往往需要根据城镇分布、运营组织(如高中速列车混行)和技术作业要求等因素综合研究确定。有关研究结果见表 10-6。

表 10-6 中高速列车混行的合理站间距

高速/中速列车速度/(km/h)	高速列车比重/%					
	40	50	60	70	80	90
200/160	69.3	86.7	104.1	121.4	138.7	156.1
250/160	45.0	54.3	65.1	75.9	86.8	97.6
300/160	33.6	42.0	50.4	58.8	67.2	75.6

注：中速列车的追踪间隔 5 min。

第二节 铁路定线原则

一、概述

铁路定线受自然条件影响极大。首先自然界中的各种地质现象，有的适宜建筑铁路，有的

则不适宜；有的经过工程处理后，铁路可以安全通过，有的目前技术尚难以克服，或要付出巨大的投资。为了保证铁路安全、畅通，又节省工程和运营费，定线时，应摸清线路行经地区的工程地质和水文地质情况，尽量绕避滑坡、崩塌、泥石流、岩溶、软土、沙漠和多年冻土等严重地质不良地段。必须通过时，也应结合工程措施，选择合理位置，尽量缩小穿越范围。

(一) 坡段分类

其次，地形也是铁路定线中具有决定性的因素之一。地形条件通常以地面平均自然坡度 i_{pz} 来表示。地面平均自然平均坡度一般是指 3～5 km 的路段内，两高程控制点高差(m)与其间距离(km)的比值，用“‰”表示。i_{pz} 的大小往往直接影响线路的方向、位置、平纵断面的技术标准，以及工程的难易。通常定线分两种情况，采用不同的设计原则和方法：

(1) 采用的最大设计坡度大于地面平均自然坡度($i_{max}>i_{pz}$)，这样的地段，称为缓坡地段。线路不受高程障碍的限制，主要矛盾是如何绕避平面障碍(如大河、湖泊、恶劣地质带等)，按短直方向定线，以得到最佳的线路位置。

(2) 采用的最大设计坡度小于或等于地面平均自然坡度($i_{max}\leqslant i_{pz}$)，这样的地段，称为紧坡地段。线路不仅受平面障碍的限制，更主要的受高程障碍(如高山、分水岭、艰险的悬崖陡壁等)的控制。主要矛盾集中在如何根据地形的变化，选择地面平均自然坡度与设计最大坡度基本吻合的地面定线，有意识地将线路展长，使其能达到预定的高程。

有时为了定线工作需要，按地理特征，将地形分为平原、丘陵和山岳等类型。

在定线中，为了工程和运营的要求，常需要绕避一些障碍，线路会因此偏离短直方向而展长，增加铁路建筑长度，因而增加与线路长度有关的工程费和运营费。线路的展长通常用一个展线系数指标来衡量。定线的起讫点间无经济据点时，展线系数为定线长度与起讫点间短直距离之比，定线的起讫点间有经济据点时，展线系数为定线长度与起讫点间各经济据点的短直折线之比。

在克服高程障碍中，线路往往要以一定的坡度，随地势的起伏而上升或下降。起讫点间一个方向所有上坡升起的高度总和称为拔起高度。定线中减少拔起高度，对减少运营支出有利。

(二) 定线形式

铁路定线有纸上定线(又称室内定线)和现地定线(野外定线)两种基本形式。纸上定线是在等高线地形图上选定线路的走向和位置；现地定线则是在实地进行这些工作。两种方式各有利弊(比较见表 10－7)。在实际选线过程中，为了选出最佳的线路位置，通常需要两者相结合，交替进行。如在方案研究的时候，对纸上拟定和研究的方案，需要通过野外踏勘予以核实和方案修正；在初测阶段，为了测绘大比例尺带状地形图，需要根据在小比例尺地形图上确定的线路位置，到现场测设导线，指示出线路的方向和概略位置；在最后的定测阶段，还要将通过纸上定线确定的线路位置，测设于地面上。必要时按照地面实际情况，作局部改动。

表 10－7　铁路定线方式特点比较

纸上定线	现地定线
1. 能迅速判明线路行经地区的自然地形、地貌情况，有利于大面积选线 2. 在图纸上定线，有利于多方案比选；提高选线质量 3. 纸上定线省力、速度快 4. 是铁路定线中采用的基本方法	1. 有利于清楚地了解线路与地形、地物之间的相关位置和现地的地质及水文情况，使定线更能符合实际情况 2. 当出现比较复杂的地形、地质和水文情况时，现地定线因受视野的限制，线路最佳位置确定难度增大，常要进行多次改动和完善

二、普速铁路定线原则

(一) 缓坡地段

在缓坡地段,地形平易,定线时可以航空线为主导方向,既要力争线路顺直,又要尽量节省工程投资。为此,应注意以下几点。

(1) 为了绕避障碍而使线路偏离短直方向时,必须尽早绕避前方的障碍,力求减小偏角。一般线路与主导方向的偏角在15°以内时,线路延长比较小。图10-12表示两种绕避湖泊的方法,虚线方案在全长范围内较少偏离短直(航空线)方向,但其曲线数目、总偏角和线路长度均较实线方案有所增加。所以,绕避某障碍时,定线应从离该障碍尽可能远的地方开始。

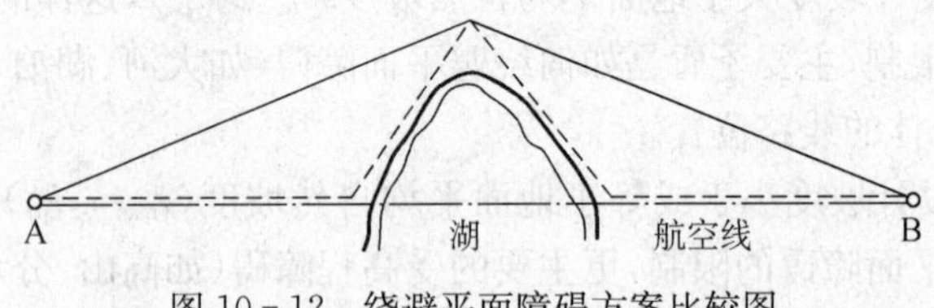

图10-12 绕避平面障碍方案比较图

(2) 线路绕避山嘴,跨越沟谷或其他障碍时,必须使曲线交点正对主要障碍物,使障碍物位于曲线的内侧并使其偏角最小。从图10-13中可见,曲线正对障碍物的实线方案就比未正对障碍物的虚线方案的土石方数量少。

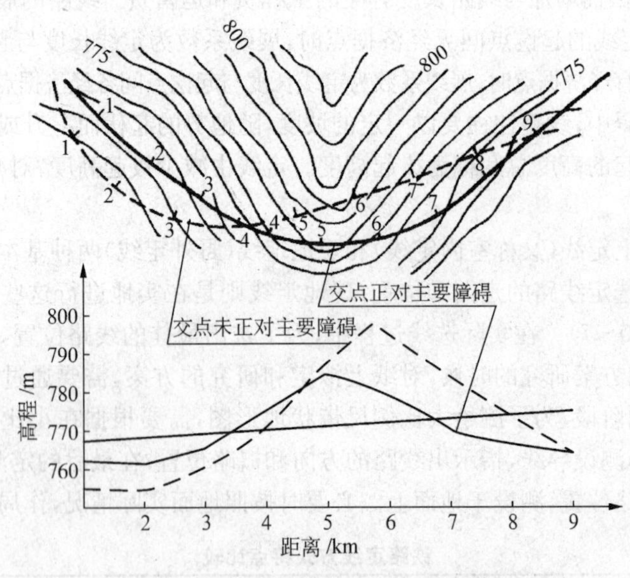

图10-13 平面曲线合理位置示意图

(3) 设置曲线应有理由,必须是确有障碍存在。曲线半径应结合地形尽量采用大半径,以减少线路的展长。在缓坡地段,线路展长的程度,取决于线路的意义、运量大小、地形、地质条件。路网干线,应力求顺直;地方铁路,为降低工程造价并靠近沿线城镇,一般的展线系数平原地区约为1.1;丘陵地区为1.2~1.3。

(4) 坡段长度最好不小于列车长度,应尽量采用下坡方向无需制动的坡度,即无害坡度。

(5) 力争减少总的拔起高度;但绕避高程障碍而导致线路延长时,则应认真比选。

(6) 车站的设置应不偏离线路的短直方向,并争取把车站站坪设在凸形地段且地形应平坦开阔,以减少工程量。

如图 10-14,甲站的设计标高为 600 m,在前方约 9.3 km 的地方需设乙站,其合理的设计标高约为 608 m。两站之间为较平缓的地形。此时,两车站间的线路纵断面设计有三个方案,这三个方案的线路长度和工程量都很接近。但就列车出站加速和进站减速的条件而言,不论甲站或乙站,均以方案①最有利。所以,应按方案①的纵断面来考虑线路的平面位置。这样定线可以改善列车运行条件。

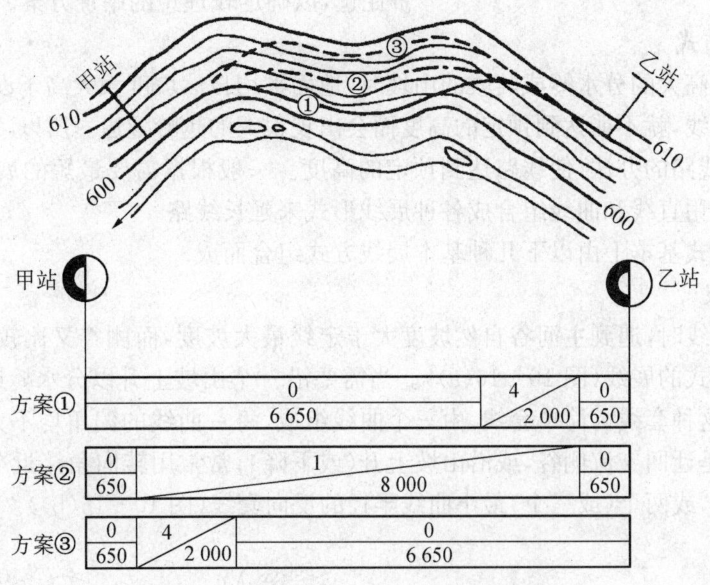

图 10-14　缓坡地段的站间纵断面设计

(二) 紧坡地段

在紧坡地段定线时,应注意以下几点。

(1) 紧坡地段通常应用足最大坡度定线,以克服高程障碍,使线路不至于额外展长。当线路遇到巨大高程障碍(如跨越分水岭)时,按短直方向定线,就不能达到预定的高度,或出现很长的越岭隧道。为了使线路达到预定高度,往往需要展线,这时要根据地形变化情况,在平面上选择与最大坡度基本吻合的地形定线,有意识地将线路展长,使之能达到预定的高程。

(2) 在展线地段定线时,应考虑到若在长距离内机械地全部用足最大坡度,丝毫不留余地,必然会给以后的局部改线(如常见的局部线路的工程、运营条件改善)带来严重困难。所以,应注意结合地形、地质等自然条件,在坡度设计上适当留有余地。

(3) 展线地段若无特殊原因,一般不采用反向坡度,以免增大克服高度,引起线路不必要的展长和增加运营支出。

(4) 在紧坡地段定线,一般应从困难地段向平易地段引线,因为垭口附近地形困难,展线不易,故从预定的越岭隧道洞口开始向下引线较为合适,个别情况下,当受山脚的控制点(如高桥)控制时,也可由山脚向垭口定线。

(5) 困难地段选线与车站分布的配合在地形困难、地质条件复杂的山区,站坪位置常常是

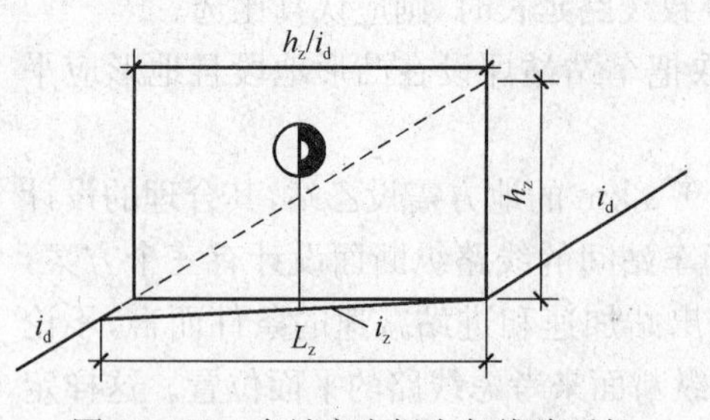

图 10-15 车站高度损失与线路延长

影响线路展长的主要因素之一。如图 10-15，站坪长度为 L_z(km)，站坪坡度为 i_z(‰)，定线坡度为 i_d(‰)，则设置车站损失的高度 $h_z=(i_d-i_z)L_z$(m)，相应线路展长为 1 000 h_z/i_d(km)。实际中，理想的线路方案往往找不到合适的设站位置，或选定了较理想的站址又影响合理的线路位置。因此在困难地段应结合地形、地质条件、通过能力要求和经济据点等情况，做好选线与车站分布的配合方案的技术经济比选，以确定较理想的站址方案。

(三) 展线方式

当线路穿越高大的分水岭或陡峻的山坡时，地面平均自然坡度大大高于设计的最大坡度。若按短直方向定线，就不能达到预定的高度而会出现很大的越岭隧道。所以，为了克服巨大高差，常采用展长线路的办法，使线路达到预定的高度。一般根据需要最短的展线长度，结合地形、地质等条件，用直线和曲线组合成各种展线形式来延长线路。

各种展线形式基本上由以下几种基本展线方式组合而成。

1. 河谷套线

当沿河谷定线时，遇到主河谷自然坡度大于定线最大坡度，而侧谷又比较开阔时，常常在侧谷内采用套线式的展线(图 10-16(a))。当需要沿一个山坡上升以分水岭或由分水岭下降时，往往也采用这种套线。简单套线，由三个曲线组成，每一曲线的偏角均不大于 180°。一般山区选线，不论是迂回支流侧谷，或沿山坡上升(或下降)，常常用转向角接近 180°的一个最小曲线半径的套线，或两个(或三个)最小曲线半径的反向套线(图 10-16(b))。

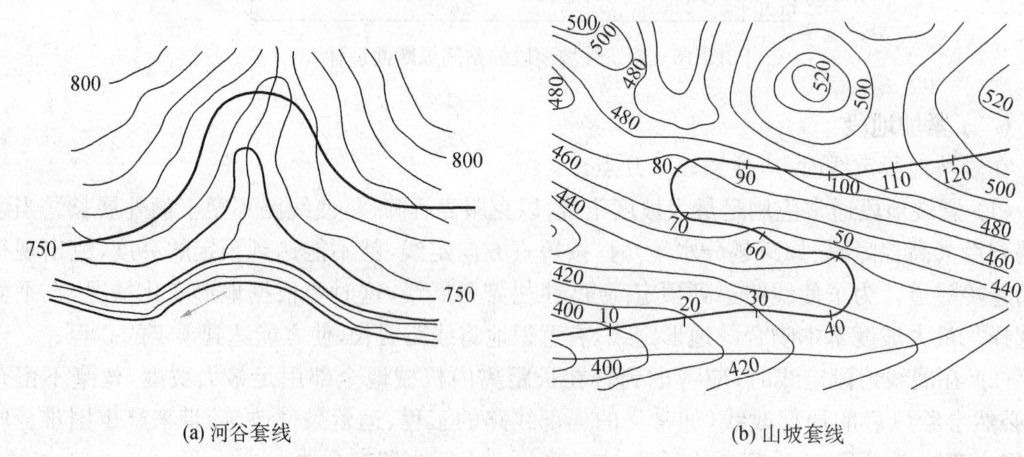

图 10-16 套线示意图

2. 灯泡线

在谷口狭窄的侧谷内，采用套线展线，在谷口往往需要修建隧道或路堑引起较大工程，为了更好地适应谷口狭窄地段，可采用灯泡形展线。它是由三个或三个以上的曲线组成(若为三个曲线则中间一个曲线的偏角大于 180°而小于 360°)。从图 10-17 所示的平面和纵断面中可以看出，采用灯泡形展线(实线方案)比采用套线展线(虚线方案)可节省两座隧道和部分土石方工程。

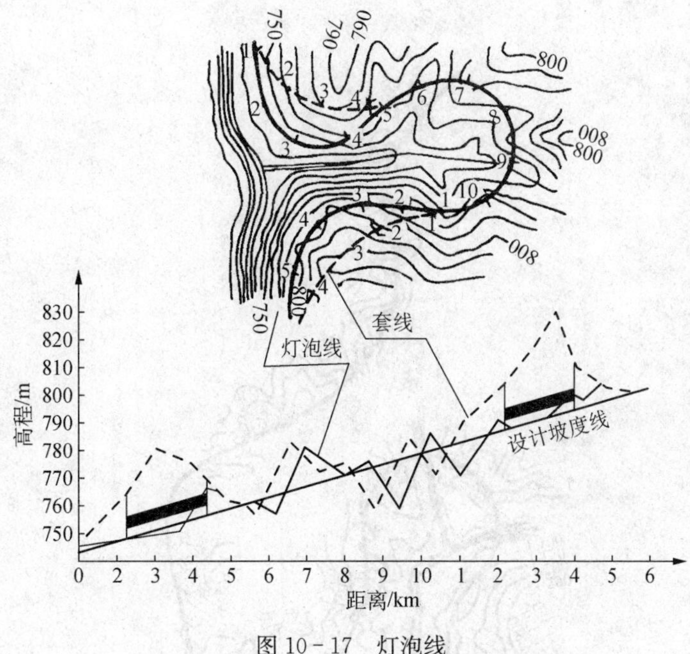

图 10－17　灯泡线

3. **螺旋线**

在地形特别困难的地段，线路可以迂回 360°成环状，称为螺旋线。在上、下两线交叉处，可以用跨线桥或隧道通过(图 10－18)。

(a) 隧道螺旋线　　(b) 桥梁螺旋线

图 10－18　螺旋线

国内外许多铁路的选线经验证明，运用不同的展线技术与组合形式，可以在复杂的地形、地质条件下，选出较为经济合理的线路方案。如成昆线眼镜形、麻花形和羊角形等展长线路，使最终选定的线路方案，较好地适应了自然地形条件。宝成铁路是新中国第一条工程艰巨的铁路。为了克服地势高差，以 3 个马蹄形和 1 个螺旋形的迂回展线上升，线路重列 3 层，高达 817 m，随后以约 2 000 m 长的隧道穿过秦岭垭口，进入嘉陵江流域。图 10－19 是宝成线北段运用套线、灯泡线和螺旋线等展线方法选线，由渭河河谷沿嘉陵江上升，跨过秦岭的实例。

三、高速铁路定线原则

高速铁路是客运专线，旅客的安全性、舒适性是定线时需要考虑的重要因素。高速铁路的定线基本原则如下。

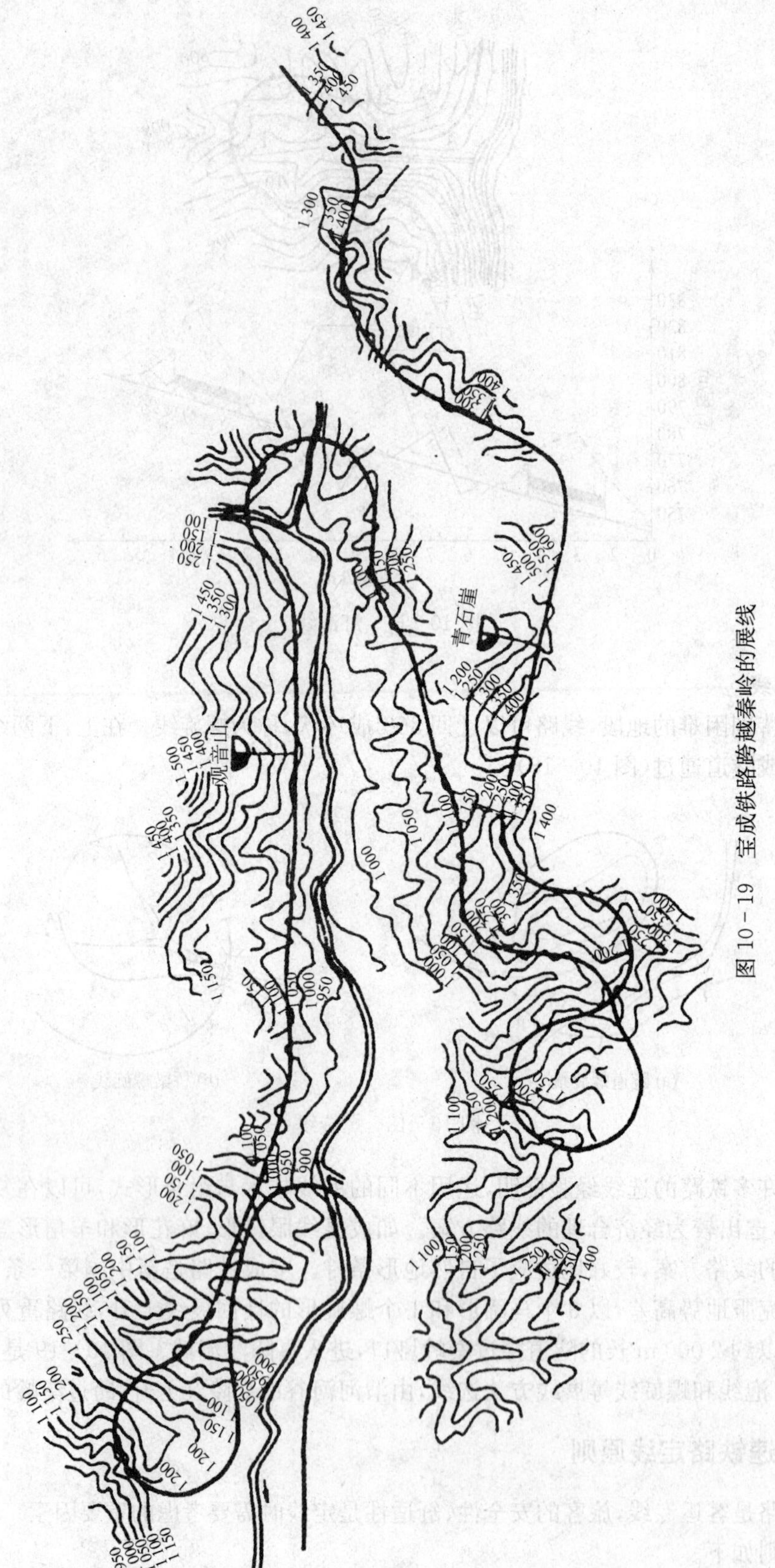

图 10－19 宝成铁路跨越秦岭的展线

1. 投资节省原则

高速铁路技术标准高，造价高。为了减少工程投资、节省运营成本，高速铁路的线路走向尽量靠近航空线，以短直方向为主要定线原则。必要时，可以采用线路高架结构或隧道，跨越平面障碍或穿越高程障碍。

2. 旅客舒适原则

高速铁路的列车运行速度超过 200～300 km/h。增大了列车的竖向加速度和横向加速度，列车各种震动被叠加而且震动的衰减距离被延长了。因此，高速铁路线路的平面、纵断面应采用较大的平面圆曲线半径、较长的纵断面坡段和较大的竖曲线半径，提高线路的平顺性，以提高旅客的乘坐舒适度。

3. 争取高速原则

为了达到高速铁路的速度效果，应使列车运行的平均速度和最高速度的比值控制在合理的范围内（如 0.9 以上）。因此，在线路平、纵断面的设计中，尽量不降低技术标准，避免或少出现限速区段。对于高中速混行的高速铁路，更需要合理配置圆曲线参数，取得列车速度和旅客舒适度的均衡。

4. 确保安全原则

高速铁路的列车动荷载远高于普速列车，对线路基础稳定要求更高。因此线路应绕避塌陷、滑坡、活动断裂带和软弱地基等不良地质地带，提高路基的刚度和稳定性，以控制路基沉降、变形和不均匀沉落，降低高速列车脱轨的危险。

第三节　铁路定线方法

一、纸上定线方法

纸上定线是铁路定线中采用的基本方式，其方法很多，对不同设计阶段和不同比例尺的地形图采用不同的定线方法。这里主要介绍常用在紧坡地段定线中的导向线法和用在缓坡地段定线中的试探法。

(一) 导向线法

导向线法即小比例尺地形图上定线方法。它是借助导向线来拟定紧坡地段线路的概略位置与局部走向。其特点是用足最大坡度在导向线与等高线交点处定出的填挖量最小的一条折线。因此，参照导向线的位置定出的线路平面，其填挖工程量是比较小的。

导向线法是利用两脚规在小比例尺地形图上进行选线（故又称为两脚规跨距法或步距法），其定线步骤如下（图 10－20）：

(1) 根据地形图上等高线间距 Δh(m)，定线坡度 i_d（式(10－7)），可计算出线路上升 Δh 需要引线的距离，即定线步距 Δl。Δl 按式(10－11)计算。

$$\Delta l = \Delta h / i_d \quad (\text{km}) \tag{10-11}$$

若等高线地形图的比例尺为 x，则在图纸上两脚规的开度 Δl_k 为：

$$\Delta l_k = \Delta l \cdot x \cdot 10^5 \quad (\text{cm}) \tag{10-12}$$

(2) 参照规划纵断面（图 10－20(a)），在平面图上选择合适的车站位置，从紧坡地段的车

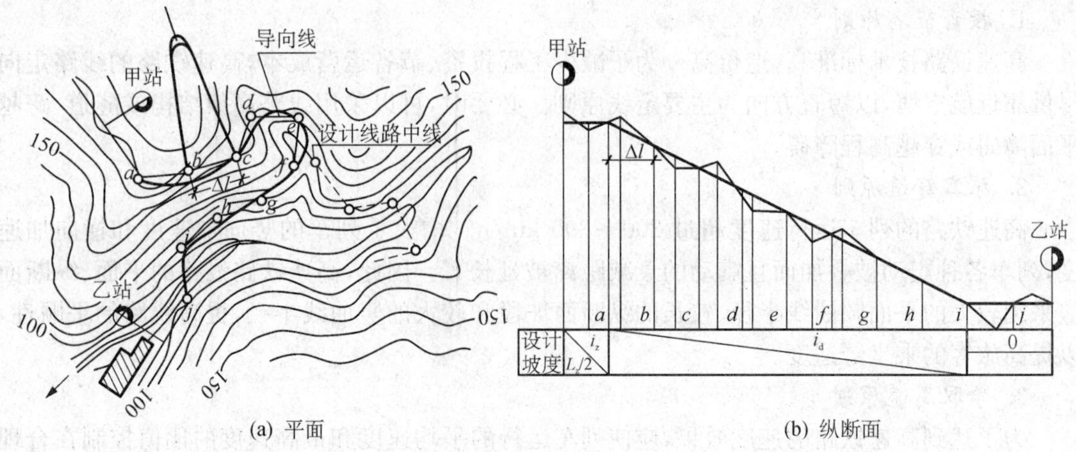

图 10-20 导向线定线

站中心开始，向前进方向绘出半个站坪长度($L_z/2$)，同时要注意车站两端变坡点位置及缓和曲线与纵断面设计要求，并以此作为导向线起点(或由预定的其他控制点开始)。

(3) 按地形图比例尺，取两脚规开度为 Δl_k，将两脚规的一只脚，定在起点或附近地面标高与设计路肩标高相近的等高线上，再用另一脚截取相邻的等高线。如此依次前进，在等高线上截取很多点(图 10-20(a)中，a, b, c,…)，将这些点连成折线，即为导向线。在同一起讫点间，有时可定出若干条导向线。如图 10-20(a)中虚线为另一导向线，因偏离短直方向较实线线路距离长，故可以放弃。

绘制导向线时，应注意以下几点。

(1) 导向线应绕避不良地质地段并使导向线趋向前方的控制点(或车站)。

(2) 如果两脚规开度 Δl_k(即定线步距 Δl)小于等高线平距，表示定线坡度大于局部地面自然坡度，线路不受高程控制，即可根据短直方向引线。遇到等高线平距小于 Δl 的地段，再继续按上述方法绘制下一段的导向线。

当某些地段地形等高线稀密变化差异大时，可不严格按步距引线，但要使总的步距数和跨过的等高线数相等。这样，整个路段的平均坡度仍然接近定线坡度。

(3) 线路跨越沟谷，需要设置桥涵，故导向线不必降至沟底，可直接从山坡一侧向对岸同一标高或较低的等高线引线(图 10-20(a)中 i 至 j 点)，但应考虑预留因设桥涵所需的路堤高度；线路穿过山嘴，要开挖路堑或设置隧道，导向线也不必升至山脊，可直接跳过山嘴。跨越沟谷或山嘴时，引线长度是 Δl 的几倍，即表示线路将下降或上升几个 Δh，由此决定在沟谷或山嘴对侧的哪条等高线开始绘制导向线。

(4) 到达设站位置时线路应顺沿等高线布置，以减小站坪范围的工程数量。

(二) 试探法

本方法适用于平原、丘陵地区等缓坡地段的纸上定线。在缓坡地段，由于地面自然坡度不受限制坡度的控制，因而利用控制点间航空线的方向，就可方便地定出一条平直的线路。试探法的基本要点如下。

从实际起点开始，先按控制点间航空线方向直接定线。遇到河湾、村庄、山谷、山嘴和不良地质条件等平面障碍和高程障碍在图纸上作出记号，必要时作绕避方案的比较。无论是选用内绕、外绕或取直方案，都必须先用直线或曲线通过记号点进行试凑(尽可能通过众多的记号点)定线。有时需要经过几次试探,才能定出合适的线路位置。一般情况下,先定出直线,后选配曲线半径;但在地形复杂的困难地段,为保证符合线路设计规范要求,减少不必要的返工,也可先定出曲线位置后再定直线位置。用试探法定线,一般通过对纵断面的比较,决定方案的取舍,在困难的情况下要经过比选,定出较好的方案。

二、纸上定线步骤

在不同的设计阶段,纸上定线工作内容随着比例尺的不同而有所不同,基本的步骤与要求如下。

(1) 线路走向选择。综合考虑影响线路走向的各种因素,经比较选择线路走向。

(2) 编制规划纵断面及概略定线。先根据拟定的限制坡度,将定线线路范围划分为缓坡地段和紧坡地段。按允许的最大区间往返走行时分或允许的站间距离,规划纵断面;并用导向线法(紧坡地段)或试探法(缓坡地段),概略确定线路位置。

(3) 概略比选。由概略定线得出的指标,如线路长度、展线系数、拔起高度、通过能力、最大坡度、车站数目、桥隧座数及工程等,评选出较好的方案,作为平、纵断面设计依据。

(4) 平、纵断面设计。概略定线中的导向线是一条折线,仅表示线路的概略走向。线路的平面和纵断面设计则以导向线为基础,在符合线路设计规范规定的前提下,设计线路的几何形状和在空间的具体位置。手工定线要点如下。

① 利用三角板和铁路曲线板,参照概略线路,引绘线路平面。要注意直线与曲线的配合,选配合理的曲线半径,使线路平面圆顺、顺直(图 10-21)。

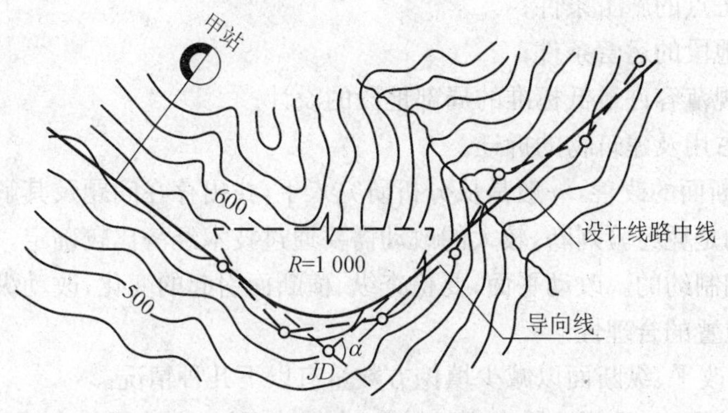

图 10-21　沿导向线定线及半径选配

② 用量角器量出曲线偏角,选配缓和曲线长度,求出切线长,曲线长(可查阅《铁路曲线测设用表》)。

③ 按切线长在地形图上定出曲线的直缓点和缓直点。由设计起点或后方曲线的缓直点开始,量出各千米标、百米标和直缓点里程。直缓点里程加曲线长,即得该曲线缓直点里程。

④ 按里程及地面特征点(设加标)的标高,以规定的比例尺绘出纵断面图的地面线;在纵断面图"线路平面"栏按里程绘出平面示意图,曲线内侧填注曲线要素。

⑤ 根据地面起伏、地面横坡、地质条件和规范有关规定,进行纵断面设计(填挖高要适当),定出各个坡段长度(一般取 50 m 的整倍数)及坡度大小(除减缓地段外,一般取 0.5‰整倍数);计算变坡点处的路肩设计标高(取至 cm),绘出设计坡度线。

⑥ 通常在定出一小段平面后，紧接着设计纵断面，并同步检算列车运行时分，按单线或双线车站分布的要求，留出车站站坪。在试定出 3～5 km 线路后，进行全面的检查、分析，看线路是否合理。经过修改，至满意为止。

重复以上步骤，设计下一段线路，直至设计线终点。最后，按标准图式绘制平面图与纵断面图。

(5) 桥隧及其他单项工程的布置。线路设计的合理性要结合单项工程的布置与设计综合考虑。除车站分布已如前述外，还应进行桥梁、涵洞的分布、流量与孔径的计算，确定隧道洞口位置与隧道长度，以及布置挡士墙等。这些工作应由有关的专业人士配合进行，综合反映到平、纵断面设计中。

三、线路平面、纵断面的改善

对初步定出的线路平面和纵断面进行研究分析，将会发现修改原定线路某些地段，可以减少工程数量和改善运营条件。在技术设计(或施工设计)阶段，平、纵断面是编制施工文件最重要的依据，尤其应认真复核、研究和修改。

(1) 需要进行平、纵断面改善的问题通常有下列内容。

① 线路局部方案的比选；

② 减少填挖方及桥梁、隧道的工程数量；

③ 绕避不良地质；

④ 车站及桥涵分布的调整；

⑤ 改善某些工点的施工条件；

⑥ 改善局部地段的运营条件；

⑦ 改善采用规范容许最低标准的局部地段的设计；

⑧ 减少农田占用及建筑物的拆迁。

线路平面、纵断面的改善，一般是从分析研究入手，找出存在问题及其解决办法，然后作局部修改。小的改动是凭经验判断，较大的改动需要通过技术经济比较确定。在设计上，平、纵、横断面三者是互相制约的。改动平面，要检查纵、横断面引起的变化；改动纵断面，要检查横断面的变化和平面位置的合理性。

(2) 常见的修改平、纵断面以减少填挖方数量有以下几种情况。

① 原坡度设计不当，局部地段出现填挖方过大时，可改变坡段组合或设计标高以减少填挖方数量(图 10－22)。

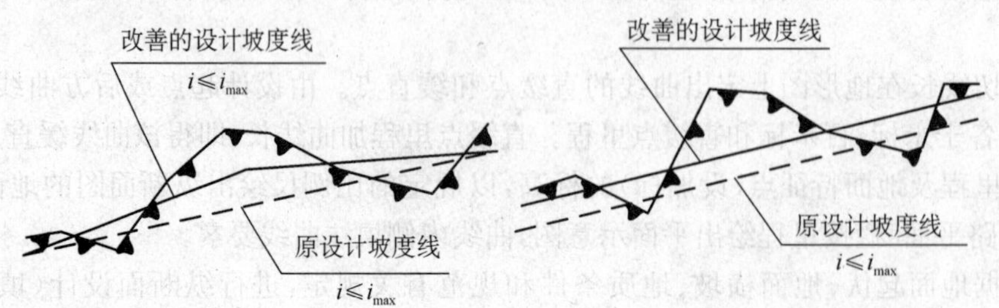

图 10－22　改变设计坡度减少工程

② 原设计坡度不宜改动(如已用足最大坡度),但在纵断面图上填挖高度由一端向另一端逐渐增大到不合理的程度时,则可根据具体情况改变线路平面位置,如将线路扭转一个角度(图 10-23)。

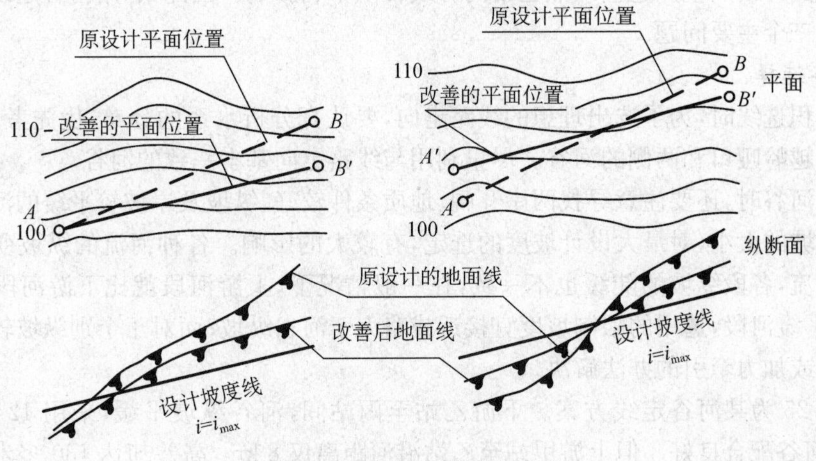

图 10-23　转动直线减少工程

③ 原坡度设计合理,而在纵断面图上填挖高度由两端向中间逐渐增大到不合理的程度时,则可增设曲线或改变曲线半径以减少中间的填挖高度(图 10-24)。

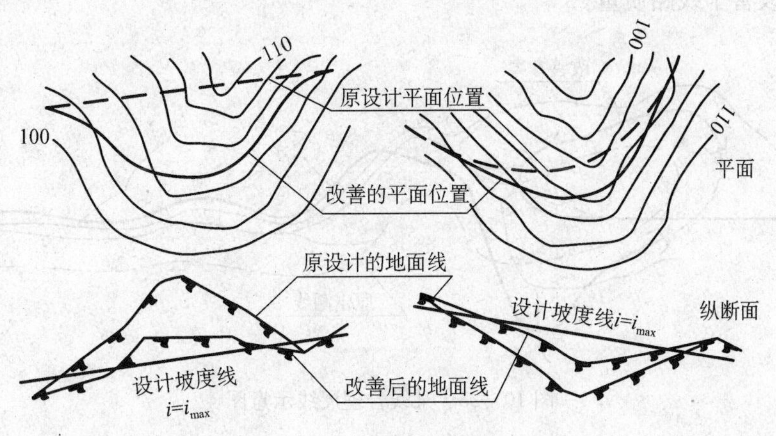

图 10-24　改变曲线减少工程

第四节　主要自然条件的铁路定线

一、河谷地区

山区铁路常采用沿河谷定线方法。如成昆线行经金沙江水系的牛日河、孙水河、龙川江三条河谷。全线长 1 100 km,河谷地段线路长约 860 km,占全线长的 80%左右。沿河谷定线有许多优点,如河谷地形较开阔,地质条件较好,又常有河谷阶地可利用,因而填挖方及其他工程量较小;纵坡比较平缓的河谷,使线路容易适应;可利用支流侧谷展线;沿河往往城镇居民点多，可更好地为沿线人民生活和经济发展服务，提高铁路的效益，同时为铁路员工的物质、文化生活提供方便。

但是，山区河谷条件多变，有时一般山区的河谷，弯曲较多，河谷纵坡大；坡岸陡峭，地质复杂；水流湍急，冲刷严重。这些缺点也给河谷线带来不利影响。因此，利用河谷定线，需要着重解决好以下三个主要问题。

1. **河谷选择**

在大面积选线时，为了选出理想的线路走向，要认真分析水系的分布，优先考虑接近线路短直方向的越岭哑口和两侧的河谷。尽量利用与线路走向基本一致的河谷。

在选择河谷时，还要注意寻找两岸开阔、地质条件较好、纵坡及岸坡较平缓的河谷。

河谷纵坡的大小，对最大设计坡度的选定，有较大的影响。各种河流的纵坡变化较大，即使是同一河流，各段纵坡的陡缓也不一致，在一般情况下，上游河段就比下游河段纵坡要陡。因此，对于平缓河段，选用的限制坡度宜接近或略大于河谷纵坡；而对于个别纵坡较陡的河段，则采用展线或加力牵引的办法解决。

图 10-25 为某河谷定线方案。下游乙站至丙站间，河谷纵坡平缓，采用 12‰的限坡定线，线路与河谷配合良好。但上游甲站至乙站沿河距离仅 8 km，高差却达 130 多米，河谷平均纵坡在 16‰以上。由于两站间距离不长，采用双机牵引对运营不利，故用线路展长方法解决。并在技术设计时，采用早展线、展足线的措施（图中实线），减少了初定线路（图中点划线）因展线不足造成下游线路高悬于山坡上；不能充分利用乙丙站间平缓河谷定线而路基和桥隧工程量大等弊病，改善了线路质量。

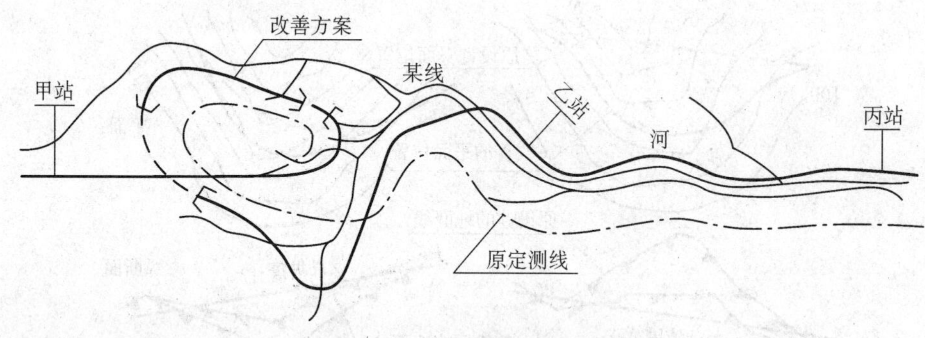

图 10-25 某线合理展线示意图

2. **岸侧选择**

河谷选定后，还需进一步研究线路设在河谷哪一岸。通常在河谷的两岸，自然条件常有较大差异，应结合地形、地质、水文、农田及城镇分布情况，选择有利的一岸定线。但有利的岸侧，不会始终局限于一岸，应注意选择有利的地点跨河改变岸侧。例如，天兰线 8 次跨渭河，宝成线秦岭至广元之间 16 次跨嘉陵江，成昆线江河至广通间 49 次跨龙川河，都收到了良好的效果。

线路左右岸侧选择应考虑的主要因素有两方面。

(1) 山区河谷的地形、地质和水文条件。沿河线路如遇不良地质（滑坡、岩堆、崩塌、泥石流等），应通过跨河绕避、隧道绕避与整治措施的比较来确定岸侧（图 10-26）。

当河谷两岸地质条件较好或差异不大时，线路应选择在地形宽坦、台地较多、支沟较少、不易受水流冲刷或冲刷较轻的一岸；当需要展线时，应选择在支沟较大，利于展线的一岸。

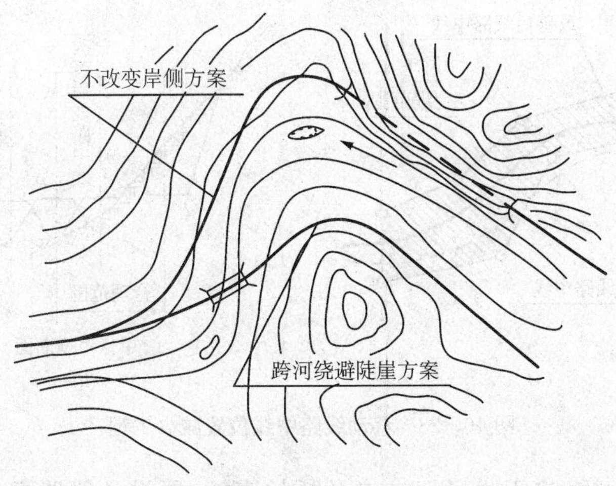

图 10-26 改变岸侧示意图

(2) 线路与沿线居民点、城乡建设、工农业发展和其他交通、水利设施相配合的可能性。线路一般应选择在居民点和工矿企业较多、经济较发达的一岸,便于铁路为地方服务。但有时为了避免大量拆迁民房和不妨碍城镇发展等原因,也可能需要绕避,应根据具体情况进行比选。

河谷地带一般农业发达,农田及水利设施较多,节约用地也是选线中应重点考虑的问题之一。而地形较平坦的一岸,往往良田及建筑物密集,使占田用地的矛盾尤为突出。岸侧选择,应征求地方意见,慎重取舍。河谷中遇有引灌渠道与线路平行时,若两岸地形、地质条件差不多,则宜各走一岸,避免干扰。当必须选在同一岸时,线路位置最好设于灌渠上方。若铁路与公路频繁干扰,可考虑改移公路或分设两岸。

3. 线路位置选择

选定河谷线的岸侧后,还要确定线路中线的具体位置(靠山近一些或靠河近一些),其对铁路运营安全和工程大小影响很大,需要慎重研究。

(1) 当河谷较开阔,横坡较缓且地质良好时,理想的线路位置应设在不受洪水冲刷的阶地上(图 10-27)。路基最低高程应在设计洪水位(包括波浪侵袭高+0.5 m)以上,但不宜过高,以减小桥涵工程,便于跨河充分利用两岸的有利地形、地质条件。

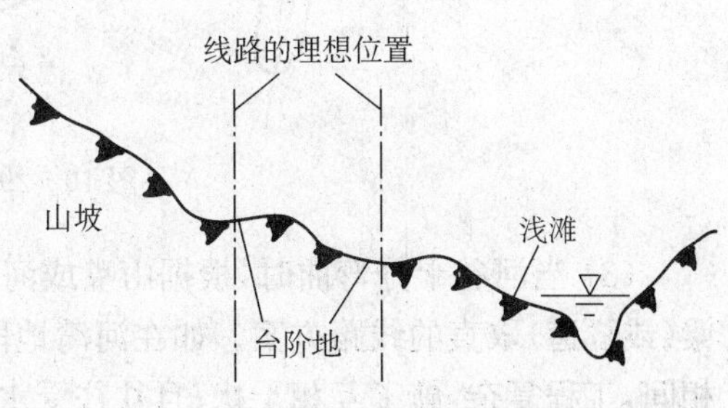

图 10-27 河岸处线路位置的选择

当河岸线位置确定后,尽管平面设计合理,纵断面上看填挖高度也不大,但还需要从横断面上分析,避免出现很大的工程。如图 10-28 中,原定线路的路堤坡脚已伸入河流中,填方量大且不利于保持路基的稳定。这时需要将线路中线向靠山方向移动。在以路堤坡脚不受水流冲刷以及尽量减少山坡侧路堑开挖量原则确定的合理移动范围内,寻求能两端和原定线路妥善连接,平、纵、横三方面均合理的新线路位置。

(2) 在河谷狭窄、横坡较陡、且地质不良时,应作外移建桥(顺河桥)和内移修隧道两种方案的比选。

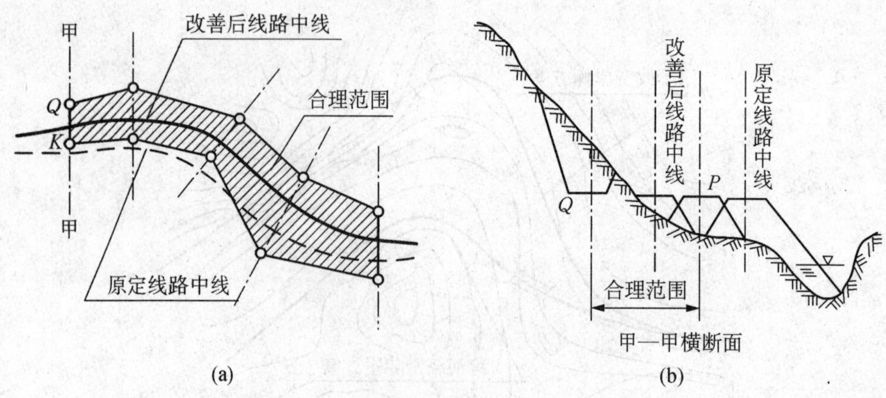

图 10-28　移动线路中线位置减少工程

如成昆线铁马大桥，位于牛日河左岸乃托站南端，原设计线路靠山，山坡高达 400～500 m，横坡陡度达 30°以上，松散的碎石土层较厚，基岩也较破碎，山坡处于极限平衡状态，且有几处表土坍塌、滑坡等不良地质现象，威胁施工及运营的安全。故经过比较，采用将线路外移至河谷阶地上，建顺河桥通过的方案(图 10-29)。

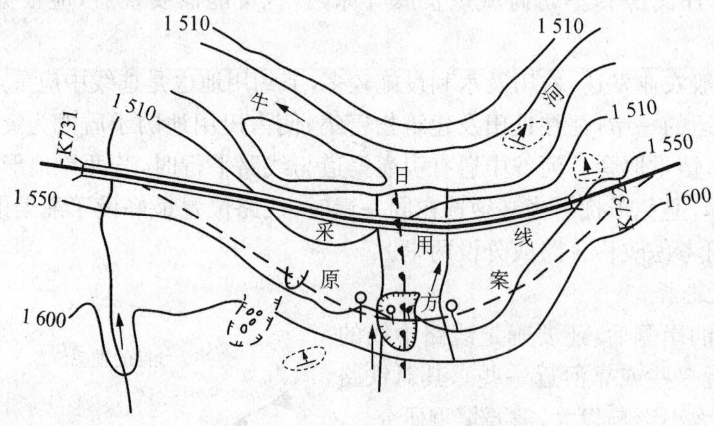

图 10-29　修建顺河桥方案

(3) 当河谷十分弯曲时，根据山嘴或河湾的实际情况，可采用沿河(或山嘴)绕行和修建桥梁(或隧道)取直的线路方案。如在河湾地段，沿河绕行方案线路迂回较长，桥梁、隧道、挡土墙相间，工程复杂，施工互相干扰；且往往受水流冲刷的威胁；特别是有不良地质的隐患时，线路安全条件差。而建桥跨河方案，线路顺直，可避免前述缺点，运营条件好，但可能工程投资较大，工期较长，在设计时应经过比选确定。当两种方案工程量比较接近，且工期不受影响的情况下，一般以取直方案较为有利(图 10-30)。

线路遇到山嘴处，有两种定线方式：其一是沿山嘴绕行，另一种是修建隧道通过。前者定线不仅线路长，平面条件差，并有受地质不良影响，工程复杂，占用农田多等缺点；后者修隧道取直通过，则线路短直，安全条件较好，但往往工程投资较大，在设计时应通过比选确定。

二、越岭地区

当线路需要从某一水系(河谷)转入另一水系(河谷)时，必须穿越分水岭。如宝成线横越

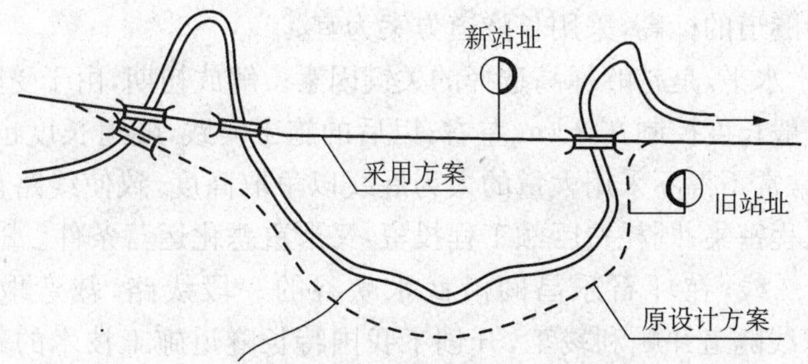

图 10-30 河湾地段绕行与直线方案比较

秦岭，川黔线过娄山山脉，成昆线翻越小相岭，都是越岭地区定线的实例。越岭地区高程障碍大(一般需要展线)，地质复杂，工程集中，对线路的走向、主要技术标准(特别是限制坡度和最小曲线半径)以及工程数量和运营条件、运输能力等影响极大。所以在越岭地区应进行大面积选线，认真研究、寻找合理的越岭线路方案。

越岭线路通常是沿分水岭垭口的河谷定线，以隧道穿越垭口，再沿分水岭另一侧的河谷向下游定线(图 10-31)。所以要以选择越岭垭口为重点，解决好越岭垭口、越岭隧道位置及标高(长度)和分水岭两侧引线这三个既是各自独立又互相依存的主要问题。

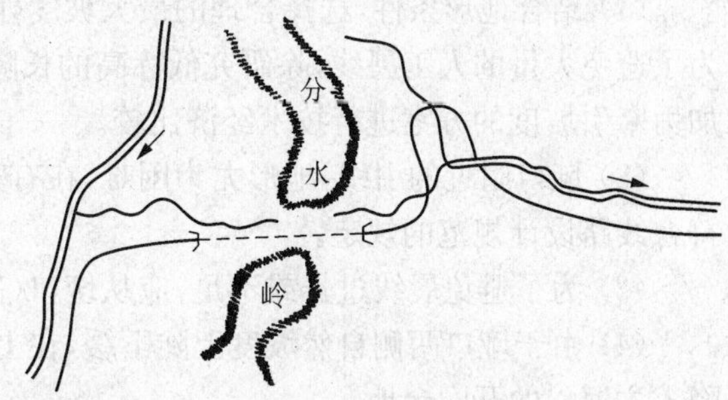

图 10-31 越岭线路

1. 越岭垭口选择

垭口是越岭线路的重要控制点，理想的垭口应具备下列条件。

(1) 垭口与线路走向配合良好，如垭口位于短直方向附近，可缩短线路长度，节省筑线工程费和运营费用；

(2) 垭口低，山体薄，可缩短越岭隧道的长度；

(3) 垭口的地质条件好；

(4) 垭口两侧引线条件好，如两侧河谷开阔，纵坡平缓、地质条件较好时，可节省工程数量，也给运营创造有利条件。

2. 选择越岭标高

在选定的越岭垭口的基础上，需要深入调查研究、全面考虑越岭隧道位置、隧道标高(长度)和两侧引线的方案。一般情况下，越岭(隧道)标高愈高，则越岭隧道愈短，但两端引线愈长；反之，越岭(隧道)标高愈低，两端引线愈短，对运营愈有利。就工程而言，理想的越岭标高应使引线和隧道总的建筑费最小。因此，越岭隧道的合理标高与长度的选择，取决于垭口的标高、地面自然坡度、地质条件外，还与设计线的运量、限制坡度(或加力牵引坡度)以及隧道施工技术水平有关。

设计线运量大，限制坡度小，宜采用越岭标高低的长隧道方案；若两侧沟谷地面标高或纵坡相差很大，则越岭隧道标高及长度主要取决于标高较高或纵坡较缓的一侧；若越岭两侧的自然纵坡陡、高差大、展线长，为减少拔起高度，改善引线条件，便利施工运营，在工期容许的情况下，以尽量降低越岭隧道的标高，采用长隧道方案为宜。

隧道施工的技术水平，是越岭标高选择的关键因素。解放初期，由于受隧道施工技术水平的限制，越岭隧道一般长度控制在 2 km 左右；以后的施工实践，隧道长度也不超过 6～7 km。因此，在越岭地区，常常不得不采用大量的人为展线以争取高度，致使线路盘旋于崇山峻岭之中，展线路段桥隧工程密集；既耗费巨额工程投资，又严重恶化运营条件。20 世纪 80 年代，京广铁路南段修建第二线，在坪石乐昌间沿武水峡谷的一段线路，裁弯取直而选定了长达 14.3 km的大瑶山双线隧道并顺利竣工，开创了我国特长隧道施工技术的新局面。当今现代盾构技术更为隧道建筑提供了有效手段。为在越岭地区选线时，合理选用标高低、坡度缓、运营条件好的长隧道方案提供技术支持。

3. 越岭两侧的定线

越岭两侧定线时，应注意下列几点。

(1) 结合地形条件，选择合理的最大坡度(限制坡度或加力牵引坡度)。越岭地区高差大，为了避免大量的人工展线，除研究低标高的长隧道越岭方案外，还应考虑与新型大马力牵引或加力牵引坡度的方案进行技术经济比较。

(2) 垭口附近的引线，地形尤为困难，在有充分依据时，可合理选用较小的曲线半径，但应符合线路设计规范的规定。

(3) 为了避免展线过长或不足，应从垭口(高处)往两侧(低处)定线。

(4) 由于垭口两侧自然坡度上陡下缓，在上游应尽量利用支沟侧谷合理展线，使线路尽早降入主河谷的开阔台地。

引线的路肩设计标高应比规定洪水频率的设计水位(连同波浪侵袭高度)至少高出 0.5 m。

三、平原、丘陵地区

平原地区地势平坦，丘陵地区丘岗连绵，但相对高差不大。其共同之处是：除人烟稀少的草原外，一般经济都比较发达，占地及拆迁问题往往比较突出。地质条件一般也较好，但水文条件可能比较复杂。定线中遇到的平面障碍多于高程障碍。为此，平原、丘陵地区定线时应着重解决好以下几方面的问题。

1. 线路尽量顺直

平原、丘陵地区定线，除跨越大江(河)的合理桥址影响线路走向外，其他自然条件一般不起控制作用。故应循航空折线把线路尽量定得顺直一些。绕避障碍物及设置曲线，必须有充分理由；在不致引起工程量显著增加的前提下，尽量采用较小偏角、较大半径，以便缩短线路并取得较好的运营条件。

丘陵地区地形起伏，山坡陡缓多变，线路位置对土石方工程影响很大。选线设计时，平面、纵断面和横断面要密切配合，尽量减少工程量。一般地段应注意填挖平衡。

2. 正确处理铁路与行经地区的关系

(1) 平原、丘陵地区城镇密布，工、农业发达，城镇内外的道路、沟渠、电力线路等纵横交错。选定线路位置时，应尽量减少拆迁和少占用耕地以及现有道路、沟渠和电力、通讯管线的改移；丘陵地区为了少占农田，在地形有利时，铁路宜靠近山坡，但也应注意避免增大工程量。

(2) 分布车站，尤其是大型客、货站，应结合城镇规划。既考虑方便地方客货运输，也要兼顾铁路运营效率的发挥。

(3) 线路位置要与水利工程、农业灌溉和其他交通方式相配合。为确保铁路行车安全，要认真布置好沿线的公路道口和立交桥涵，有条件时，修建立交道口，加大排洪桥涵孔径。

3. 注意适应水文条件的要求

平原和低缓丘陵地区，易受洪水泛滥的危害，线路宜选在洪水泛滥线之外；大河的桥址宜选在主流集中、河槽顺直、河床稳固河段；跨河造桥则桥梁孔径不宜压缩；当线路通过洪泛区时，桥梁和路基应有足够的高度，以免被洪水淹没，并做好路基防护工程。

桥涵设置要保证农田灌溉需要。对于跨过渠道线路，当路堤高度允许时，应设置涵管；深路堑处应设高架水槽。

四、不良地质地区

地形与地质条件往往是矛盾的，有的地方地形较平缓，但恰恰是隐藏着各种不良地质的问题。在一般情况下，对线路方案选定具有决定性影响的往往是地质条件。线路的方向和位置，必须根据工程地质调查资料进行研究、比较后决定。否则会造成非常严重的后果。例如，解放前修建的宝天线，不重视地质条件，不少地段出现崩坍、滑坡、路基变形等，经常中断行车，危及行车安全，有时造成重大的灾难，被称为铁路的"盲肠"。解放后耗费了大量的劳力和资金进行改线和整治。成昆铁路和南昆铁路，地处西南山区，沿线地形复杂。不良地质现象十分严重，号称"地质博物馆"、"地层博览"、"地下迷宫"。但由于吸取了以往的经验教训，设计部门十分重视地质工作，进行了大规模的地质勘探，在工程地质问题的处理上取得了不少宝贵经验。通车后的考验表明，绝大多数工程地质问题的处理是成功的。

不良地质地区的选线经验，可以归纳为以下三个方面。

1. 掌握区域地质情况

在大面积选线和线路原则方案比较中，要了解区域地质情况，根据构造特征慎重研究线路方案。地形、地质条件与工程地质特征都与区域地质有关。因此，只有搞清线路通过地区的区域地质情况，才能深刻认识和理解沿线工程地质特征，掌握不良地质现象分布和发展规律，预见各个地段可能发生的工程地质问题，这是选好方案和正确解决有关工程地质问题的基础。

2. 合理绕避不良地质地段

线路行经不良地质地段时，要进行深入的调查研究，充分掌握资料，针对每段不良地质现象的数量、规模、成因发展状态、对铁路的危害以及整治的难易程度等，经过分析比较，确定采用绕避或整治措施。对规模较大，正在活动、整治困难，严重危及行车安全的不良地质地段，应尽量绕避。对规模不大的不良地质，如绕避投资增加不多，则绕避方案也可采纳，以利于施工、养护和行车通畅。

采取绕避措施应注意如下几点。

(1) 在河谷地区沿山坡定线，遇到严重不良地质或山坡岩层很不稳定，难以采用路基通过时，可局部移动线路位置，或外移建桥或内移修隧道。

(2) 当局部移动线路位置不能彻底避开不良地质的影响、且可能留有后患时，可拟定较大范围的绕避方案(包括建桥跨河方案)，通过技术经济比较确定。

3. 采用工程措施,彻底整治

当线路经过规模不大、地质稳定性较好、整治较易的不良地质地段时,可考虑采用有效的和经济合理的工程措施,彻底整治,不绕避而是选择有利的部位与合理的标高通过。

第五节　铁路线路设计方案比选方法

铁路线路设计方案比选指某项线路工程项目存在两种及其以上实施方案,通过方案之间的比较,筛选出最优(或较优)的方案。在铁路勘察设计工作中,无论从整体上还是局部上,往往存在多个可能的技术方案,设计方案比选就是从技术上可行、经济上合理角度淘汰差劣方案,以期项目能够发挥最大的经济效益。

一、总体方案经济比较

铁路线路设计方案之间,多数效益相同或基本相同而且难以用数量具体计算。为了简化计算,一般依据铁路工程费和运营费支出情况,采用较为简便的计算方法。

(一) 追加投资回收期法

假设某铁路建设项目有甲、乙两个可选方案,都为一次性施工建成,运营过程中不考虑改扩建。各方案的总投资为 $A_{甲}$ 和 $A_{乙}$,且 $A_{甲} > A_{乙}$;平均年运营费为 $\varepsilon_{甲}$ 和 $\varepsilon_{乙}$,且 $\varepsilon_{甲} < \varepsilon_{乙}$,则追加投资静态和动态回收期分别可按式(10-13)和式(10-14)计算。

$$T = \frac{A_{甲} - A_{乙}}{\varepsilon_{乙} - \varepsilon_{甲}} \quad (年) \tag{10-13}$$

$$T' = \frac{\lg(\varepsilon_{乙} - \varepsilon_{甲}) - \lg[\varepsilon_{乙} - \varepsilon_{甲} - (A_{甲} - A_{乙}) \times i]}{\lg(1 + i)} \quad (年) \tag{10-14}$$

式中　T(或 T')——静态(或动态)追加投资回收期,年;

i——建设资金年利率(或折现率),%。

追加投资回收期法的含义是投资大的甲方案通过年运营费的节省($\varepsilon_{乙} - \varepsilon_{甲}$),将追加投资部分($A_{甲} - A_{乙}$)可在 T(或 T')年内得到偿还。$T+1$(或 $T'+1$)年后,甲方案将比乙方案因运营费的节省而获得更大的效益。

若规定的追加投资标准回收期为 T_p,则当 T(或 T')$\leqslant T_p$ 时,甲方案有利,反之则相反。

(二) 费用现值法

1. 基本原理

新建的铁路线路通常会随着运量增长而逐步扩建和发展的。为了适当地反映铁路改扩建工程分期投资的经济效果,可根据分期投资额、各年度运营费、计算期末固定资产残值以及回收流动资金,采用一定的折现率,将各项费用支出换算至同一基准年度的费用,然后进行累加、比较,费用现值较小者,即为有利方案。

(1) 基准年的确定。可选择投资当年、运营第一年或其他年份,以计算方便为确定原则。

(2) 运营期。铁路运营期原则上计算至设计能力达到饱和的年度。当各方案计算期不一致时,取最短的运营年限为计算期,其他方案相应计算回收固定资产余值。费用现值的一般表达式见式(10-15)。

$$E_p = E_A + E_\varepsilon + E_y + E_h - R_v \quad (万元) \tag{10-15}$$

式中 E_p——换算费用现值,万元;

E_A——工程投资现值,万元;

E_ε——各年度运营费累计现值,万元;

E_y——机车车辆购置费累计现值,万元;

E_h——货物运输延迟损失费累计现值,万元;

R_v——计算期末固定资产残值及可回收流动资金之和的现值,万元。

2. **各项现值费用计算**

假设现值的计算基年为第一次投资的前一年(即第0年)。

(1) E_A

$$E_A = \sum_{t=1}^{m}(A_t \times K_t) \quad (万元) \tag{10-16}$$

式中 m—— 工程建设期,年;

A_t—— 建设期第 t 年的工程投资额,万元;

K_t—— 第 t 年的折现系数,$K_t = \dfrac{1}{(1+i)}$

(2) E_ε

$$E_\varepsilon = \sum_{t=m+1}^{m+n}(\varepsilon_{t-m} \times K_t) \quad (万元) \tag{10-17}$$

式中 n—— 铁路计算运营期,年;

ε_t—— 运营期第 t 年的运营费,万元。

(3) E_y

假定机车车辆购置费与运营费一样与运量呈线性增长关系,但考虑到机车车辆的使用特点,计算时应注意两点:

① 除运营第一年应按运营需要量全部提前购置外,以后各运营年度只是在上一年度的基础上补充增购不足之数;

② 当年需要的机车车辆购置费必须在运营年度开始前(即提前一年)支出。

$$E_y = Y_1 \times K_m + \sum_{t=m+2}^{m+n}(Y_{t-m} - Y_{t-m-1}) \times K_{t-1} \quad (万元) \tag{10-18}$$

式中,$Y_1, Y_2, \cdots, Y_n$ 为铁路运营第1, 2, …, n 年需要机车车辆的购置费,万元。

(4) E_h

计算方法可比照机车车辆购置费现值的计算,唯一的区别是货物运输延迟损失费发生在运营当年。

$$E_h = H_1 \times K_{m+1} + \sum_{t=m+2}^{m+n}(H_{t-m} - H_{t-m-1}) \times K_t \quad (万元) \tag{10-19}$$

式中,$H_1, H_2, \cdots, H_n$ 分别为铁路运营第1, 2, …, n 年货物运输延迟损失费,万元。货物运输延迟损失费一般可按货车周转时间的延长而耽误了货物运送时间所引起的额外增加的货物周转量损失计算，见式(10 - 20)。

$$H_i = (M_1 - M_2) \times q_{静} \times C \times \gamma_{重} \quad (万元) \tag{10-20}$$

式中 M_1，M_2——两个方案的运用货车数量，辆。$M_1 > M_2$；

$q_{静}$——每辆货车的平均静载重，t/辆；

C——每吨货物的平均价值，万元/t；

$\gamma_{重}$——重车流比重，$\gamma_{重} = \dfrac{重车流量}{重车流量+空车流量}$。

(5) R_v

对于不同设计方案，因其达到设计能力饱和期限和年运营占用流动资金的差异，计算期末固定资产残值和可回收的流动资金是不一样的。计算方法见式(10 - 21)。

$$R_v = (F_0 - n \times D + W) \times K_{m+n} \quad (万元) \tag{10-21}$$

式中 F_0——固定资产原值，万元；

D——年基本折旧费，万元；

W——计算期末回收流动资金，万元。

二、局部方案技术经济比较

在长大铁路干线选线过程中，常需要分段对某些总局的线路定位进行多方案的比选。从比较要求出发，往往根据工程情况，分析计算若干工程数量和经济指标，比较工程数量或工程费，结合方案建设与运营的优缺点分析，决定方案的取舍。京沪高速铁路在设计某段线路位置时，曾比较了两个方案(表 10 - 8)。根据工程数量、经济指标，结合运营条件分析，最终选择了 A 方案。

表 10 - 8 **A, B 方案比较表**

章号	项目名称			单位	数量		金额/万元	
					A 方案	B 方案	A 方案	B 方案
	线路长度			km	209.798 1	225.077 4	—	—
一	施工准备			万元			31 707.4	36 155.8
二	路基土石方	区间	土方	10^4 m^3	53.46	65.07	3 165.8	3 712.6
			级配碎石	10^4 m^3	1.62	2.97	257.8	456.8
		站场	土方	10^4 m^3	194.49	312.93	10 781.1	17 347.5
			级配碎石	10^4 m^3	—	—	—	—
		干砌片石		圬工方	—	—	—	—
		其他		万元	—	—	43 169.9	54 046.3
		以上小计		10^4 m^3	—	—	89 081.91	111 718.98

续 表

<table>
<tr><th rowspan="2">章号</th><th colspan="3" rowspan="2">项目名称</th><th rowspan="2">单位</th><th colspan="2">数量</th><th colspan="2">金额/万元</th></tr>
<tr><th>A方案</th><th>B方案</th><th>A方案</th><th>B方案</th></tr>
<tr><td rowspan="9">三</td><td rowspan="7">桥涵</td><td colspan="2">特大桥</td><td>双延米</td><td>220 280</td><td>233 358</td><td>1 040 823.0</td><td>1 102 616.6</td></tr>
<tr><td colspan="2">大桥</td><td>双延米</td><td>—</td><td>468.1</td><td>—</td><td>2 246.4</td></tr>
<tr><td colspan="2">中桥</td><td>双延米</td><td>—</td><td>67.5</td><td>—</td><td>331.5</td></tr>
<tr><td colspan="2">小桥</td><td>双延米</td><td>—</td><td>—</td><td>—</td><td>—</td></tr>
<tr><td colspan="2">涵洞</td><td>双延米</td><td>342.3</td><td>352.8</td><td>571.1</td><td>676.4</td></tr>
<tr><td colspan="2">框构桥</td><td>m²</td><td>—</td><td>—</td><td>—</td><td>—</td></tr>
<tr><td colspan="2">小计</td><td>万元</td><td>—</td><td>—</td><td>1 041 394.1</td><td>1 105 870.8</td></tr>
<tr><td rowspan="2">隧道</td><td colspan="2">双线隧道</td><td>双延米/座</td><td>—</td><td>—</td><td>—</td><td>—</td></tr>
<tr><td colspan="2">小计</td><td>延长米/座</td><td>—</td><td>—</td><td>—</td><td>—</td></tr>
<tr><td rowspan="7">五</td><td rowspan="7">轨道</td><td rowspan="2">正线</td><td>铺轨</td><td>km</td><td>419.596</td><td>450.154</td><td>58 603.2</td><td>62 871.2</td></tr>
<tr><td>铺碴</td><td>万 m³</td><td>222.57</td><td>234.09</td><td>37 506.1</td><td>39 444.2</td></tr>
<tr><td rowspan="3">站线</td><td>铺轨</td><td>km</td><td>11.25</td><td>14.28</td><td>1 563.8</td><td>1 985.3</td></tr>
<tr><td>铺道岔</td><td>组</td><td>48</td><td>54</td><td>777.6</td><td>878.4</td></tr>
<tr><td>铺碴</td><td>万 m³</td><td>4.1</td><td>6.2</td><td>679.3</td><td>1 019.9</td></tr>
<tr><td colspan="2">线路有关工程</td><td>万元</td><td>—</td><td>—</td><td>3 688.2</td><td>3 956.9</td></tr>
<tr><td colspan="2">小计</td><td>万元</td><td>—</td><td>—</td><td>102 818.2</td><td>110 155.9</td></tr>
<tr><td>六至九</td><td colspan="3">运营建筑及设备</td><td>万元</td><td>—</td><td>—</td><td>2 214.8</td><td>2 192.9</td></tr>
<tr><td>十</td><td colspan="3">大临及过渡工程</td><td>万元</td><td>—</td><td>—</td><td>21 929.6</td><td>23 485.8</td></tr>
<tr><td>十一</td><td colspan="3">其他费用</td><td>万元</td><td>—</td><td>—</td><td>80 265.0</td><td>86 265.5</td></tr>
<tr><td>十二</td><td colspan="3">基本预备费</td><td>万元</td><td>—</td><td>—</td><td>133 894.6</td><td>144 100.6</td></tr>
<tr><td colspan="4">工程费合计</td><td>万元</td><td>—</td><td>—</td><td>1 503 305.6</td><td>1 619 946.3</td></tr>
<tr><td rowspan="2">占地</td><td colspan="3">正线</td><td>亩</td><td>6 474</td><td>7 051</td><td>—</td><td>—</td></tr>
<tr><td colspan="3">站线</td><td>亩</td><td>1 003</td><td>1 228</td><td>—</td><td>—</td></tr>
<tr><td colspan="4">占地</td><td>亩</td><td>7 477</td><td>8 279</td><td>—</td><td>—</td></tr>
</table>

复习思考题 10

[10-1] 铁路定线的主要工作有哪些？

[10-2] 新建铁路线走向选择的主要依据有哪些？

[10-3] 在铁路线路定线中，为什么应采用“纸上定线与现场定线”相结合的做法？

[10-4] 何谓紧坡定线和缓坡定线？两者定线时考虑问题的侧重点有何不同？

[10-5] 在单线铁路选线设计中，“站间距”常成为断面规划中需要考虑的最重要因素，为什么？

[10-6] 什么是“展线”？其采用的条件是什么？

[10-7] “展线系数”的含义是什么？铁路选线中常见的展线方式有哪几种？各自的主要特征是什么？

[10-8] 什么是“拔起高度”？铁路选线中减少拔起高度有何好处？

[10-9] 某铁路工程项目有两个实施方案。其中A方案一次性投资建成，乙方案采用分两期投资建成，其中第二期投资要求在运营第6年前完成，分年投资安排如表10-9。

表10-9 建设方案 单位：万元

方案	第一期				第二期		
	1	2	3	合计	1	2	合计
A	10 000	27 000	13 000	50 000	—	—	—
B	6 000	16 000	13 000	35 000	8 000	12 000	20 000

运营计算期按10年计。折现率 $i = 10\%$，其他费用经计算如表10-10(假定运营费、机车车辆购置费、货物延迟费均按运量呈线性增长关系，计算期末回收余额按投资原值的10%计)。试用费用现值法比较哪个方案更经济？

表10-10 运营费用计算表 单位：万元

	运营费		机车车辆购置费		货物延迟损失费		期末残值
	ε_5	ε_{10}	Y_5	Y_{10}	H_5	H_{10}	R_v
A	650	900	800	1 300	—	—	5 000
B	700	870	850	1 250	20	25	7 000

第十一章　城市轨道交通选线

第一节　城市轨道交通网络规划

一、线网规划的基本原则

城市轨道交通线络规划的目的是为了使轨道交通的规划符合城市总体规划的要求，满足近远期居民出行的需要，保证轨道交通能够持续有序地建设。一般应遵循如下基本原则。

(1) 必须根据城市总体发展规划，城市客流流向分布，以合理的线网密度，最佳的线路布置，确定线网的总体规模、覆盖范围、换乘节点等。充分体现公共交通以人为本的宗旨，提高服务水平。

(2) 线网的结构形态要与城市形态、道路布局相适应。线路要沿主客流走廊布置，并尽可能多地串联主客流集散点。站位的布置要考虑轨道交通相交线间以及与其他交通方式的便捷换乘，减少旅客换乘次数和走行距离。

(3) 线网的基本骨架线路应尽可能合理地经过城市中心、副中心，以及主要交通枢纽、文化商业区、大型居民区和经济开发区。

(4) 应协调好轨道交通、地面公交、市郊铁路三者之关系，使它们在城市客运中，充分体现各自的功能地位和服务水平。

(5) 应充分考虑车辆段、停车场用地问题，并考虑各条线共用的可能性。

(6) 网络中各条线路的形式应因地制宜，在满足环保要求的前提下，结合城市地形、环境、道路等条件，合理选用地下、地面、高架布置形式，以尽量降低建设成本。

落实上述原则，需要采用定性、定量分析，经客流预测和多方案比选，确定远景线网总图规划。

二、网络的基本结构形式

根据城市现状与规划情况编制的、由路网中各条线路组成的几何图形一般称城市轨道交通网络结构形式。目前，世界各国城市的快速轨道交通路网结构形式比较繁杂。从几何图形特征上分析，有放射形、放射加环线形、棋盘形、棋盘加环线形等多种网络结构形式(图 11 - 1)。

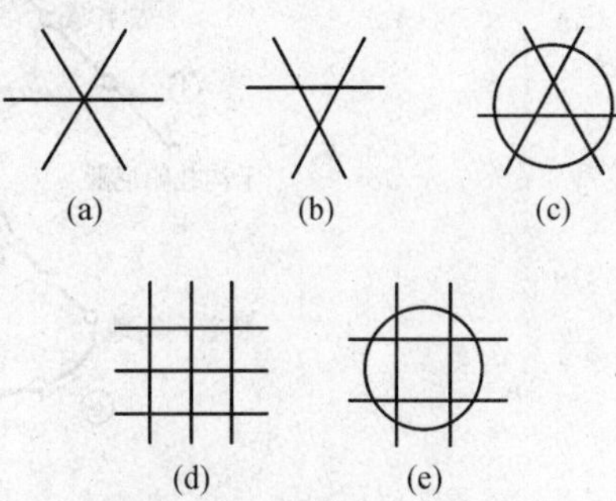

图 11 - 1　网络结构形式

(1) 放射形。如图 11 - 1 的(a)，(b)，它由若干条线经市中心向外放射形成。类似的路网有捷克的布拉格市地铁，见图 11 - 2。

(2) 放射加环线形。如图 11 - 1 的(c)，通过环线将各条放射线有机地联系在一起。俄罗斯的莫斯科市地铁网是比较典型这种形式，见图 11 - 3。

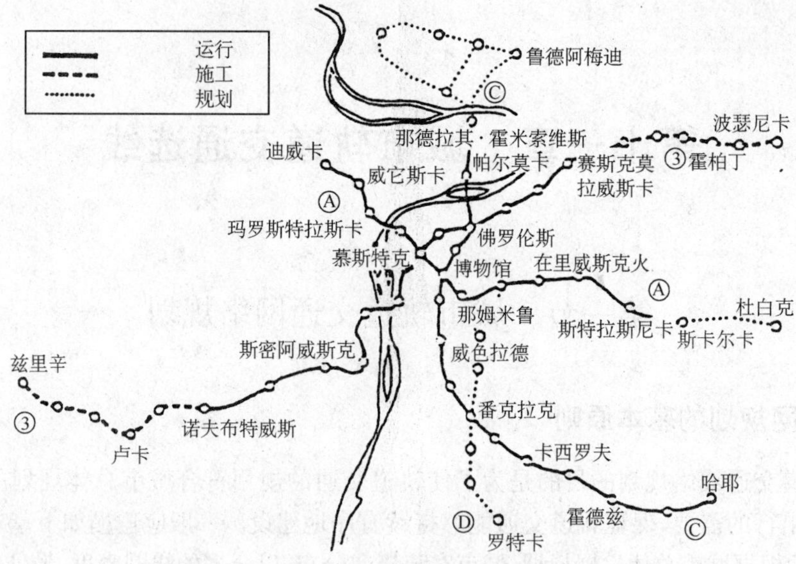

图 11-2　布拉格地铁网

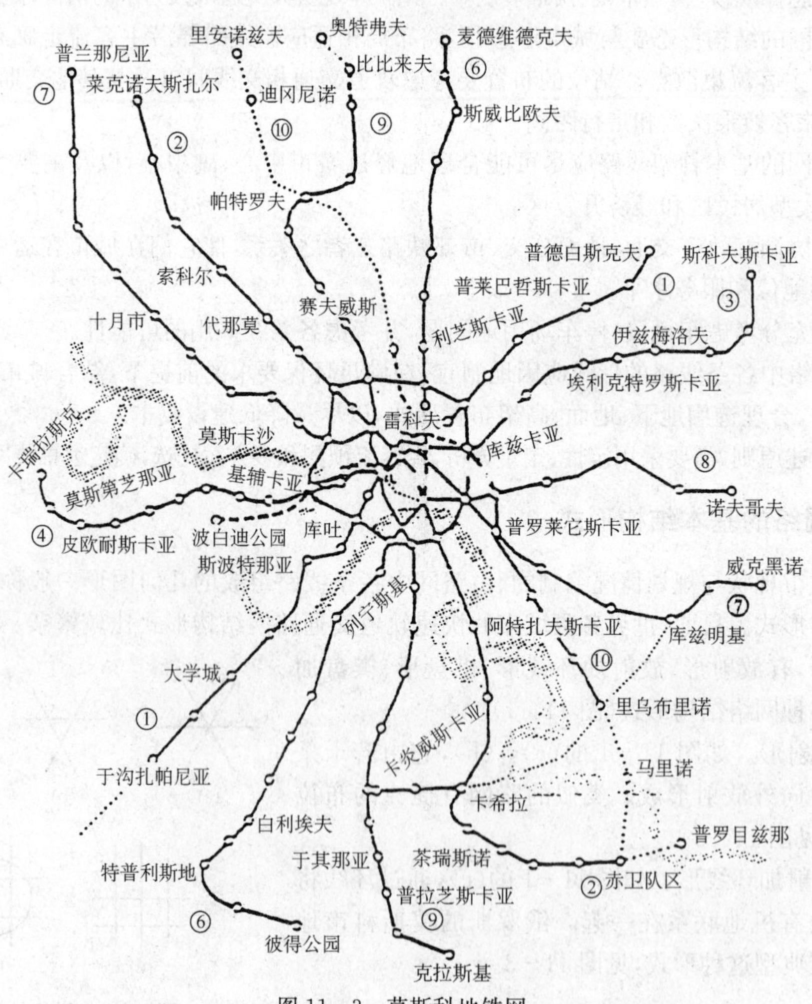

图 11-3　莫斯科地铁网

(3) 棋盘形。如图 11.1 的(d)所示,是由若干纵横线路在市区相互平行布置而成。墨西哥市地铁网基本上是属于这种形式的路网,见图 11-4。

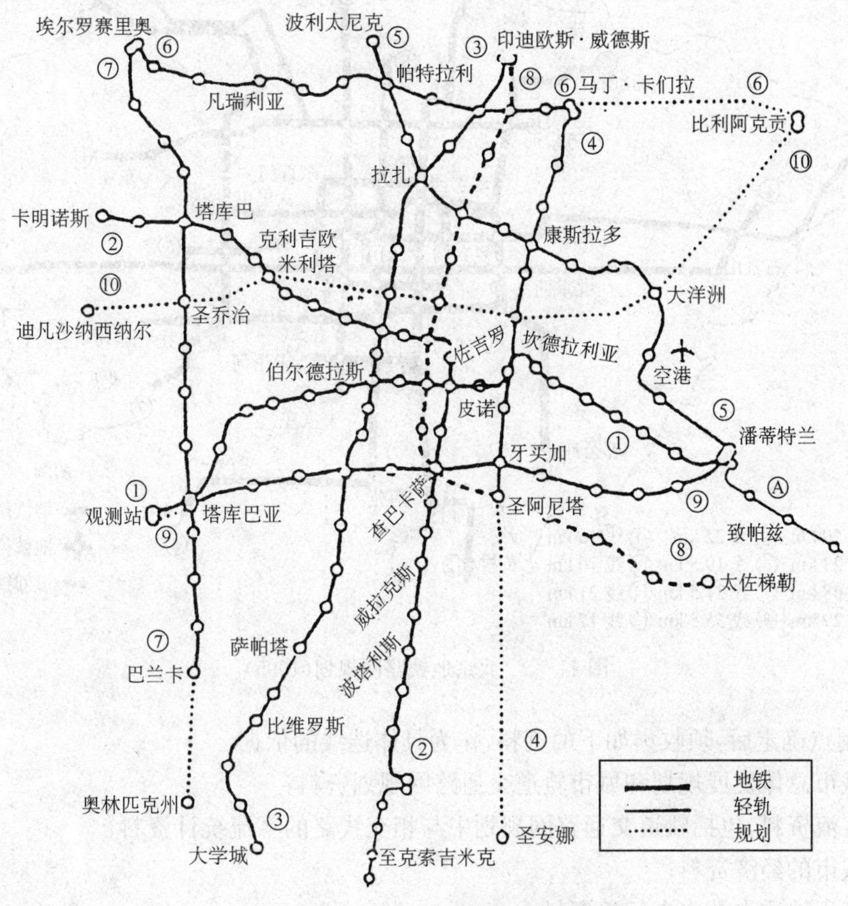

图 11-4　墨西哥市地铁网

(4) 棋盘加环线形。如图 11.1 的(e)所示,环线一般位于客流密度较大的地方,并尽可能多地贯穿大的客流集散点,如城市对内、对外交通枢纽等。这种路网的典型形式如 1995 年北京地铁路网规划(图 11-5)。

另外,国内外有许多城市因城市规模不大,或城市地理位置特殊等原因,城市客流流向较集中单一,往往不需要修建很多快速轨道交通线路。这样路网结构就形成了较简单的几何图形,如国外较典型的类似路网有秘鲁利马一字形地铁、日本神户 L 形地铁、英国格拉斯哥○形地铁、巴西累西腓 Y 形地铁、哥伦比亚麦德林 T 形地铁和意大利罗马十字形地铁等。因篇幅关系,这里不再一一图示。

第二节　城市轨道交通线路走向选择

一、选线依据

选线是路网规划及建设项目工程可行性研究阶段的重要内容。一般在线路走向、起讫点

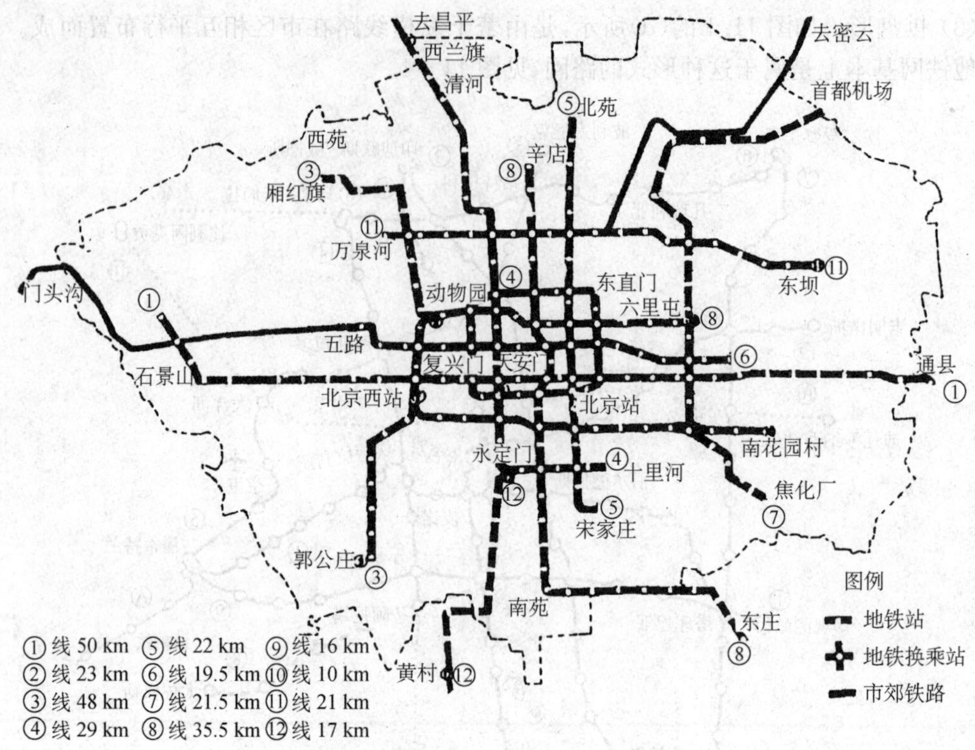

图 11-5 北京地铁路网规划(1995)

和主要控制点确定后，须收集如下的资料，作为具体选线的依据。

(1) 城市总体发展规划和城市轨道交通路网规划资料；

(2) 客流资料，包括轨道交通路网规划中与相交线路的客流统计资料；

(3) 城市的经济资料；

(4) 工程地质水及水文气象资料；

(5) 地形图资料(包括规划道路红线，道路平、立交资料、现状及规划道路横断面等)；

(6) 线路可能经过区域内的文物保护资料；

(7) 线路可能穿越的街坊建筑区内的主要房屋及基础资料；

(8) 线路可能经由区域内的市政管网(现状及规划)等地下设施资料；

(9) 线路沿线经过的既有轨道交通路线的主要技术标准及其平、纵断面竣工资料；

(10) 车辆技术参数资料。

二、线路总体布局要点

根据国家城市轨道交通建设工程标准规定，线路总体布局应重点把握功能定位、接驳换乘、客流效益。

(1) 拟建线路应依据城市轨道交通线网规划进行选线布站。根据在线网中功能定位和客流预测分析，明确线路性质、运量等级和速度目标。

上海作为拥有千万人口的巨型城市，早期在城区范围内布设的 1，2，3，4 号轨道交通线均采用Ⅰ级(高运量)线路等级。多年运营效果表明，线路选型是正确的。后期 8 号轨道交通线采用了Ⅲ级(中运量)线路等级,列车最高运行速度 80 km/h,选用 C 型车,最长列编组为 7 辆。但线路开通运营之初(6 辆编组/列)就出现中心地段"限流"的尴尬。

(2) 拟建线路应有全日客流效益、通勤客流规模、大型客流点的支撑。车站应服务于重要客流集散点,起讫点车站与其他交通枢纽相配合,构筑城市交通一体化,并落实城市规模用地。上海地铁 1 号线一期工程(图 11-6)是为解决上海市漕河泾、徐家汇、人民广场及上海火车站地区之间的南北客流交通繁忙问题,其中徐家汇、人民广场、上海火车站是上海市大客流的集散点。无论从经济效益和社会效益来讲,轨道交通线路应选在客流大而稳定的街区内,尽可能通过或靠近城市主要的工业区、居住区、行政文化区中心、大型商业网点、对外交通枢纽及市内公交集中换乘点,最大限度地吸引客流,以发挥其最大的运营效能。有时可能需要放弃控制点间的最短经由方向。例如图 11-7 中,上海地铁 1 号线一期工程衡山路至人民广场间,长约 5 km,有复兴中路、淮海中路和延安中路 3 条路由可选,以复兴中路方案为最短,施工干扰也小,但最后选定线路比复兴中路方案长 200 m 的淮海中路方案,理由是繁华的淮海路商业街,吸引客流比复兴中路大 50%。

图 11-6　上海地铁 1 号线(一期)走向图

(3) 拟建线路起、终点不应设在市区内大客流断面位置,也不宜设在高峰断面流量小于全线高峰小时单向最大断面流量 1/4 的位置。因为,其一,起点站的上车客流过大,车厢满载过高,会限制下一个车站的上客量,不利于线路的正常运营组织;其二,若终点站下客流量过大,必将延长到站列车的清客停站时间,影响列车折返间隔,降低线路运输能力。

(4) 每条线路长度不宜大于 35 km。对于超长线路应以最长交路运行 1 h 为目标,旅行速度达到最高运行速度的 45%～50%为宜。根据线路的建设标准,城市范围内的轨道交通平均旅行速度约 35～40 km/h。1 h 左右的全程运行时间是城市交通一次出行的特性要求,否则乘

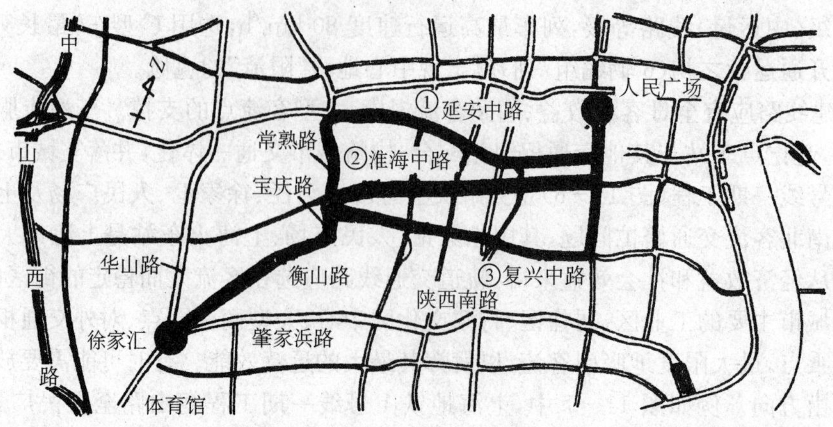

图 11-7 上海地铁 1 号线(一期工程)衡山路至人民广场段方案比较

客会产生乘车疲劳,司机易产生驾驶疲劳,影响行车安全。

(5) 对于穿越城市中心的超长型线路,应分析全线不同地段客流断面和分区 *OD* 的特征;分析在线网中车站和换乘点分布;分析列车在各区间的满载率,合理确定线路起讫点、站间距离和旅行速度目标。上海轨道交通 11 号线原规划从城市西北(嘉定区)至东南(原南汇区)的市域特征的轨道交通线,线路长度约 120 km。考虑线路过长,该项建设工程被划分为北、南两段:北段为嘉定北站至浦东三林(11 号线),60 km;南段为浦东三林至临港新城(21 号线),60 km。而且,两段分别采用两种不同的技术模式,北段最高时速 100 km/h,接触网供电;南段最高时速 120 km/h,第三轨供电。在浦东轨道交通核心枢纽——龙阳路站设换乘站。

(6) 对设置支线的运行线路,支线长度不宜过长,接轨点必须在车站,宜选择在客流断面较小的地段。上海轨道交通 11 号线(北段)就采用干支线的"Y"形线路布局形式(图 11-8),

图 11-8 上海轨道交通 11 号线(北段)示意图

嘉定新城为接轨站，主线为嘉定北站至浦东三林，贯通市区；支线为嘉定新城站至安亭站(12.57 km)，提供嘉定区南北向快速轨道交通服务。未来将西延伸至昆山市的花桥(约6 km)，成为全国第一条跨行政区域的地方轨道交通线。

(7) 两条线路的正线共线运行地段，应符合支线接轨条件，且应分别满足两线列车行车密度的要求。上海市轨道交通3号、4号(环线)在宝山路站—宜山路站段的九个区间共线运行。自2005年通车运营以来，共线段通过能力不足问题阻碍着3号、4号线运能的进一步提高。

(8) 处理好先期建设的线路与远期规划线路换乘节点的布置与预留。以人为本地进行城市交通建设规划，是当前世界各国城市交通建设的重要原则。其主要表现在减少换乘时间，加速旅客输送，力争使两条换乘线上的绝大多数旅客能够实现"门到门"的换乘，最大限度地缩短换乘距离。这就要求先期建设的线路增加一些费用支出，为未来路网中乘客的换乘方便创造条件，这比以后改建线路增设换乘设施投资节省。上海轨道交通中心换乘站——人民广场站换乘系统几经改造便是一个值得汲取教训的案例。另外，多线换乘站会给车站流线组织带来难度。人民广场站三线换乘大厅式换乘，就存在"流线对冲"、危及乘客安全的问题。

(9) 合理安排车辆段、停车场位置。车辆段和停车场是轨道交通系统中占地较多的工程。应根据线网规划统筹安排，充分考虑资源共享。因此，线路走向一方面应结合城市用地情况合理选择车辆段、停车场的位置，另一方面也要尽量减少出入段(场)线长度，并使车辆段、停车场与正线有便捷的联系条件。

三、线路方案比选

由于城市交通线路走向的选择对其工程建设和城市发展影响重大，选线时对局部线路走向应作多方案比选，比较内容如下。

(1) 吸引客流条件。包括客流量大小、吸引范围内居住及工作人口的多少、照顾客流集散点的多少、乘客便利条件及其他交通工具的换乘条件。

(2) 线路条件。包括线路长度、曲线半径大小及曲线总转角大小、车站数目、车站设置条件等。

(3) 施工条件。包括施工方法、施工场地安排、施工运输道路以及施工难易条件之评价。

(4) 施工干扰。包括对房屋、地上地下管线等拆迁量大小，对道路交通的影响，对商业经营的影响等。

(5) 对城市的影响。主要是评价线路走向与城市改造发展规划的一致性及结合程度。

(6) 工程造价与运营效益。城市轨道交通更注重宏观经济效益评价。随着我国城市轨道交通相关产业的发展，提高城轨交通设备的国产化率是降低工程造价的重要途径。

第三节　车站分布与站位选定

车站分布与站位选定是城市轨道交通线路选线的主要内容之一。由于站位设置不当或技术条件不合适往往会引起线路平、纵断面的改变。所以只有与选线紧密结合，相辅相成，才能选出好的线路与车站位置。

一、车站分布的影响因素

车站应布设在主要客流集散点和各种交通枢纽点上，其位置应有利于乘客集散，并应与其他交通换乘方便。因此,城市轨道交通车站分布与站位选定一定要结合城市规划和城市规模,并根据车站周围的土地使用情况、地面建筑物和地下管线状况、车站附近的客流量大小、沿线大型公共活动场所的位置、地面公交情况、城市轨道交通路网规划中相交线路的换乘关系、工程和环境条件以及考虑适当的站间距离等因素,经详细调研、认真比选后确定。以利最大限度地吸引客流,方便乘客,充分发挥城市轨道交通在公共交通中的骨干作用和规划线路的服务功能。车站布设主要影响因素如下。

(1) 城市规模大小。城市规模大小包括城市建成区和规划区面积。城区面积越大,线路客流大,乘距长。城市轨道交通则应以长距离乘客为主要服务对象,车站分布宜稀一些,以提高城市轨道交通乘客的交通速度。反之,车站分布宜密一些。

(2) 大型客流集散点。大型客流集散点往往是城市的政治、经济、文化的中心,是城市的窗口地段。该地段不但客流量大,而且集中,对地面交通影响很大。轨道交通在此处设站,可吸引这些客流,充分发挥自身的效能,并且对解决城市交通问题起到积极的作用。

(3) 城市人口密度。我国各大城市的人口密度差异很大,如北京市四个中心城区(东城、西城、崇文、宣武)人口密度,每平方公里为 2.8 万人(1991);上海市五个中心城区(静安、卢湾、黄浦、虹口、南市)人口密度每平方公里为 4.3 万人(1998);广州市中心的荔湾、越秀两区人口密度,每平方公里为 5 万人(1988)。人口密度大,同样吸引范围内,发生的交通客流量就大,因此车站分布宜密一些。

(4) 轨道交通路网中相关线路及城市道路网状况。两条轨道交通线路交叉时,在其交叉点应设乘客换乘站;在与城市主干道交叉时,为了让乘坐城市其他交通工具的乘客方便换乘轨道交通,也宜设车站。

(5)站间距离。在车站分布数量上,除大型客流集散点及换乘站外,其他车站的间距可根据客流吸引范围和满足一定的列车旅行速度要求综合确定。根据国内外统计资料,地铁车站对客流的吸引范围约为 500～700 m 的半径区域,乘客步行时间为 10 min 左右是比较适宜的。根据列车运行计算,平均站间距为 1.2～1.5 km,列车最高运行速度为 80 km/h 时,旅行速度可达 35～38 km/h。小站间距虽可减少乘客到站时间,但站间距过密,列车巡航(惰行)时间非常短,列车的牵引性能得不到正常发挥,可能致使列车旅行速度下降,而且会增加线路项目的建造成本。我国地铁设计规范规定:车站间的距离应根据实际需要确定。在市中心区车站间距不宜小于 1 km,市区外围的车站间距宜为 2 km。在超长线路上,应适当加大车站间距。上海轨道 11 号线(北段)的车站间距如图 11-9 所示。

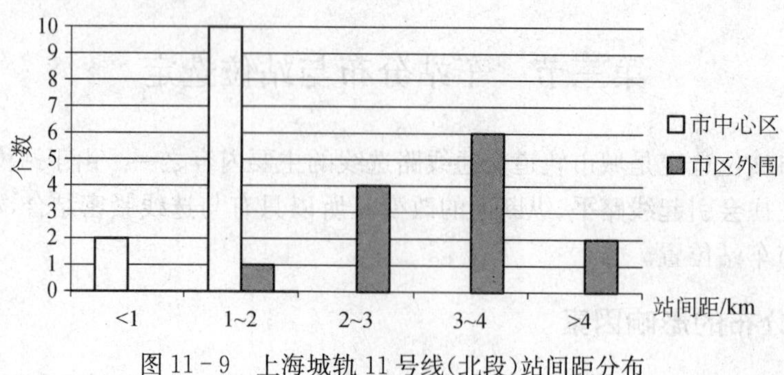

图 11-9 上海城轨 11 号线(北段)站间距分布

二、车站种类

车站按其运用功能可分为以下三种。

(1) 一般站(或中间站)。只供乘客上、下车之用,根据采用的站台形式不同,又可分为岛式站台车站(站台位于上下行线路之间)、侧式站台车站(站台位于正线外侧)和由岛、侧式组成的混合式站台车站。

(2) 换乘站。设在两条运营正线的相交处,除供车站吸引范围内(包括地面交通换乘)的乘客上、下车之用,还为两线间需要换乘的乘客提供方便的平面或立体换乘通道。根据两站组合的位置不同,可分为L形、T形、十字形和工字形换乘站。

(3) 折返站。站内设有道岔折返设备。除具有一般站的功能外,还能提供列车折返之用。

三、站位选择

车站是乘客乘降、集散场所。站位的选择应充分体现城市轨道交通便捷、安全的特性和服务功能。

(一) 基本原则

(1) 在线路总体走向基本不变的前提下,与城市道路网、公交网密切配合,站位应尽可能靠近公交枢纽、体育场等大型客流集散地,并设在乘客方便的道路交叉口或交叉口的一侧。

(2) 选择站位时应充分考虑与其他轨道交通线的换乘,并使换乘距离最短,方便乘客。

(3) 选择站位应充分考虑工程地质、水文地质、地形、地物、文物古迹等影响因素。对高架地段设计应特别注重环境保护和景观效果。

(4) 车站应设在直线上,以创造良好的运营条件。曲线车站在符合规范规定的前提下,尽量采用大半径曲线。车站长度应与列车最大长度匹配。

(5) 站位选择还要考虑施工方便,并在满足功能的前提下,尽量减少拆迁和用地。

(二) 车站位置

车站设在道路下与街坊内各有利弊。车站设在街坊内,施工时可减少对地面交通的干扰和节省地下管线搬迁的费用,对居民正常生活的影响也少,而且还可以利用车站的上部空间进行开发,取得经济效益。但是设在街坊内的车站,其两端线路必将部分地穿越街坊,导致隧道上方及周围土地利用率的降低,从而影响地块的批租和开发,产生一定的损失。车站设在路下,可以方便乘客从道路两侧出入车站,对换乘有利,对两侧开发影响较少,但施工时封闭交通、搬迁管线要增加工程费用,沿街商业经营损失也较大。因此站位的选定应作充分比选。常见的车站位置有如下几种。

(1) 按纵向位置分为跨路口、偏路口一侧、两路口之间三种位置,见图11-10(a),(b),(d)。

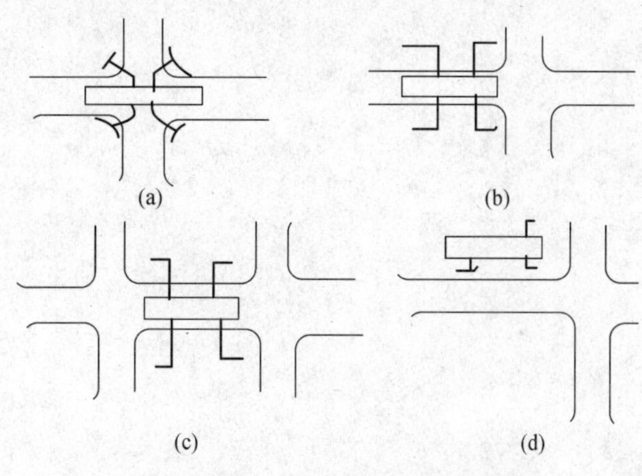

图11-10　车站位置与路口关系图

(2) 按横向位置分为道路红线内(图 11-10(a)，(b)，(c)和道路红线外(图 11-10(d))。各类车站位置的优劣比较见表 11-1。

表 11-1 不同车站位置比较

种类	道路红线内			道路红线外
	1—跨路口站位	2—偏路口站位	3—两路口之间站位	道路红线外侧站位
特征	站位跨主要路口，并在路口各个角上都设有出入口	站位一般多偏路口一侧设置	路口之间站位，一般两路口都是主路口且相距较近(<400 m)	位于道路红线的外侧
优点	(a) 乘客出入方便 (b) 增加乘车安全 (c) 减少路口的人、车交叉 (d) 易与地面公交路线衔接，方便换乘	(a) 车站对地下管线影响小 (b) 可减少车站埋深，方便乘客进、出站	可兼顾两路口，方便换乘(当横向公交线路及客流较多时)	(a) 减少对既有道路与管线的影响 (b) 有利于危房旧区改造相结合 (c) 减少交通干扰
缺点	工程量大，易带来地下管线的变更	乘客易集中于车站一端出入，增加运营管理难度	站址选择困难	不利于交通换乘

复习思考题 11

[11-1] 试比较有、无环线的城市轨道交通线网布局的适应性。

[11-2] 为什么一条城市轨道交通线路不应过长？

[11-3] 城市轨道交通站间距确定的主要依据有哪些？

[11-4] 调研某城市的轨道交通站位情况，分析不同站位的环境条件，推测其定位的主要理由。

第十二章 线路平面设计

第一节 概 述

线路中心线是有轨交通勘测设计中线路的表示方法。它以路基横断面上 O 点的纵向连线表示(图12-1)。O 点为距外轨半个轨距的铅垂线 AB 与路肩水平线 CD 的交点。

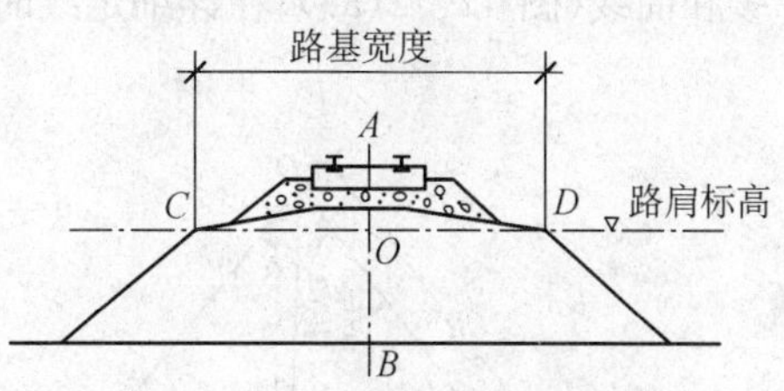

图 12-1 线路中心线的位置

线路的空间位置是由它的平面、纵断面和横断面决定的。其中,线路的平面表示了线路走向的曲直;线路纵断面表示了线路起伏情况。线路的平面和纵断面设计一般要遵循以下主要原则。

保证行车安全、平顺和快速。如列车在行车过程中不脱钩、不断钩、不脱轨、不造成旅客乘车不适,不造成线路结构的破坏,保证设计的运输能力等。

(1) 在工程和运营两方面,力求技术经济最为合理。从运营来说,线路最好既平又直,有利于提高行车速度和输送能力,还节省运营支出。但由于地形的起伏、地表和地下障碍(如城市中建筑群、道路红线、地下管线等)以及不良地质等条件的限制,设计平直线路,势必带来工程数量的增加和工程费用的上涨,甚至会造成施工困难、工期延长。必须根据线路的特点,正确处理好工程和运营两者间的矛盾。

(2) 满足各建筑物对线路的技术要求。线路上要修建大量的建筑物,如桥涵、隧道、路基、道口、车站和各种防护工程。线路平面和纵断面设计不但关系到这些建筑物的类型选择和工程数量,并且影响其安全稳定和运营条件。因此在线路平面和纵断面设计中,还要协调好线路与各类建筑物之间的关系,做到总体布置合理。

第二节 区间线路平面设计

区间线路平面由直线和曲线组成。所谓平面设计主要指圆曲线半径的选用、确定缓和曲线长度和曲线间夹直线长度,并计算相关的技术数据,处理直线与曲线、曲线与曲线的正确、合理连接。

一、直线

设计线路平面时,相邻两直线的位置不同,其间曲线位置也相应改变。因此在选定直线位置时,要根据地形条件综合考虑,使直线与曲线相互协调,线路所处位置最为合理。直线的设计的原则有以下几条。

(1) 应尽量沿拟定的线路走向设计较长的直线段，减少(曲线)交点个数，以缩短线路长度，改善运营条件。

(2) 在确定相邻直线位置时，应力求减小(曲线)交点偏角的度数。因为偏角大，则线路转弯急，总长增大，而且列车行经曲线所要克服的阻力功也要增加，运营支出会相对加大。

从行车平稳和线路养护要求出发，相邻曲线之间夹直线段长度，应满足线路设计规范规定的最小长度要求。

二、曲线几何要素

在平面图和纵断面图中，圆曲线的表示分两种情况：在概略定线中，平纵断面图中不绘出缓和曲线(图 12－2(a))；在详细定线时，平纵断面图中才绘出缓和曲线(图 12－2(b))。

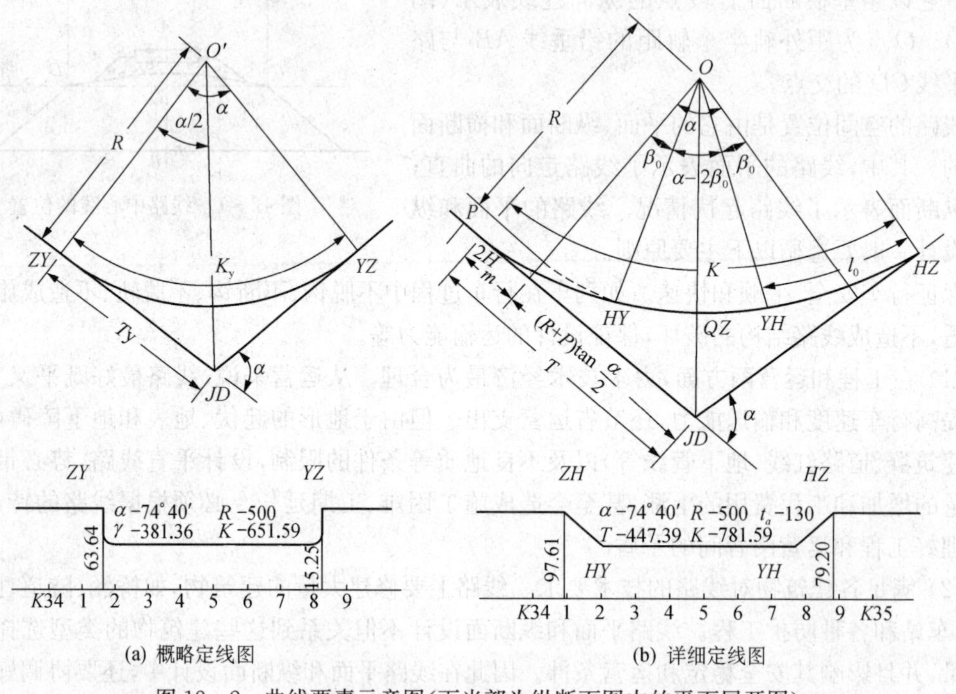

图 12－2　曲线要素示意图(下半部为纵断面图中的平面展开图)

(一) 未加缓和曲线

一般曲线的要素有 4 个：偏角(转角)α、半径 R、切线长 T_y 和曲线长 K_y。偏角 α 在平面图中直接量得，曲线半径 R 按规定选配，切线长 T_y 和曲线长 K_y 按式(12－1)和式(12－2)计算。

$$T_y = R \cdot \tan\frac{\alpha}{2}(\text{m}) \tag{12-1}$$

$$K_y = R \cdot \frac{\pi \cdot \alpha}{180}(\text{m}) \tag{12-2}$$

(二) 加缓和曲线

加缓和曲线后的曲线要素有 5 个，它们是偏角 α、半径 R、缓和曲线长 l_0、切线长 T 和曲线长 K。偏角 α 在平面图直接量得，圆曲线半径 R 和缓和曲线长 l_0 由选配得出，切线长 T 和曲线长 K 按式(12－3)和式(12－4)计算。

$$T=(R+p)\tan\frac{\alpha}{2}+m(\mathrm{m}) \tag{12-3}$$

$$K=R\,\frac{\pi(\alpha-2\beta_0)}{180}+2l_0=R\,\frac{\pi\alpha}{180}+l_0(\mathrm{m}) \tag{12-4}$$

式中　p——内移距离，m。$p=\frac{l_0^2}{24R}-\frac{l_0^4}{2\,688R^3}\approx\frac{l_0^2}{24R}$；

m——切垂距，m。$m=\frac{l_0}{2}-\frac{l_0^3}{240R^2}\approx\frac{l_0}{2}$；

β_0——缓和曲线角，度。$\beta_0=\frac{90l_0}{\pi R}$。

(三) 曲线起讫点里程推算

从图 12-2(a)与图 12-2(b)对比可见，相同偏角、相同半径的曲线，两种表示方法中，未设缓和曲线时，曲线的切点位置，正好在缓和曲线半长处。这个概念对于纵断面设计中竖曲线不与缓和曲线重叠的确认，具有很重要的作用。

曲线的里程表示，常用 ZY(直圆)、YZ(圆直)、ZH(直缓)、HY(缓圆)、YH(圆缓)、HZ(缓直)来表示。若 ZY(或 ZH)里程，在平面图上量得，那么其他里程按曲线要素可推算而得。

在未加缓和曲线时：YZ 里程 $=$ ZY 里程 $+K_y$

加缓和曲线时：

HZ 里程 $=$ ZH 里程 $+K$

HY 里程 $=$ ZH 里程 $+l_0$

YH 里程 $=$ HZ 里程 $-l_0$

三、圆曲线设计

线路平面设计时，相邻两直线段之间需用一定半径圆曲线连接。圆曲线设计主要解决最小曲线半径的确定和圆曲线半径的选用问题。

(一) 曲线对工程和运营的影响

1. 曲线对工程的影响

在地形困难地段，采用小半径曲线，虽较易适应地形的变化，对降低工程造价有很大帮助，但是小曲线半径也会对工程产生不利影响，分析如下。

(1) 增加线路长度。对单个曲线，当曲线偏角一定时，采用小半径曲线(图 12-3(a))，增加线路长度；对于一段线路，采用小曲线半径(图 12-3(b))，线路也会因曲线数目增多和曲线偏角增大而增长。

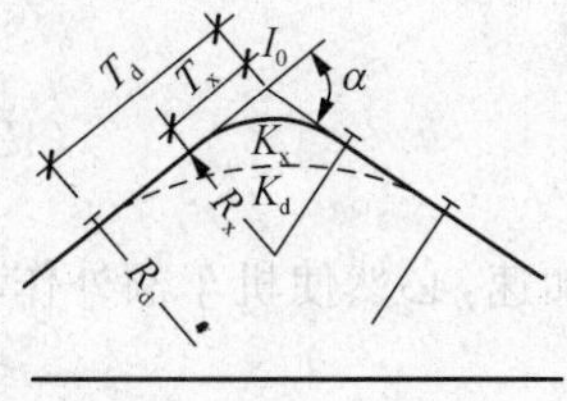

(a) 小半径曲线的线路

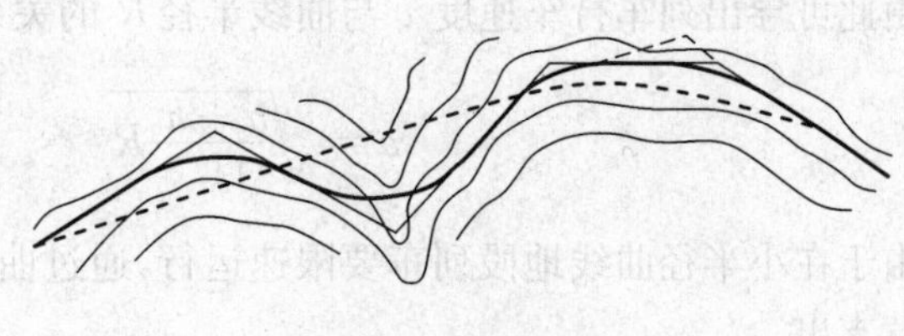

(b) 大半径曲线的线路

图 12-3　小曲线半径线路长度增加

(2) 轨道强度需要加强。当曲线半径小于 600 m 时,车轮对钢轨的横向冲击力将加大。为了维持轨道的稳定,线路设计规范规定要加装轨撑和轨距杆,加铺轨枕,增加外侧道床宽度并增铺道碴。

(3) 增加接触导线的支柱数量。电力牵引时,接触导线对受电弓中心的最大容许偏移量为 500 mm。在曲线地段,若接触导线的支柱间距不变,则曲线半径越小,线路中心弧线与接触导线的矢度越大;为了防止受电弓与接触导线的脱离,接触导线的支柱间距要求随曲线半径的减小而缩短,从而小曲线半径会增加导线支柱的数量。

2. 曲线对运营的影响

(1) 限制行车速度。列车运行速度受到曲线的限制,尤其是小半径曲线使高速行驶的旅客列车速度受到的限制更为明显。对于行车速度较高的列车通过曲线时,曲线设置的外轨超高所产生的向心加速度虽会抵消一部分离心加速度,但仍存在一部分未被平衡的离心加速度,按要求它不能超过旅客舒适允许的限度,为此要限制行车速度。

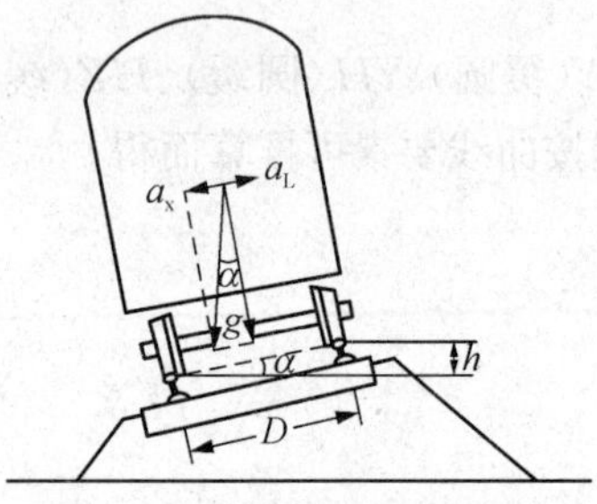

图 12-4 离心和向心加速度

如图 12-4 所示,离心加速度 a_L 按下式计算:

$$a_L=\left(\frac{v}{3.6}\right)^2\cdot\frac{1}{R}\qquad(\mathrm{m/s^2})$$

式中 R——曲线半径,m;

v——行车速度,km/h。

向心加速度 a_x 系重力加速度 g(9.81 m/s^2)向曲线中心的分量,计算如下:

$$a_x=g\cdot\sin\alpha\approx g\cdot\tan\alpha=g\cdot\frac{h}{D}=\frac{h}{153}(\mathrm{m/s^2})$$

式中 h——外轨超高,mm;

D——两根钢轨头中心间的距离,取 1 500 mm。

未被平衡的离心加速度为

$$a_{LW}=a_L-a_x$$

$$a_{LW}=\left(\frac{v}{3.6}\right)^2\cdot\frac{1}{R}-\frac{h}{153}(\mathrm{m/s^2})$$

未被平衡的加速度体现在外轨超高不足部分,即欠超高 h_q 为

$$h_q=a_{LW}\cdot\frac{D}{g}=11.8\frac{v^2}{R}-h(\mathrm{mm})$$

由此可导出列车行车速度 v 与曲线半径 R 的关系式为

$$v=\sqrt{\frac{h+h_q}{11.8}R}\qquad(\mathrm{km/h})\qquad(12-5)$$

由于在小半径曲线地段列车要限速运行,通过曲线后又要加速,必然使机车额外作功,增加运营支出。

(2) 降低黏着系数。机车在 $R<600$ m 的曲线上运行,会引起轮轨间黏着系数的降低,从而导致机车黏着牵引力的降低。结果在曲线范围内有可能引起线路的额外展长,增加工程数

量和运营费用。

(3) 维修工作量加大。小半径曲线易引起轨距和方向上错动，使钢轨磨耗加剧。图 12-5 表明，当 $R<400$ m 时，钢轨磨耗急剧加大。增加维修工作量和维修费用。

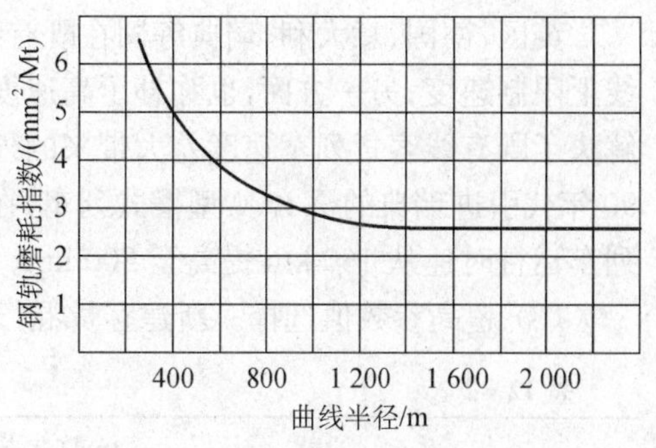

图 12-5　钢轨磨耗与曲线半径的关系

(二) 超高参数

1. 超高种类

无论是客货混行的普速铁路还是客运专线(高速)铁路，都存在着不同速度的客货列车或旅客列车混行的情况。我国绝大部分普速铁路为客货共线运行。由式(12-5)可知，当曲线半径和实设超高一定时，行车速度高的旅客列车需要较高的超高，实设超高不足，就会产生欠超高，影响列车运行的平稳和旅客乘车的舒适度；而行车速度低的货物列车或中低速旅客列车，需要超高值小于实设超高，就会形成过超高。超高过大又会引起内外轮轨磨耗不均加剧，不利于轮轨的养护和维修，严重时甚至危及行车安全。

2. 超高参数确定

(1) 最大超高 h_{max}。最大超高与线路的运输性质和列车速度有关，受曲线停车横向倾覆安全条件、轨道横向稳定条件、行经曲线旅客乘车舒适度要求等因素控制。日本曾对三种曲线半径按 200 mm 及 180 mm 的最大实设超高，进行了车辆倾覆临界风速试验，得出的车辆倾覆临界风速为 35 m/s(大于 12 级的风速)。因此，实设超高值不超过 200 mm 是安全的。另有试验表明，当列车停在超高为 200 mm 的曲线上时，部分旅客感到站立不稳，行走困难且有头晕不适之感。综合各方面考虑，我国铁路线路设计规范规定的实设最大超高限值为 150 mm(客、货混行普速和快速铁路)、180 mm(客运专线、高速铁路)。城市轨道交通由于站立乘客占绝大多数，我国地铁的实设最大超高限定为不超过 120 mm。

(2) 允许欠超高 h_{qy} 和允许过超高 h_{gy}。在客、货混行的普速铁路中，由于曲线地段的外轨超高 h 是按均方根速度 v_{JF} 确定的。从而当旅客列车速度 $v_K=v_{max}>v_{JF}$ 时，因超高设置不足，存在未被平衡的离心加速度问题；当货物列车速度 $v_H=v_{min}<v_{JF}$ 时，因超高设置过多，存在未被平衡的向心加速度问题。最大的欠超高 h_q 和最大过超高 h_g 可按式(12-6)和式(12-7)计算

$$h_q = 11.8\frac{v_{max}^2}{R} - h \tag{12-6}$$

$$h_g = h - 11.8\frac{v_{min}^2}{R} \tag{12-7}$$

欠超高反映旅客舒适度要求，也反映外轨股钢轨磨耗，它与客车结构、转向架构造及其悬挂方式有关。试验得到的旅客舒适度评价的欠超高值见表 12-1。

表 12-1　欠超高限值表

舒适度评价	良好	一般	较差
h_{qy}	40	80	110

允许欠超高反映内轨偏磨程度，与车辆结构和低速列车行车量有关。客货混行的普速铁路实际运营情况表明，过超高在 30 mm 及以下时，内外轨的磨耗均不明显。

英国、德国、意大利、瑞典等国在既有线提速中，还采用了高速摆式车体。一方面可提高曲线上限制速度；另一方面，也弥补了高速度情况下欠超高的不足，减少旅客的不舒服感。再者解决了既有线客货列车速度差大带来的外轨超高值需求不同的矛盾。我国广深铁路20世纪90年代引进瑞典的X2000型摆式列车，在不对线路进行技术改造条件下，将大部分区间旅客列车运行时速从160 km提高至200 km。

(3) 超高参数值选择。新建客货混行的普速铁路和快速铁路超高计算参数见表12-2。

表12-2　　超高参数表1

最大超高 h_{max}/mm	允许欠超高 h_{qy}/mm		允许过超高 h_{qg}/mm	
	一般	困难	一般	困难
150	70	90	30	50

对于客运专线(高速)铁路，采用$[h_{qy}+h_{gy}]$计算，计算参数见表12-3。

表12-3　　超高参数表2

线路种类	$[h_{qy}+h_{gy}]$/mm	
	一般	困难
高速与跨线旅客列车混行	110	140
单一高速列车运行	220	260

(三) 最小曲线半径的确定

新建铁路的最小曲线半径一要考虑设计线的运输性质，如客运专线主要追求旅客舒适度；重载运输线路重视轮轨磨耗均匀(均磨)；二要保证列车运行安全，三要追求经济合理，采用较小曲线半径，可减少对自然环境的破坏和工程数量，但其对运营的不利影响不容忽视。

因此，线路平面的最小曲线半径应根据铁路等级、路段旅客列车设计行车速度和工程条件，经技术经济比选后确定。

1. 最小曲线半径标准的确定

(1) 单一速度的高速铁路和城市轨道交通线路。最小曲线半径R_{min}应保证旅客列车以最高速度v_{max}通过时，欠超高不超过允许值h_{qy}。由式(12-5)可导出

$$R_{min} \geqslant 11.8\frac{v_{max}^2}{h_{max}+h_{qy}}(\mathrm{m}) \tag{12-8}$$

(2) 不同速度列车共线运行铁路。设该线路的实设超高h，列车高速度为v_G，列车低速度为v_D。从列车运行安全和旅客乘车舒适度要求来看，列车通过曲线时产生的欠超高h_q和过超高h_g不能超过允许值，则有

$$R_{min} \geqslant 11.8\frac{v_G^2-v_D^2}{h_{qy}+h_{gy}}(\mathrm{m}) \tag{12-9}$$

2. 曲线半径的选用

曲线半径的选用应因地制宜，由大到小合理选用。我国铁路线路设计规范推荐的优先和常用曲线值见表12-4。

表 12-4　**推荐常用半径**

铁路种类		优先或常用曲线半径					半径进级单位
普速铁路	速度/(km/h)	160	140	120	100	80	50 m 整倍数
	曲线半径/m	2 500～5 000	2 000～4 000	1 600～3 000	1 200～2 500	800～2 000	
地铁	速度/(km/h)	≤80		80～100			10 m 整倍数
	曲线半径/m	≥350(A 型车,最小)		≥550(A 型车,最小)			
客货混行快速铁路		4 500～7 000					100 m 整倍数
客运专线铁路		12 000～2 000					
高速铁路		14 000～7 000					500 m 整倍数

小曲线半径应集中使用,以免频繁限速,损失列车动能,增大能时消耗,恶化运营条件。在规定的曲线半径范围内,为了测设、施工和养护的方便,曲线半径必要(困难)时可取 10 m、50 m、100 m的整倍数。另外,曲线半径的选用还应与线路纵断面设计配合。对于建在平原或低丘地区的快速铁路,平面曲线一般不受地形限制,双方向行车速度又较高,应采用较大曲线半径;坡道平缓地段或凹形纵断面坡底地段,行车速度较高,也应选用不限制行车速度的较大曲线半径;当曲线位于长大坡段凸形纵断面的坡顶或停车站的站外引线上,由于行车速度较低,为减少工程,可选用较小曲线半径。最小曲线半径标准见本书第三章轨道交通线路技术标准相关内容。

部分国外高速铁路平面设计技术参数见表 12-5。

表 12-5　**部分国家高速铁路线路部分技术参数**

国家	线路或区段	运营模式	设计速度/(km/h)	h_{max}/mm	h_{q}/mm	R_{min}/m
日本	东海道新干线	客	220	180	60	2 500
	山阳新干线	客	260	180	30	4 000
	东北新干线	客	260	155	45	4 000
法国	TGV 东南线	客	270	180	90	4 000
	TGV 大西洋线	客	300	150	90	6 000
德国	曼海姆—斯图加特	客货	250	50	60	7 000
	科隆—莱茵	客	300	180	140	3 500
意大利	罗马—佛罗伦萨	客货	250	125	120	3 000
	米兰—博洛尼亚	客货	300	105	91	5 417

四、缓和曲线设计

(一) 缓和曲线的作用

为使列车安全、平稳、舒适地由直线过渡到圆曲线或由圆曲线过渡到直线,在直线和圆曲线之间必须设置一定长度的缓和曲线。它的主要作用如下。

(1) 在缓和曲线范围内,其半径由无限大渐变到圆曲线半径,从而使车辆产生的离心力逐渐增加,有利于行车平稳。

(2) 在缓和曲线范围内,外轨超高由零增到需要的超高量,使向心力逐渐增加,与离心力的增加相配合。

(3) 对于小曲线半径(如 $R<350$ m),轨距需要加宽时,在缓和曲线范围内,可由标准轨距加宽到圆曲线需要的加宽量。

缓和曲线的设计主要解决的两个问题是线形和长度。

(二) 线形选择

缓和曲线线形一般可形象地用外轨超高的顺坡形式表示。在缓和曲线起讫点,超高顺坡的变化越平滑,则骤然产生的竖直加速度越小,车辆的冲击和振动也越轻微。目前国内外具有代表性的缓和曲线线形有:三次抛物线、S 形、五次抛物线、七次抛物线、半波正弦、一波正弦和七次四项式等。如日本在东海道新干线采用半波正弦形超高顺坡缓和曲线;法国巴黎东南线上的缓和曲线采用三次抛物线改善形,即在缓和曲线起终点处,立面上分别插入一段长度为 40 m 的半波正弦曲线,而中间仍保持直线形,平面上仍为三次抛物线。

一般方程式的次数越高,满足线形条件越全面。超高顺坡和缓和曲线线形需要相应的轨道构造保持其稳定性;线形形式越高级,其长度往往会加长,引起工程量和养护工作量的增加。由于缓和曲线起终点引起车辆的冲击和振动,是随着行车速度的提高而加剧的。所以,一般根据行车速度来选择缓和曲线的线形。我国各类铁路线路和地铁线路的缓和曲线线形规定采用三次抛物线,超高为直线顺坡式。其优点是线形简单,长度短而实用,便于测设和养护维修。

(三) 长度计算

缓和曲线长度应保证列车运行安全和满足旅客舒适要求。一般按下列条件与方法计算并取其较长者。

1. *超高顺坡不致使车轮脱轨*

机车车辆通过缓和曲线时,因内外轨不在同一平面上,而使内侧前轮悬空,转向架上车辆可能形成图 12-6 所示的三点支承。为了保证安全,不使车轮轮缘爬越内轨的顶面,要对外轨超高顺坡值 i_0 加以限制。

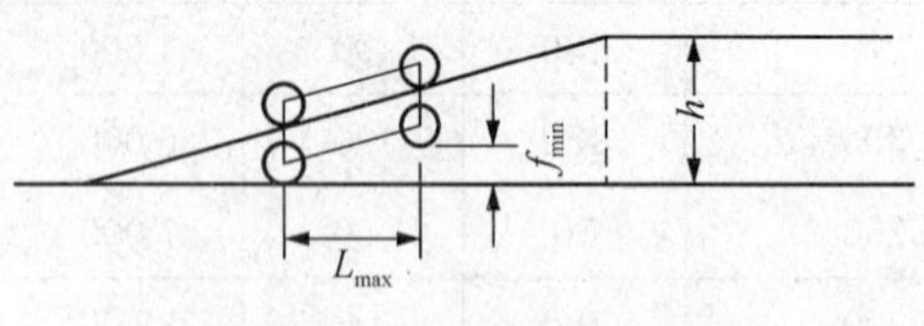

图 12-6　内轮悬空示意图

即满足:

$$i_0 \leqslant \frac{f_{min}}{l_{max}}$$

式中,f_{min} 为轮缘最小高度,mm;l_{max} 为机车车辆最大固定轴距,m。

由图 12-6,对于直线超高顺坡的缓和曲线长度 $l_0 \geqslant \frac{h}{i}$。考虑到轨道变形的允许误差,以及必要的安全系数,我国规定外轨超高顺坡坡度 $i \leqslant 2‰$,则受外轨超高顺坡限制的缓和曲线长度为

$$l_0 \geqslant 0.5h(\text{m}) \tag{12-10}$$

2. *超高时变率不使旅客不适*

旅客列车通过缓和曲线,外轮在外轨上逐渐升高;外轮的升高速度(即超高时变率)不应大

于保证旅客舒适的允许值 f(mm/s)，即

$$f \geqslant \frac{h}{t} = \frac{h \cdot v_{\max}}{3.6 l_0}$$

$$l_0 \geqslant \frac{h \cdot v_{\max}}{3.6 f} \quad (\mathrm{m}) \tag{12-11}$$

式中符号意义同前。根据我国的经验，f 的取值见表 12-6。

表 12-6　超高时变率取值表

线路种类	f/(mm/s)	
	一般	困难
地铁	40	—
客货混行普速铁路	32	40
客货混行快速铁路	25	35
客运专线和高速铁路	25	31

3. *欠超高(或未被平衡离心加速度)时变率不使旅客不适*

按此条件计算的缓和曲线长度为

$$l_0 \geqslant \frac{h_q \cdot v_{\max}}{3.6 b} \quad (\mathrm{m}) \tag{12-12}$$

式中　h_q——旅客列车以最高行车速度通过曲线时的欠超高，mm；

b——旅客舒适度容许的欠超高时变率容许值(mm/s)，其他符号意义同前。

根据我国铁道科学研究院的研究成果，客、货混行普速铁路一般和困难条件 b 取 45 和 52.5；客运专线(高速)铁路一般和困难条件 b 取 25 和 31。

(四) 缓和曲线长度的选用

缓和曲线长度应根据曲线半径、超高设置、路段旅客列车设计最高行车速度和工程条件合理确定。优先选择一般长度，困难条件下不宜小于最小长度。表 12-7—表 12-10 为铁路线路设计规范建议值。

表 12-7　普速铁路缓和曲线长度表　单位：m

路段旅客列车设计行车速度		160/(km/h)			140/(km/h)			120/(km/h)		
		常用	最小		常用	最小		常用	最小	
			一般	困难		一般	困难		一般	困难
曲线半径	12 000	40	40	40	40	20	20	40	20	20
	10 000	50	50	40	40	30	20	40	20	20
	8 000	60	60	50	40	40	20	40	30	20
	7 000	70	70	50	50	50	30	40	30	20
	6 000	70	70	50	50	50	30	40	30	20

续 表

路段旅客列车设计行车速度		160/(km/h)			140/(km/h)			120/(km/h)		
		常用	最小		常用	最小		常用	最小	
			一般	困难		一般	困难		一般	困难
曲线半径	5 000	70	70	60	60	60	40	40	40	30
	4 500	70	70	60	60	60	40	40	40	30
	4 000	80	80	70	60	60	40	50	50	30
	3 500	90	90	70	70	70	50	50	50	40
	3 000	100	90	80	80	70	50	50	50	40
	2 800	110	100	90	90	80	60	60	50	40
	2 500	120	110	100	90	80	70	60	60	40
	2 000	150	140	120	100	90	80	70	60	50
	1 800	170	160	140	120	100	80	80	70	60
	1 600	190	170	160	130	110	100	90	70	60
	1 400	—	—	—	150	130	110	100	80	70
	1 200	—	—	—	190	150	130	120	90	80
	1 000	—	—	—	—	—	—	140	120	100
	800	—	—	—	—	—	—	180	150	130

注：当采用表列数值间的曲线半径时，其相应的缓和曲线长度可采用线性内插值，并进整至 10 m。

表 12 - 8　　客、货混行快速铁路缓和曲线长度表　　单位：m

缓和曲线长度		常用	最小	
			一般	困难
曲线半径	12 000	50	40	
	10 000	60	50	40
	8 000	70	60	50
	7 000	80	70	60
	6 000	90	80	70
	5 000	110	90	80
	4 500	120	100	90
	4 000	140	110	100
	3 500	160	130	120
	3 000	180	150	130
	2 800	200	170	

注：当采用表列数值间的曲线半径时，缓和曲线长度取值方法同表 12 - 8。

表 12-9　客运专线铁路缓和曲线长度表　单位：m

缓和曲线长度		一般长度		最小长度	
		速度档 1	速度档 2	速度档 1	速度档 2
曲线半径	12 000	50	120	50	100(90)
	11 000	60	130	60	120(110)
	10 000	70	140	60	130(120)
	9 000	70	160	60	140(130)
	8 000	90	170	80	150(140)
	7 000	90	200	80	180(160)
	6 000	120	250	100	230(210)
	5 500	140	280	120	250(230)
	5 000	160	300	140	270(240)
	4 500	180	340	160	300(270)
	4 000	200	370	180	330(300)
	3 500	250	420	220	380(340)
	3 200	270	450	240	400(360)
	3 000	290	—	260	—
	2 800	320	—	280	—
	2 500	350	—	310	—
	2 200	390	—	350	—

注：速度档 1 指 200 km/h；速度档 2 指 200～250 km/h 之间。()内数值为特殊困难条件下，经技术经济比选后的最小缓和曲线长度。

表 12-10　高速铁路缓和曲线长度表　单位：m

设计速度/(km/h)		350			300			250		
缓和曲线长度		(1)	(2)	(3)	(1)	(2)	(3)	(1)	(2)	(3)
曲线半径	12 000	370	330	300	220	200	180	140	130	120
	11 000	410	370	330	240	210	190	160	140	130
	10 000	470	420	380	270	240	220	170	150	140
	9 000	530	470	430	300	270	250	190	170	150
	8 000	590	530	470	340	300	270	210	190	170
	7 000	670	590	540	390	350	310	240	220	190
	6 000	670	590	540	450	410	370	280	250	230

注：(1)，(2)，(3)分别指舒适度优秀、良好、一般条件值。

对于客运专线(高速)铁路，位于大型车站两端减、加速地段，可根据设计速度，计算确定缓和曲线长度。

【例 12－1】 某既有普速铁路计划提速改造。已知该线路的客货列车对数、列车牵引定数、设计速度客、货列车设计资料分别为：$N_K = 32$ 列 /d,$G_K = 900$ t/ 列，$v_K = 140$ km/h；$N_H = 60$ 列 /d,$G_H = 4\,500$t/ 列，$v_H = 100$ km/h。若某路段曲线半径 $R = 1\,600$ m，要求：

(1) 计算确定一般条件下该曲线的实设外轨超高、欠超高、过超高。

(2) 计算确定该曲线应设置的缓和曲线长度(假定：超高时变率容许值 $f=28$ mm/s，超高顺坡率取 $i=1‰$)和合理的设置范围。

【解】 该线路的均方根速度 $V_{JF} = \sqrt{\dfrac{32 \times 900 \times 140^2 + 60 \times 4\,500 \times 100^2}{32 \times 900 + 60 \times 4\,500}} = 104.8(\text{km/h})$

(1) 超高参数计算($R = 1\,600$ m 的曲线)

外轨实设超高 $h = 11.8\dfrac{104.8^2}{1\,600} = 80.96(\text{mm})$，取 81(mm)

欠超高 $h_q = 11.8\dfrac{140^2}{1\,600} - 81 = 63.6(\text{mm})$

过超高 $h_g = 81 - 11.8\dfrac{100^2}{1\,600} = 7.3(\text{mm})$

(2) 缓和曲线设置

按超高顺坡要求计算：$l_{01} = 81/1 = 81(\text{m})$

按超高时变率容许值计算：$l_{02} = \dfrac{81 \times 140}{3.6 \times 28} = 112.5(\text{m})$

缓和曲线：$l_0 = \max\{l_{01},\ l_{02}\} = 112.5$ m，取 120 m(进整为 10 m 的整数倍)

查表 12－7，该曲线常用缓和曲线长度为 130 m，因此，该曲线的合理设置范围为[120，130]。

五、夹直线和两缓和曲线间圆曲线最小长度

(一) 夹直线和圆曲线

在地形困难曲线毗连路段，两相邻曲线间的直线段，即前一曲线终点(HZ_1)与后一曲线起点(ZH_2)间的直线，称为夹直线(图 12－7)。两相邻曲线，转向相同者称为同向曲线，转向相反者称为反向曲线。而同一曲线的 HY—YH 间则是两缓和曲线间的圆曲线。

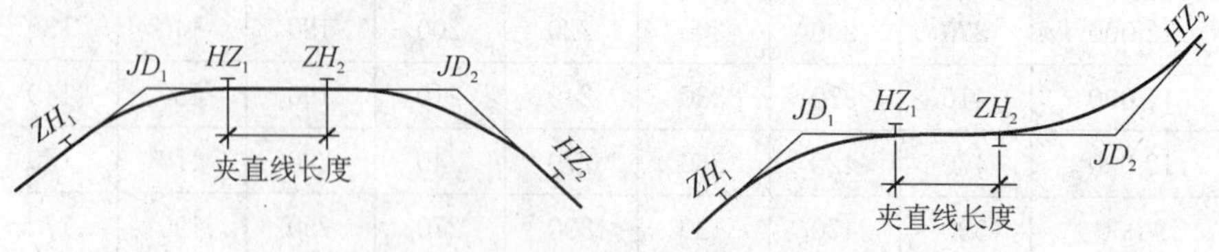

图 12－7 夹直线示意图

(二) 夹直线和圆曲线长度确定原则

夹直线长度应为行车和维修创造有利条件，力争长一点；但有时为了适应地形，节省工程，需要设置较短的夹直线时，其最小长度受下列条件控制。

1. 线路养护要求

(1) 夹直线太短，特别是在反向曲线路段，列车运行时，因频繁转换方向，车轮对钢轨的横

向推力加大，夹直线的正确位置不易保持。因此，干线铁路夹直线长度不宜短于 2～3 节(25 m)钢轨长，困难时，至少有一节(25 m)钢轨在直线上。

(2) 线路维修中拨正曲线一般采用绳正法，即每 10 m 要测出一个正矢。为保持圆曲线圆顺，圆曲线上至少应有两个正矢桩，以便绳正曲线。故两缓和曲线间的圆曲线长度不应小于 20 m。

2. 行车平稳要求

旅客列车从前一曲线通过夹直线进入后一曲线的运行过程中，因外轨超高和曲线半径不同，未被平衡的横向加速度频繁变化，引起车辆左右摇摆；反向曲线路段则更为严重。即使同一曲线若圆曲线过短，旅客列车因同时跨越圆弧两端的缓和曲线，也会引起振动加剧。为了保证行车平稳、旅客乘坐舒适，应使列车在缓和曲线的出入口(即夹直线或圆曲线的起终点)产生的振动不叠加。列车在缓和曲线出入口产生的振动在 1.5～2 个周期内基本衰减完。那么，夹直线和圆曲线的最小长度 L_j 为：

$$L_j \geqslant \frac{n \cdot t \cdot v_{max}}{3.6} \quad (m) \qquad (12-13)$$

式中　n——振动消失所经历的振动周期数，次。可取 1.5～2；

t——车辆振动周期，s。实验表明，车辆振动的周期约为 1.0 s。其他符号同前。

夹直线和圆曲线长度我国干线铁路一般为(0.6～0.7)v_{max}，高速铁路为(0.4～1.0)v_{max}。

(三) 夹直线和两缓和曲线间圆曲线最小长度取值

线路设计规范规定：夹直线和两缓和曲线间圆曲线最小长度一般按表 12-11 取值。设计时，应尽量采用较长的夹直线，尤其是反向曲线间。当曲线偏角较小，设置缓和曲线后，圆曲线长度不足 20 m 时，则首先考虑加大半径，增加圆曲线长度。

表 12-11　夹直线和两缓和曲线间圆曲线最小长度　单位：m

路段旅客列车设计行车速度/(km/h)		180	160	140	120	100	80
客货混行普速和快速铁路	一般	130	130	110	80	60	50
	困难	90	80	70	50	40	30
路段旅客列车设计行车速度/(km/h)		$v=200$			$200<v\leqslant 250$		
客运专线铁路	一般	160			200		
	困难	120			150		
路段旅客列车设计行车速度/(km/h)		$v=300$			$v=350$		
高速铁路	一般	240			280		
	困难	180			210		

注：客运专线(高速)铁路，一般条件下，$L_j \geqslant 0.8v_{max}$；困难条件下 $L_j \geqslant 0.6v_{max}$。

当夹直线长度不够时，应修改平面设计。常见的做法如下。

(1) 减少曲线半径或选用较短的缓和曲线长度。

(2) 改移夹直线的位置，以延长两端点间的直线长度和减少曲线偏角。

(3) 当同向曲线间夹直线长度不够时，可采用一个较大的单曲线代替两个同向曲线。

六、桥隧平面设计

桥梁设在曲线上，会限制行车速度、并产生列车运行不平稳、线路易产生变形、钢轨磨耗加剧、养护工作增加等弊病，而且还给桥梁结构的设计和架桥施工增加困难。尤其是明桥面桥，因桥梁未铺道碴，线路难固定，轨距、超高也不易保持。我国客运专线（高速）铁路常采用高架（桥）形式。所以线路设计规范规定：特大桥、大桥、连续梁、钢梁及较大跨度的桥梁宜设在直线上。在困难条件下，经技术经济比选，也可设在曲线上，但宜采用较大的曲线半径。明桥面桥不应设在反向曲线上，也不宜设在缓和曲线上。跨度大于 40 m 或桥长大于 100 m 的明桥面桥设在半径小于 1 000 m 的曲线上时，应有充分技术经济依据。

隧道的施工、运营、养护和通风等条件均差于空旷的明线，小半径曲线隧道条件更为恶劣。所以，隧道宜设在直线上，如因地形、地质等条件限制必须设在曲线上时，曲线宜设在洞口附近并采用较大曲线半径。隧道不宜设在反向曲线上。

第三节　车站正线平面设计

一、站坪长度

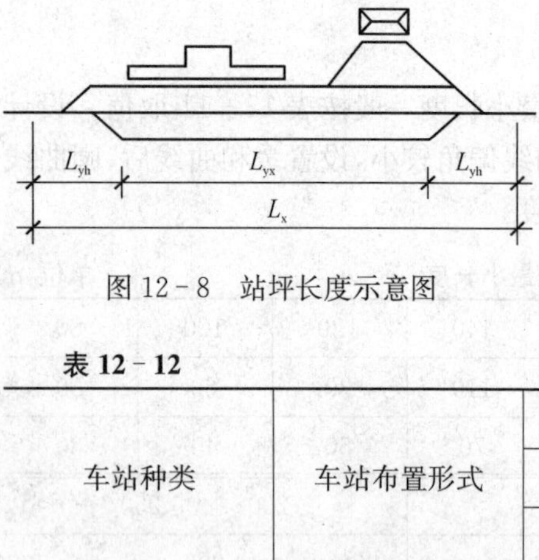

图 12－8　站坪长度示意图

在铁路正线的纵断面上设计车站配线的地段称为站坪。其长度(L_x)由远期到发线有效长度(L_{yx})和两端车站道岔汇的咽喉区长度(L_{yh})决定(图 12－8)，客货混行普速铁路一般可采用不小于表 12－12 规定的数值。困难条件或其他特殊情况(如有其他铁路接轨、采用多机牵引、中间站或区段站站型复杂等)，坪长度可按实际需要计算确定。

表 12－12　　站坪长度　　单位：m

车站种类	车站布置形式	远期到发线有效长度						
		1 050		850		750		650
		单线	双线	单线	双线	单线	双线	单线
会让站、越行站	横列式	1 450	1 700	1 250	1 500	1 150	1 400	1 050
中间站	横列式	1 600	2 000	1 400	1 800	1 300	1 700	1 200
区段站	横列式	2 000	2 500	1 800	2 300	1 700	2 200	1 600
	纵列式	3 500	4 000	3 100	3 600	2 900	3 400	2 600

注：① 站坪长度未包括站坪两端竖曲线长度；
② 如有其他铁路接轨时，站坪长度应根据需要计算确定；
③ 多机牵引时，站坪长度应根据机车数量及长度计算确定；
④ 会让站、越行站、中间站和区段站的站坪长度，除越行站、双线中间站两端按各铺一组 18 号道岔单渡线确定外，正线上其他道岔采用 12 号确定。当采用其他型号道岔时应另行计算确定；
⑤ 复杂中间站、区段站的站坪长度可按实际需要计算确定。

二、站坪的线路平面

车站应设在直线上。若设在曲线上，在运营上存在站内瞭望视线不良，使接发车、调车及列检作业等复杂化；增加了列车起动的曲线附加阻力等缺点。

(一) 客、货混行普速铁路

普速铁路设计规范规定：区段站应设在直线上，中间站(含越行站和会让站)宜设在直线上。困难条件下，如有充分技术经济依据，可设在曲线上。但其曲线半径不得小于表 12 - 13 规定的数值。

表 12 - 13　　车站平面最小曲线半径　　单位：m

路段旅客列车设计行车速度/(km/h)			160	140	120	100	80
最小曲线半径	区段站		1 600	1 200	800		
	中间站、会让站、越行站	一般	2 000	1 600	1 200	800	600
		困难	1 60	1 200	800	600	600

车站曲线应采用较小的偏角。横列式车站不应设在反向曲线上。纵列式区段站每一运行方向的到发线有效长范围内不应有反向曲线。

(二) 客、货混行快速铁路

快速铁路设计规范规定：困难条件下，车站可设在曲线上。但不得设于反向曲线上。站内曲线半径宜符合区间正线标准。困难条件下，可按通过列车速度确定但不得小于 1 000 m。

(三) 客运专线(高速)铁路

曲线车站在运营管理、维修养护、列车进出站的平稳性等方面存在诸多缺点。对于客运专线(高速)铁路来说，较小半径的曲线车站还将限制不停站列车的通过行车速度。所以，设计规范规定：车站应设在直线上。在困难条件下，经技术经济比选，可设在曲线上，站内正线最小曲线半径应结合设计速度合理确定。所有列车均停站的车站，其最小曲线半径不得小于1 000 m。

对于曲线车站应符合下列规定。

(1) 宜采用较小的曲线偏角及曲线长度。

(2) 不应设在反向曲线上。

(3) 咽喉区范围内的正线应设在直线上。

第四节　线路设计平面图

线路平面图是轨道交通线路设计的基本文件之一。一般有详细和概略线路平面图。前者多用于技术或施工设计，后者用于线路方案研究或(预)可行性研究。对于确定的线路方案，在大比例尺的带状地形图上，进行详细的平面设计形成了详细线路平面图。图 12 - 9 为某段普速铁路单线设计平面图。图中表示的主要内容如下。

(1) 线路里程和百米标。整千米处注明线路里程，符号初步设计用 CK，技术设计用 DK。千米之间的百米标要注上百米标数。数字一般位于线路的右侧。

(2) 曲线要素及其起、终点里程。曲线交点应注明曲线编号，曲线偏角应加脚注 Z 或 Y，表示左偏角或右偏角。曲线要素标注在曲线内侧，曲线起点 ZH 和终点 HZ 要标注里程。

(3) 线路上各主要建筑物。沿线的车站、大中桥、隧道、平立交道口等建筑物，应以规定图例符号表示。

(4) 初测导线和水准点。图中连续的折线表示初测导线。导线符号为 C，脚注为导线的编号。图 12-9 还给出了水准基点的位置、编号及高程，其符号为 BM。

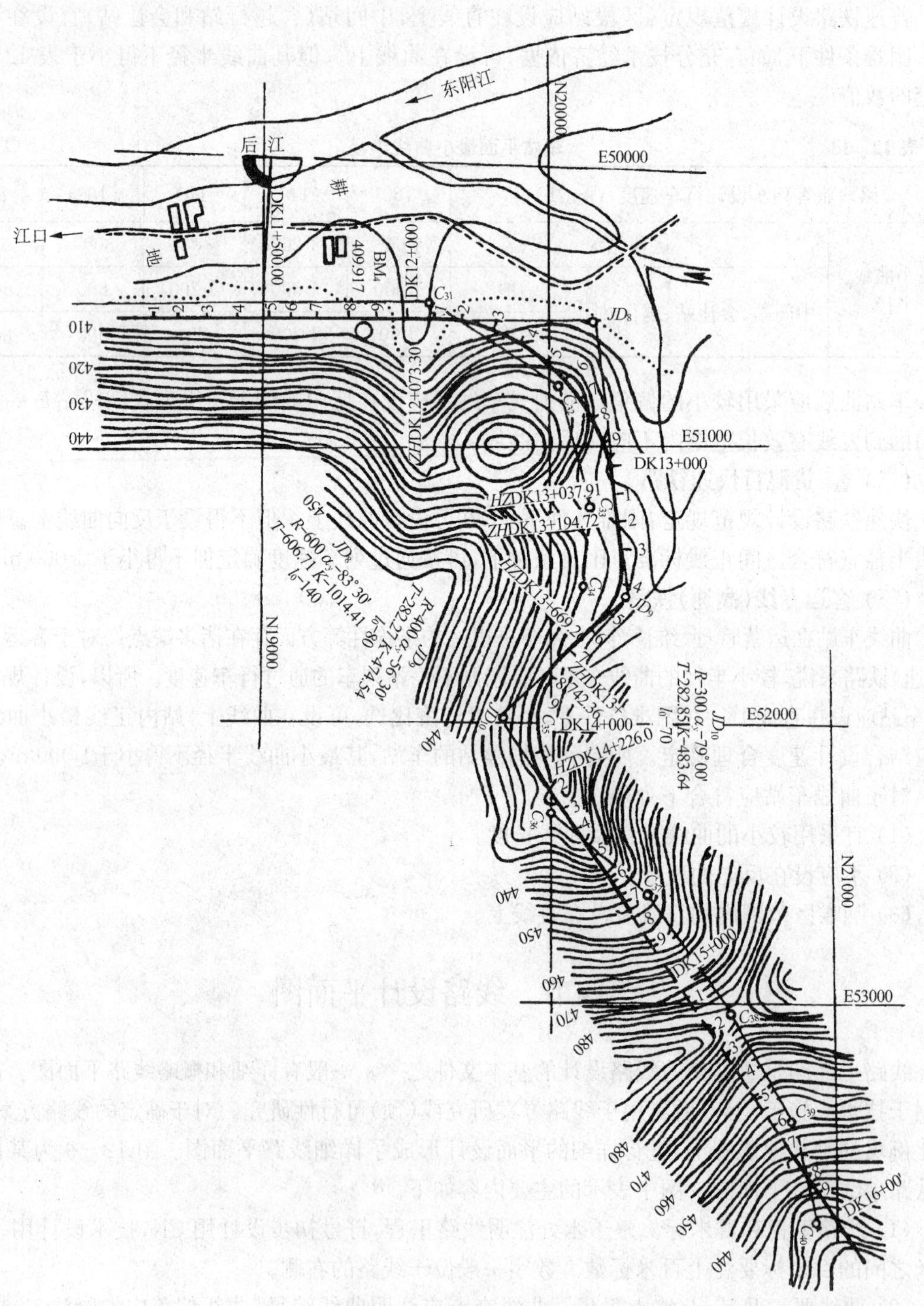

图 12-9 线路设计平面图

第五节　城市轨道交通线路平面设计

一、曲线

(一) 曲线半径

曲线半径宜按标准半径由大到小合理选用。从乘客舒适度、运行条件、车辆的技术性能、轮轨的磨耗等各方面因素考虑，应尽量采用较大的曲线半径。然而，由于受现有道路(或规划道路)线形、已有建筑物(或地下桩基)和线路控制点的约束，有时不得不选用较小的曲线半径以符合线路走向的技术要求。在实际工作中，考虑施工及养护的难度，最大半径一般很少超过3 000 m；400 m以下的曲线半径因轮轨磨耗大，噪音大，也应尽量少用。车站站台范围内一般不应设置曲线，困难条件下，其曲线半径不小于800 m。

(二) 圆曲线长度

圆曲线长度短虽然对改善瞭望条件、减少行车阻力和养护维修有利，但从行车平稳性和旅客舒适度以及方便曲线维修校正考虑，圆曲线的长度不宜太短。正线及辅助线的圆曲线长度一般不应小于20 m，困难情况下不得小于一个车辆的全轴距。

(三) 曲线连接

在正线上，当曲线半径≤2 000 m时，圆曲线与直线间根据曲线半径及行车速度按表12-14设置缓和曲线。复曲线上两圆曲线的曲率差大于1/2 000时，应设置中间缓和曲线，其长度根据计算确定，但不应小于20 m。缓和曲线采用三次抛物线形。辅助线上是否设缓和曲线，无严格要求，联络线及车辆出入段线，一般应设缓和曲线。车场线上不设缓和曲线。正线及辅助线两相邻曲线间的夹直线长度不应小于20 m；车场线两相邻曲线间的夹直线长度不应小于3.0 m。

表12-14　地铁正线缓和曲线长度表　单位：m

R \ v	100	95	90	85	80	75	70	65	60	55	50	45	40	35	30
3 000	30	25	20	25	—	—	—	—	—	—	—	—	—	—	—
2 500	35	30	25	20	20	—	—	—	—	—	—	—	—	—	—
2 000	40	35	30	25	20	20	—	—	—	—	—	—	—	—	—
1 500	55	50	45	35	30	25	20	—	—	—	—	—	—	—	—
1 200	70	60	50	40	35	30	25	20	20	—	—	—	—	—	—
1 000	85	70	60	50	45	35	30	25	20	20	—	—	—	—	—
800	85	80	75	65	55	45	35	30	30	25	20	—	—	—	—
700	85	80	75	70	60	50	45	35	30	25	20	20	—	—	—
650	85	80	75	70	60	55	45	40	35	30	20	20	—	—	—
600	—	80	75	70	70	60	50	45	35	30	20	20	20	—	—
550	—	—	75	70	70	65	55	45	40	35	20	20	20	—	—

续　表

R \ v	100	95	90	85	80	75	70	65	60	55	50	45	40	35	30
500	—	—	—	70	70	65	60	50	45	35	20	20	20	20	—
450	—	—	—	—	70	65	60	55	50	40	25	20	20	20	—
400	—	—	—	—	—	65	60	60	55	45	25	20	20	20	—
350	—	—	—	—	—	—	60	60	60	50	30	25	20	20	20
300	—	—	—	—	—	—	—	60	60	60	35	30	25	20	20
250	—	—	—	—	—	—	—	—	60	60	40	30	25	20	20
200	—	—	—	—	—	—	—	—	—	60	40	40	35	25	20
150	—	—	—	—	—	—	—	—	—	—	—	40	40	35	25

注：表中 R 为曲线半径，m；v 为设计速度，km/h。

(四) 夹直线

位于城区的城市轨道交通线路布线受限较多。考虑行车平稳的要求，地铁设计规范规定：A 型车和 B 型车的正线夹直线和圆曲线长度分别不小于 25 m 和 20 m，最短不能小于车辆的全轴距。

二、道岔

正线和辅助线上一般采用 9 号道岔；车场线采用道岔不大于 7 号。道岔应设在直线上。道岔端部至曲线端部的距离，正线及辅助线不宜小于 5.0 m，车场线可减少到 3.0 m。道岔宜靠近车站设置，但道岔始端基本轨端部至站台端部距离不应小于 5.0 m。

三、车站的站台

(一) 车站的站台形式

应根据城市轨道交通各自特点和运营要求选择站台形式，站台形式可采用岛式，侧式和岛、侧混合式(如一岛一侧、一岛二侧等)。

(二) 车站的站台长度

车站的站台长度应根据远期列车编组长度加 1.0～2.0 m。如上海地铁 1 号线、2 号线远期编组辆数 8 节，站台长度采用 186 m；上海轨道交通 3 号线列车编组辆数为 6 节，站台长度采用 142 m；上海轨道交通 5 号线列车编组辆数为 4 节，站台长度采用 80 m。

(三) 车站的站台宽度

车站的站台宽度应根据预测的远期客流量的大小、站台形式及其各设备工种的要求综合考虑，但最小宽度岛式站台不小于 8 m，侧式站台不小于 3.5 m。

四、折返线长度

列车折返线长度应根据远期列车编组长度、信号制式及其列车制动距离要求及车挡形式等综合考虑。并应保证列车折返的安全和折返能力的需要。折返线的有效长度需要考虑如下主要因素。

(1) 停车线端距道岔基本轨端留有必要的距离，如该距离太短，将影响列车加速，从而影响列车折返能力；

(2) 列车进入折返线通过最后一组道岔时，不希望降低速度以便尽快给其他线路开通进路，为此折返线的长度不能太短。

综合上述因素，地铁设计规范规定：折返线有效长一般为远期列车计算长度＋40 m 安全附加距离(不包括终端的车档长度)。安全附加距离也可根据工程实际情况，由信号设备系统、终端停车挡性能等相关要求，统筹比选确定。

复习思考题 12

[12-1] 线路平面的(夹)直线段长度为什么要规定下限值？

[12-2] 何谓缓和曲线？设置它的主要作用是什么？

[12-3] 摆式列车为什么能提高既有线路的列车运行速度？

[12-4] 不同速度列车共线运行的线路超高设置的难点是什么？

[12-5] 已知某Ⅰ级铁路的设计速度 $v_K = 160\,km/h$，$v_H = 120\,km/h$。若某曲线设计半径 $R = 2\,000\,m$，给定的超高设置参数 $h_{max} = 150\,mm$，$h_{min} = 5\,mm$。一般条件下：

(1) 试确定该曲线外轨超高范围。

(2) 当外轨实设超高 $h = 90\,mm$ 时，试计算 h_q 和 h_g 各为多少？

[12-6] 采用小曲线半径的主要缺点是什么？

[12-7] 某Ⅰ级铁路，已知：$i_x = 6‰$，$v_{max} = 120\,km/h$，曲线左端 ZH 点里程标为K180＋310。试求图 12-10 中 HY，YH，HZ 的里程标(注：线路里程标起讫方向自左向右)。

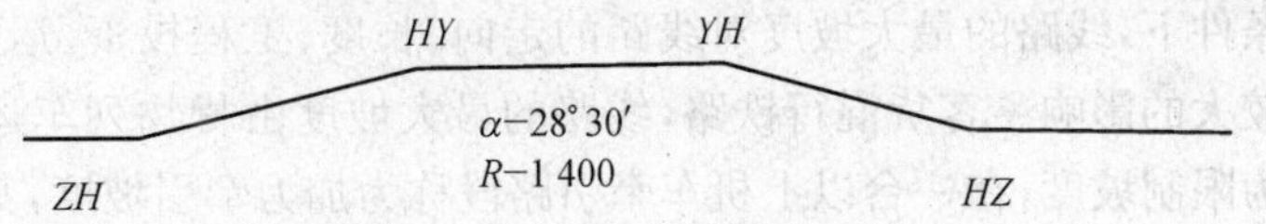

图 12-10　复习思考题[12-7]图

第十三章　线路纵断面设计

第一节　区间纵断面设计

线路纵断面由坡段及连接相邻坡段的竖曲线组成。坡段的特征用坡段长度和坡度值表示(图 13-1)。坡段长度 L_i 为该坡段前后两个变坡点间的水平距离(m)。坡段坡度 i 为该坡段两端变坡点的高差 H_i(m)除以坡段长度 L_i，即 $i=\frac{H_i}{L_i}\times 1\,000$(‰)。

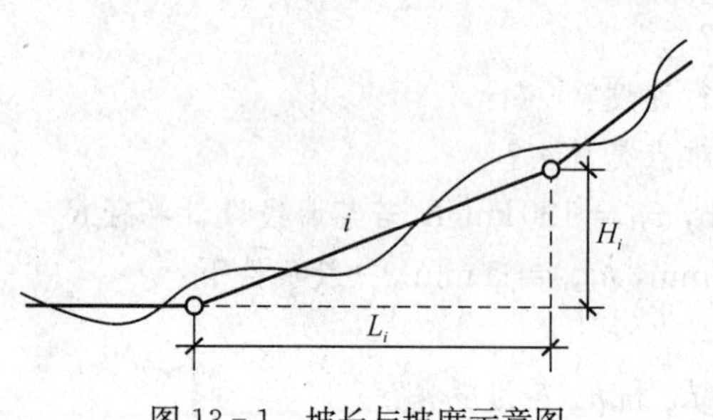

图 13-1　坡长与坡度示意图

上坡的坡度值取正值，下坡的坡度值取负值。如某坡度值为 5‰，即表示每千米高差为 5 m。

线路纵断面的设计，主要涉及坡度、坡长、坡段连接与坡度折减等问题。

一、线路最大坡度

在一定自然条件下，线路的最大坡度对线路的走向、长度、工程投资、运营费用、牵引重量及输送能力等有较大的影响。客货混行铁路，线路的最大坡度由货物列车运行要求确定。在单机牵引路段称为限制坡度；在一台以上机车牵引路段称为加力牵引坡度，其中最常见的为双机牵引，又称双机牵引坡度。客运专线(高速)铁路因采用了大功率、轻型动车组，牵引和制动性能优良，能适应大坡度运行。

纵断面设计坡度值加上线路附加阻力值不能超过线路最大坡度，否则会发生运营上不允许的运缓事故，甚至造成途停。

(一) 限制坡度

对于客、货混行的铁路，限制坡度是按货物列车牵引要求确定的。限制坡度对设计线的输送能力、工程数量与造价和运营重量与费用等有直接影响，并且关系到线路走向、长度和车站分布。正确地选择限制坡度是客货混行普速铁路设计中较为复杂的问题。

1. *影响限制坡度选择的主要因素*

(1) 铁路等级。普速铁路等级的不同，线路的意义与要求输送能力不同。对于客运输量大的线路，从安全与舒适上考虑，宜采用小限制坡度。

(2) 牵引种类和机车类型。设计的线路必须满足要求的输送能力。电力牵引比内燃牵引的计算牵引力大，计算速度高，牵引定数大，满足相同运能要求时可采用的限制坡度比内燃牵引的大。同样，对于一定种类的机车，大功率机车可选用较大的限制坡度。

(3) 地形条件。这是选择限制坡度最主要和最基本的依据。一般情况下，运量一定时，限制坡度减小，工程费增大而运营费减小。地形愈复杂，工程费占的比重也愈大。我国系多山国家，山区占国土总面积的56%，西南地区为地形复杂的典型地区。通过对西南地区经济限制坡度（换算工程运营费最小的坡度）研究表明，不同地区条件下，如将经济限制坡度减小1‰，工程费将增加1%～5%；如若导致线路更长的展线，则工程费增加更多，相对应的运营费减小幅度却很有限，甚至会因线路展长过多，运营费反而随之增加。因此，对地形陡峻的山区不宜选用偏小的限制坡度。

(4) 邻线的牵引定数。限制坡度选择还应考虑使设计线与邻接铁路的牵引定数尽量统一，以方便组织直达运输，提高运输效率。

2. 限制坡度的最大值

由于限制坡度在线路建成后不易改动，故《线规》规定：设计线（或区段）的限制坡度，应根据铁路等级、地形类别、牵引种类和运输需求比选确定，并应考虑与邻接铁路的牵引定数相协调。普速铁路最大值的具体规定值见本书表3-3。

(二) 加力牵引坡度

在普速铁路中，加力牵引坡度是一台以上机车牵引普通货物列车、在持续上坡道上、最后以机车计算速度等速运行的坡度；它是加力坡度路段的最大坡度。但该路段的货物列车牵引重量仍是按相应限制坡度上一台机车牵引的条件计算确定的。

1. 加力牵引的采用

在客货混行的普速铁路中，当一条较长线路所经过地区的地形条件变化很大，全线统一采用较小的限制坡度往往会引起线路大量展长或出现较长的越岭隧道，额外增大工程，工期延长；若用较大的限制坡度又产生不满足运输能力的需要问题。在这种情况下，可考虑采用多机加力牵引，以保持在限制坡度上的单机牵引定数不变。

采用加力牵引坡度的优点有：可较好地适应地形，缩短线路长度，减少工程数量、降低工程造价和缩短施工的工期；局部采用加力牵引，可保持列车牵引重量不变，提高线路输送能力或降低全线的限制坡度，对于一定的运输需求，减少列车对数、提高行车速度，从而在一定程度上改善全线运营条件。但是加力牵引也存在一些缺点，如需要增加运营机车台数和运输管理的难度（如在加力牵引的起讫车站要增加补机摘挂作业）；要延长车站到发线的有效长度，增加部分补机整备设备；对双向运行的单线铁路，加力牵引坡度较大时，对下坡行车安全将产生不利影响。因此，是否采用加力牵引坡度，应根据地形、工程和运输需求等方面全面分析，比选确定。

2. 加力牵引坡度的计算

加力牵引坡度 i_{jl} 应根据列车牵引重量、机车类型、机车台数及加力牵引方式按式(13-1)计算确定。

$$i_{jl}=\frac{\sum\lambda_y\lambda_k F_{jk}-(\sum P_k\cdot w'_{0k}+G\cdot w''_0)}{(\sum P_k+G)g}\quad(‰)\tag{13-1}$$

式中 i_{jl}——加力牵引坡度，‰，以0.5‰为单位取值；

λ_k——第 k 台机车牵引力取值系数，有关规定取值见第五章第一节机车牵引力；

F_{jk}——第 k 台机车在本务机车计算速度运行时的牵引力，N；

P_k——第 k 台机车的质量，t；

w'_{0k}——第 k 台机车在本务机车计算速度时的单位基本阻力，N/kN。其他符号含义同前。

采用相同类型机车加力牵引时，各种限制坡度相应的加力牵引坡度可采用表 13－1 数值。

表 13－1 加力牵引坡度坡度表 单位:‰

<table>
<tr><th rowspan="2">限制坡度</th><th colspan="2">双机牵引坡度</th><th colspan="2">三机牵引坡度</th></tr>
<tr><th>电力</th><th>内燃</th><th>电力</th><th>内燃</th></tr>
<tr><td>4.0</td><td>9.0</td><td>8.5</td><td>14.0</td><td>13.0</td></tr>
<tr><td>5.0</td><td>11.0</td><td>10.5</td><td>16.5</td><td>15.5</td></tr>
<tr><td>6.0</td><td>13.0</td><td>12.5</td><td>19.0</td><td>18.5</td></tr>
<tr><td>7.0</td><td>14.5</td><td>14.5</td><td>21.5</td><td>21.0</td></tr>
<tr><td>8.0</td><td>16.5</td><td>16.0</td><td>24.0</td><td>23.5</td></tr>
<tr><td>9.0</td><td>18.5</td><td>18.0</td><td>26.5</td><td rowspan="8">25.0</td></tr>
<tr><td>10.0</td><td>20.0</td><td>20.0</td><td>29.0</td></tr>
<tr><td>11.0</td><td>22.0</td><td>21.5</td><td rowspan="6">30.0</td></tr>
<tr><td>12.0</td><td>24.0</td><td>23.5</td></tr>
<tr><td>13.0</td><td>25.5</td><td rowspan="4">25.0</td></tr>
<tr><td>14.0</td><td>27.5</td></tr>
<tr><td>15.0</td><td>29.0</td></tr>
<tr><td>16.0</td><td>30.0</td></tr>
</table>

注:内燃牵引的加力牵引坡度值系按机车牵引力未进行海拔与气温修正计算。

3. 采用加力牵引坡度的注意事项

(1) 加力牵引坡度应集中使用，使补机能在较长的路段上行驶，提高其利用率，便于运营组织。

(2) 加力牵引坡度的起讫车站，最好有一个为区段站或其他有机务设备的车站，以利于补机进行必要的整备作业，减少补机整备设备的投资。

(3) 加力牵引在车钩强度允许的条件下，尽量采用重联牵引，方便各台机车配合与同步操纵，充分发挥机车的牵引力。

二、坡段长度

两个坡段的连接点，即坡度变化点，称为变坡点。相邻两变坡点间的水平距离即坡段长度。从列车运行的平稳性要求出发，纵断面坡段长度宜设计为较长的坡段；但就工程数量而言，采用较短适应地面起伏变化的坡段长度所设计的纵断面(图 13－2 中粗实线)，可以更好地适应地形的起伏(图 13－2 中细实线)，减少路基、桥隧等工程数量。

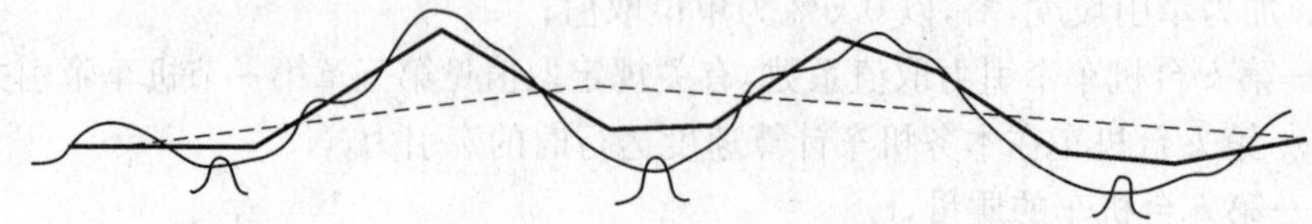

图 13－2 不同坡度对工程的影响

(一) 普速铁路

设计坡段越长,列车运行越平稳。因为列车通过变坡点时,列车前后运行阻力不同,使局部列车的受力状态发生变化,而产生车钩的附加纵向力。这种附加纵向力主要与纵断面形式及相应的机车运行工况及列车牵引重量关系密切。按我国货车车钩强度计算,在列车牵引重量≤6 500 t(或到发线有效长≤1 050 m)条件下,由最大坡度差组成的凸、凹形纵断面上,列车的最大纵向力均满足安全要求。所以最小坡段长度只要保证竖曲线不重叠即可,一般可按列车长度的 1/3 设置,最短不小于 200 m。对于旅客列车设计速度为 160 km/h 的路段,坡段长度不应小于 400 m,且不宜连续使用 2 个以上,以利于提高列车通过坡底或坡顶分坡平台的运行品质。

线路纵断面设计时,应力争设计较长坡段,一般不宜小于表 13－2 中《线规》的规定值,并取 50 m 的整倍数。

表 13－2　　最小坡段长度　　单位:m

远期到发线有效长度	1 050	850	750	650
最小坡段长度	400	350	300	250

在不影响列车运行平稳的前提下,为了因地制宜节省工程,在下列情况下,坡段长度允许缩短至 200 m。

(1) 因最大坡度折减而形成的坡段(图 13－3(a)),指曲线折减、隧道坡度折减坡段无需折减的坡段,这些坡段间的坡度差一般不大,坡段长度可以缩短为 200 m。

(2) 在两个同向坡段之间或平坡与上、下坡坡段之间,为缓和坡度代数差而设置的缓和坡段,包括为保证内燃机车进入隧道时需达到规定速度而设置的加速缓坡(13－3(b)),缓和坡段使纵断面上坡度逐步变化,对列车运行平稳有利,所以允许缩短为 200 m。

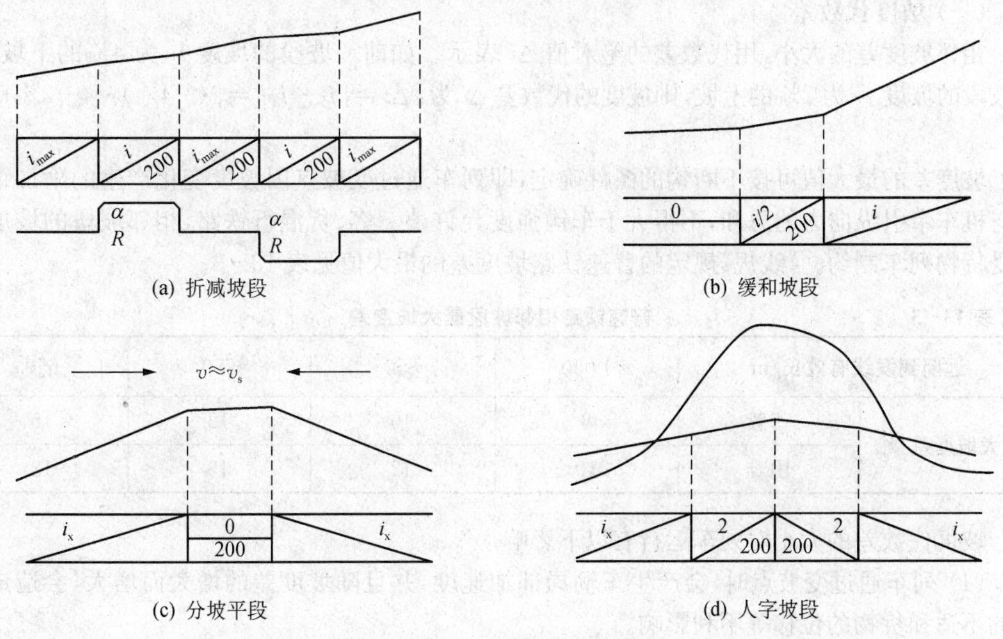

图 13－3　200 m 坡段设计示例

(3) 两端货物列车以接近计算速度运行的凸形纵断面顶部为缓和坡度差而设置的分坡平段的长度(图 13-3(c)),一般宜为 200 m,以使分坡两端的竖曲线不致相互重叠。

(4) 长路堑内,为利于侧沟排水,应将长度设为 400 m 及以上的平坡段以不小于 2‰坡度的向中间凸起的人字坡段代替,该坡段的长度可缩短至 200 m(图 13-3(d))。

(二) 客、货混行快速铁路

为了提高列车运行的平稳性,纵断面宜设计为较长的坡段。最小坡段长度不宜小于 600 m,个别最小坡段长度应不小于 400 m,且连续使用时不得超过两个。个别最小坡段不得与最大坡度差重叠设置。

(三) 客运专线(高速)铁路

从列车运行平稳性和旅客乘车舒适度考虑,正线宜设计为较长的坡段。最小坡段长度除应满足两竖曲线不重叠外,还应考虑两个竖曲线间有一定的夹直线段长度。根据运营经验此夹直线长度应 $\geqslant 0.4v_{max}$。同时应满足式(13-2)的计算要求,并取整为 50 m 的整倍数。

$$l_p = \frac{2 \times \Delta i \times R_{sh}}{2} + 0.4v_{max}(\text{m}) \tag{13-2}$$

式中 l_p——最小坡段长度,m;

Δi——相邻坡段最大坡度差,‰;

R_{sh}——竖曲线半径,m,其他符号意义同前。

综合上述要求,客运专线($v_{max}=200\sim250$ km/h)和高速铁路($v_{max}=350$ km/h)一般条件下,坡段长度分别不应小于 800 m 和 900 m;困难条件下,不应小于 600 m。

三、坡段连接

在坡段连接方案确定中,主要解决两个问题,即相邻坡度的代数差和竖曲线半径设置。

(一) 坡度代数差

相邻坡度差的大小,用代数差的绝对值 Δi 表示。如前一坡段的坡度 i_1 为 4‰的下坡,后一坡段的坡度 i_2 为 2‰的上坡,则坡度的代数差 Δi 为:$\Delta i = |i_1 - i_2| = |(-4‰)-(+2‰)| = 6‰$。

坡度差的最大值可按不断钩的条件确定,即列车通过变坡点因坡度变化产生的附加纵向力与机车牵引纵向力的总和,不得大于车钩强度允许值。客、货混行铁路,相邻坡段的坡度主要受货物列车制约。《线规》规定的普速铁路坡度差的最大值见表 13-3。

表 13-3 普速铁路相邻坡段最大坡度差

远期到发线有效长/m		1 050	850	750	650
最大坡度差/‰	一般	8	10	12	15
	困难	10	12	15	18

坡度代数差的大小对列车运行有以下影响。

(1) 列车通过变坡点时,会产生车辆局部加速度,并且随坡度差的增大而增大,会造成旅客的不适和货物的位移等不利影响。

(2) 在凸形纵断面的坡顶,若坡度差过大,会使司机的通视距离缩短。从安全上考虑,司机的通视距离一般不应小于紧急制动距离。

因此，相邻坡段的连接宜设计为较小的坡度差。

由于旅客列车（包括动车组）的质量远低于货物列车，客运专线（高速）铁路的相邻坡段的坡度差不受限制。

（二）竖曲线

1. 设置竖曲线的意义

在纵断面上，若各坡段直接连接则是一条折线，它有如下缺点。

（1）列车通过变坡点产生的车辆振动和局部加速度，将引起旅客的不适和货物位移；

另外，固定轴距长的机车重心未过变坡点而使前轮悬空（图 13-4(a)），若悬空的高度超过前轮轮缘高度，就可能脱轨。

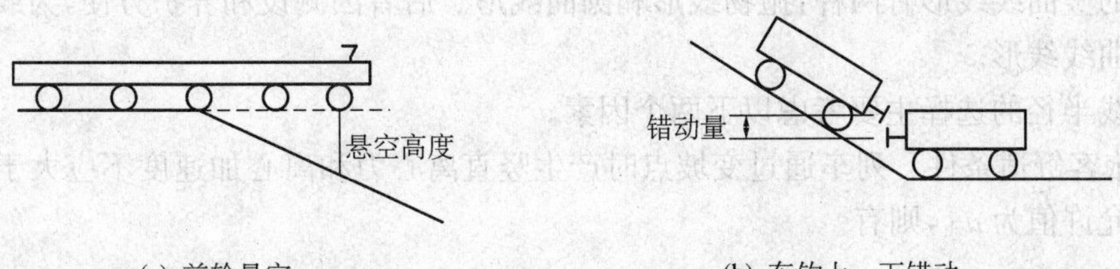

(a) 前轮悬空　　(b) 车钩上、下错动

图 13-4　前轮悬空和车钩错动示意图

（2）当相邻车辆的连接处位于变坡点近旁时，车钩要上下错动（图 13-4(b)），超过允许值，就可能引起脱钩。

因此，为了缓和变坡点坡度的急剧变化，使列车通过变坡点时不脱轨、不脱钩和行车平稳，相邻坡度差大于一定限度时，应在变坡点处设置竖曲线。

2. 竖曲线几何要素（图 13-5）

（1）竖曲线切线长 T_{sh}

$$T_{sh}=R_{sh}\tan\frac{\alpha}{2}\approx\frac{R_{sh}}{2}\tan\alpha=\frac{R_{sh}}{2}\tan|\alpha_1-\alpha_2|$$

$$=\frac{R_{sh}}{2}\left|\frac{\tan\alpha_1-\tan\alpha_2}{1+\tan\alpha_1\cdot\tan\alpha_2}\right|\approx\frac{R_{sh}}{2}|\tan\alpha_1-\tan\alpha_2|$$

$$T_{sh}=\frac{R_{sh}}{2}\left|\frac{i_1}{1\,000}-\frac{i_2}{1\,000}\right|=\frac{R_{sh}\Delta i}{2\,000}(\mathrm{m})\qquad(13-3)$$

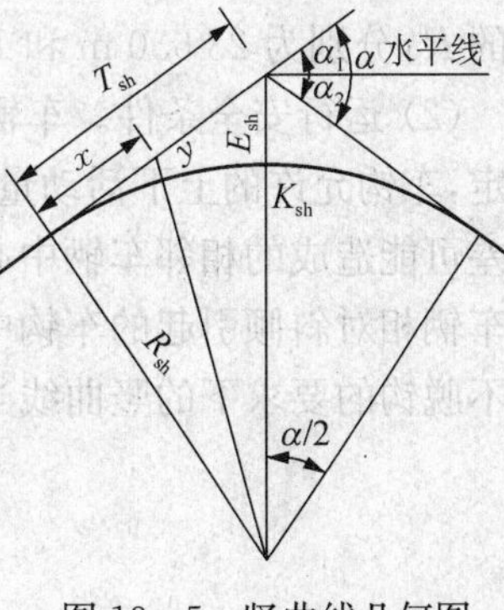

图 13-5　竖曲线几何图

式中　α——竖曲线的转角，(°)；

α_1，α_2——前、后坡段与水平线的夹角，(°)。上坡为正值，下坡为负值；

i_1，i_2——前、后坡段的坡度，‰；

Δi——坡度代数差的绝对值，‰。

（2）竖曲线长度 K_{sh}

$$K_{sh}\approx 2T_{sh}(\mathrm{m})$$

（3）竖曲线纵距 y

因 $$(R_{sh}+y)^2=R_{sh}^2+x^2$$

$2R_{sh}\cdot y=x^2-y^2$（y 值很小，y^2 略去不计）

故 $$y=\frac{x^2}{2R_{sh}}\,(\text{m})$$

式中 x——切线上计算点至竖曲线起点的距离，m。

变坡点处的纵距称为竖曲线的外矢距 E_{sh}，其计算式为

$$E_{sh}=\frac{T_{sh}^2}{2R_{sh}}(\text{m})$$

3. 竖曲线半径

常见的竖曲线线形有两种：抛物线形和圆曲线形。后者因测设和养护方便，为线路设计规范规定竖曲线线形。

竖曲线半径的选择主要考虑以下两个因素。

(1) 旅客舒适条件。列车通过变坡点时产生竖直离心力和离心加速度不应大于旅客不舒适要求的允许值为 a_{sh}，则有

$$R_{sh}\geqslant\frac{v_{max}^2}{3.6^2a_{sh}}(\text{m}) \tag{13-4}$$

式中 R_{sh}——竖曲线半径，其他符号意义同前

国外经验显示，当 $a_{sh}=0.3\sim1.0\ \text{m}/s^2$ 范围内，不致于引起旅客的不舒适感觉。对于160 km/h的普速铁路，按 $a_{sh}=0.15\ \text{m/s}^2$，$0.2\ \text{m/s}^2$ 计算的 R_{sh}分别为 13 200 m 和 9 880 m。国外高速客运铁路一般取 $a_{sh}=0.2\sim0.35\ \text{m/s}^2$。我国客运专线(高速)铁路，一般取 $a_{sh}=0.4\ \text{m/s}^2$；困难条件下取 $a_{sh}=0.5\ \text{m/s}^2$。若路段设计速度为 350 km/h，相应满足行车平稳要求的 R_{sh}分别为 23 630 m 和 18 910 m。

(2) 运行安全条件。车辆经过变坡点时车钩错动对行车安全的影响，普速铁路的《技规》规定，车钩允许的上下活动量货车为 75 mm，客车为 60 mm。考虑车辆新旧和轨道水平养护误差可能造成的相邻车辆中心线上、下位移值为 64 mm(货车)和 44 mm(客车)，变坡点处相邻车辆相对斜倾引起的车钩中心线上下位移允许值 f_R 为：11 mm(货车)和 16 mm(客车)。保证不脱钩的要求下的竖曲线半径的近似计算公式为

$$R_{sh}=\frac{(L+d)d}{2f_R}(\text{m}) \tag{13-5}$$

式中 L——车辆两转向架中心距，m；

d——转向架中心至车钩中心距，m。

按式(13-5)计算出的保证车辆不脱钩的最小竖曲线半径为 1 750(货车)～2 850 m(客车)，大大低于旅客舒适条件的要求值。

综上所述，竖曲线半径大小选择主要应从行车平稳要求考虑。

4. 竖曲线的设置条件

(1) 需要设置竖曲线的坡度差。

普速铁路保证列车通过变坡点时不脱轨是竖曲线设置与否的重要依据。我国使用的电

力、内燃机型过(凸形)变坡点产生最大悬空值的是 SS_4 型机车,其重心至第一前轮中心的距离为 5.6 m,磨耗踏面轮缘高度取 25 mm,则保证不脱轨的坡度差 $\Delta i \leqslant 0.025/5.6 = 4.5‰$(尚未考虑运行中机车在重力作用下将以重心所在的车轮为支点的回转作用和机车第一轮轮对的下落活动量的安全余量)。另外,实践经验表明,当外矢距在 10 mm 左右时,施工和养护过程中变坡点也会自然形成竖曲线。随着列车运行速度升高,列车运行的平稳性、旅客舒适度的要求也提高。为此有如下规定:

① 客货混行普速铁路。Ⅰ级、Ⅱ级路段设计速度为 160 km/h 的地段,当 $\Delta i > 1‰$时,R_{sh} 取 15 000 m;Ⅰ级、Ⅱ级路段设计速度<160 km/h 的地段,当 $\Delta i > 3‰$时,R_{sh}取 10 000 m。

② 客、货混行快速铁路。当 $\Delta i > 1‰$时,R_{sh}取 15 000 m。

③ 客运专线(高速)铁路。路段设计速度<160 km/h 的地段和>160 km/h 地段设竖曲线的条件分别 $\Delta i > 3‰$和 $\Delta i > 1‰$。最小竖曲线半径见表 13-4。但最大竖曲线半径不应大于 40 000 m。

表 13-4　客运专线(高速)铁路竖曲线半径表

v/(km/h)	⩾300	300 以下 250 及以上	250 以下 160 及以上	160 以下
R_{sh}/m	25 000	20 000	15 000	10 000

(2) 对竖曲线设置位置的要求。

① 竖曲线不应与缓和曲线重叠。竖曲线范围内,轨面标高以一定曲率在变化;缓和曲线范围内,外轨标高也以一定的坡度在升高。两者重叠极不利于轨道铺设与养护,影响行车平稳。因此,纵断面设计时,变坡点离开缓和曲线起终点的距离,不应小于竖曲线的切线长(图 13-6)。

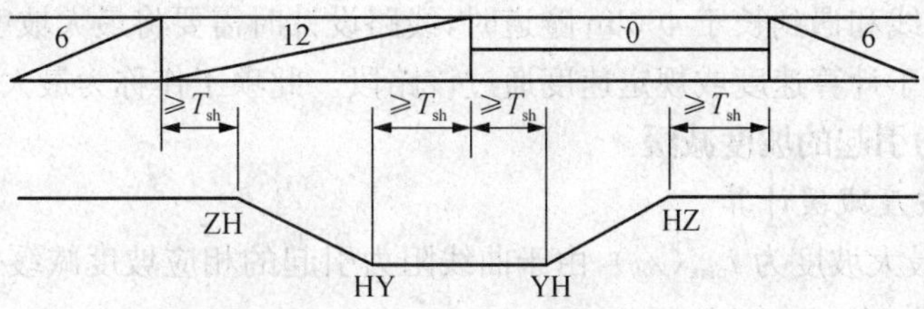

图 13-6　变坡点距缓和曲线起终点的距离

② 竖曲线不应与道岔重叠。以免影响道岔的正常使用和增加养护困难。

③ 竖曲线不应设在无碴的明桥面上。明桥面上设置竖曲线时,其曲率要靠在木枕上加木楔方式调整高度,施工养护难度大。

【例 13-1】 某高速铁路(设计最高行车速度 250 km/h)的变坡点的纵断面设计如图 13-7。若变坡点 A 的设计高程为 100.54 m,试进行该坡段连接的竖曲线设计,并且自左向右,从竖曲线起点开始,每隔 20 m 确定该竖曲线的施工高程。

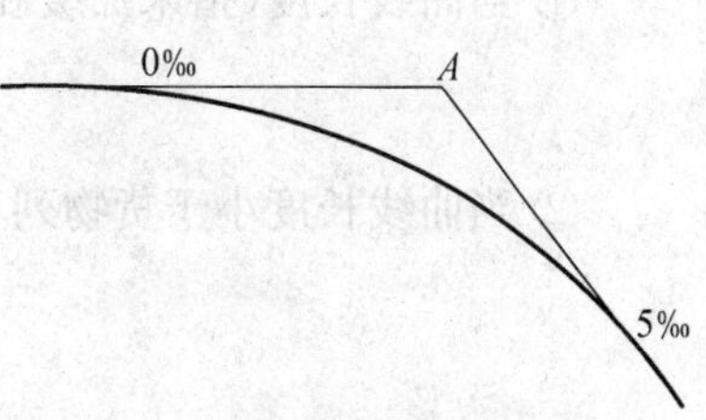

图 13-7　曲线纵断面设计图

【解】 该变坡点的坡度差 $\Delta i = |0-(-5)| = 5‰ > 1‰$,应用竖曲线连接。查表 13-4:

当 $v=250$ km/h 时，R_{sh} 取 20 000 m

竖曲线的切线长 $T_{sh}=\dfrac{20\,000\times 5}{2\,000}=50$ m

竖曲线的曲线长 $K_{sh}=2\times 50=100$ m

竖曲线纵距 $y=\dfrac{x^2}{2R_{sh}}$

从左端开始确定竖曲线的施工高程分别为：

0 m：$H_0=H_A=100.54$ m；

20 m：$H_{20}=100.54-\dfrac{20^2}{2\times 20\,000}=100.53$ m；

40 m：$H_{40}=100.54-\dfrac{40^2}{2\times 20\,000}=100.50$ m；

60 m：$H_{60}=100.54-\dfrac{60^2}{2\times 20\,000}=100.45$ m；

80 m：$H_{80}=100.54-\dfrac{80^2}{2\times 20\,000}=100.38$ m；

100 m：$H_{100}=100.54-\dfrac{100^2}{2\times 20\,000}=100.29$ m。

四、最大坡度的减缓

客运专线(高速)铁路由于曲线半径较大，经计算，曲线附加阻力占总阻力(基本阻力和坡道阻力之和)的比重很小(约 1%)，可以忽略不计。因此，客运专线(高速)铁路的设计规范规定：最大坡度不考虑平面曲线阻力和隧道阻力的坡度折减。

对于需要用足最大坡度(包括限制坡度与加力牵引坡度)设计的客货列车混行路段，当该路段平面上出现曲线和遇到长于 400 m 隧道时，线路设计时需要将最大坡度值减缓，以保证满轴的货物列车不低于计算速度或规定速度通过该路段。此项工作称为最大坡度的减缓。

(一) 曲线阻力引起的坡度减缓

1. 曲线地段坡度减缓计算

设：该线路的最大坡度为 i_{max}(‰)，由于曲线阻力引起的相应坡度减缓值为 Δi_r(‰)，那么最大设计坡度 i 应为

$$i=i_{max}-\Delta i_r(‰) \tag{13-6}$$

计算 i 时要注意以下几点：

(1) Δi_r 的计算分下面两种情况。

① 当曲线长度(指未加缓和曲线前的圆曲线长度)大于或等于货物列车长度时：

$$\Delta i_r=600/R \quad (‰) \tag{13-7}$$

② 当曲线长度小于货物列车长度时：

$$\Delta i_r=10.5\sum\alpha/l \quad (‰) \tag{13-8}$$

式中 $\sum\alpha$——坡度长度(或货物列车长度)内平面曲线偏角总和，(°)；

l——通常为设计坡段长度，m。当 l 大于货物列车长度时采用货物列车长度。

(2) 减缓时涉及的货物列车长度，应取较短的近期货物列车长度。

(3) 折减后求得的设计坡度值，取小数点后一位，第二位舍去。

2. 曲线地段坡度减缓设计原则

(1) 两圆曲线间不小于 200 m 的直线段，可设计为一个坡段，不进行坡度减缓。

(2) 折减坡段应不短于且尽量接近于曲线长度，取 50 m 的整倍数，且不应短于 200 m。

(3) 若连续有一个以上长度小于货物列车长度的圆曲线，其间直线段长度又小于 200 m，则可将小于 200 m 的直线段分开，并入两端曲线分别进行减缓；也可将两三个曲线与该直线段合并减缓，但减缓长度不宜大于货物列车长度。

(4) 当一个曲线位于两个坡段上时，每个坡段上分配的曲线偏角度数，应按两个坡段上曲线长度的比例计算。

【例 13-2】 设计线为电力牵引Ⅱ级铁路，限制坡度为 6‰，近期货物列车长度为 660 m，最高行车速度为 100 km/h，线路平面图见图 13-8。该地段需要用足限制坡度上坡；线路右端设置车站，设计左端站坪坡段为 600 m 的平坡；站坪外为 200 m 长、4.5‰的缓坡(上坡)。

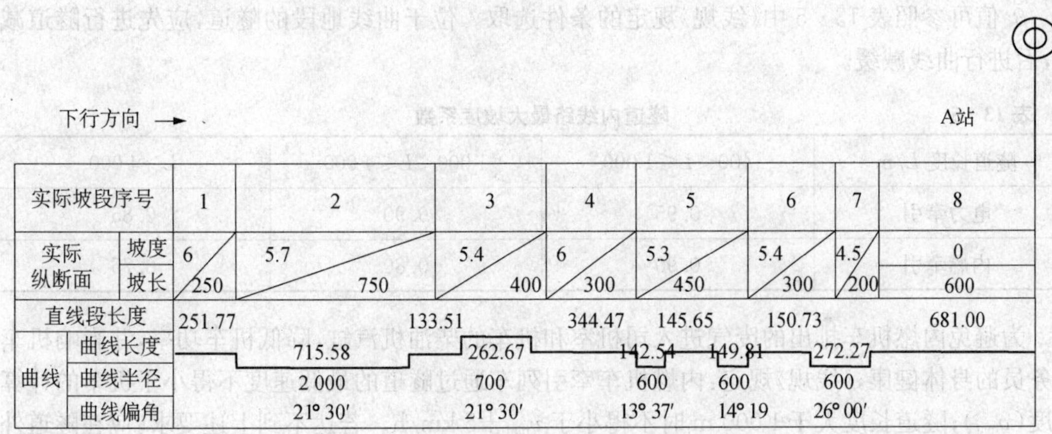

图 13-8　路段(下行方向)最大坡度折减结果图

【解】 坡度减缓过程如下。

(1) 将长度不小于 200 m 的两个直线段，分别单独设计为 250 m 和 300 m 的坡段，坡度取限制坡度 6‰，不减缓。

(2) 将长度大于近期货物列车长度的 JD_1 圆曲线，设计为一个坡段，坡段长取 750 m，设计坡度为

$$i = i_{\max} - 600/R = 6 - 600/2\,000 = 5.7‰。$$

(3) 将长度小于近期货物列车长度的 JD_2 圆曲线，设计为一个坡段，坡段长取 400 m，设计坡度为

$$i = i_{\max} - 10.5\sum\alpha/l = 6 - 10.5 \times 21.5/400 = 5.44‰，取 5.4‰。$$

(4) 将长度小于近期货物列车长度的 JD_3 和 JD_4 两圆曲线，连同中间小于 200 m 的直线段，设计为一个坡段，坡段长度取 450 m，设计坡度为

$$i = i_{max} - 10.5\sum \alpha/l = 6 - 10.5 \times (13.37 + 14.51)/450 = 5.35‰，取 5.3‰。$$

(5) 根据设计要求，JD_5 被划分在两个坡段上。其中站坪外 200 m，4.5‰缓坡内，因坡度值显然小于其缓坡计算值，故勿需曲线减缓；另一 300 m 长坡段上内曲线长度为：153.27 m，则分配的曲线偏角为

$$26° \times \frac{153.27}{272.27} = 14.64°$$

设计坡度为 $i = i_{max} - 10.5\sum \alpha/l = 6 - 10.5 \times 14.64/300 = 5.49‰$，取 5.4‰。

(二) 隧道内的最大坡度减缓

当普速铁路位于长大上坡道且隧道长度大于 400 m 时，由于列车在隧道内运行要克服增加的空气阻力，需要考虑隧道附加阻力的坡度减缓 Δi_s。为了简化计算，一般用隧道内线路最大坡度系数 β_s 来进行隧道坡度折减，其设计坡度为

$$i = i_{max} - \Delta i_s = \beta_s i_{max} \ (‰) \qquad (13-9)$$

β_s 值可参照表 13－5 中《线规》规定的条件选取。位于曲线地段的隧道，应先进行隧道减缓，后进行曲线减缓。

表 13－5　隧道内线路最大坡度系数

隧道长度 L/m	400＜L≤1 000	1 000＜L≤4 000	L＞4 000
电力牵引	0.95	0.90	0.85
内燃牵引	0.90	0.80	0.75

为避免内燃机车排出的废气进入司机室和机车的柴油机汽缸，降低机车功率，并影响机车乘务员的身体健康，《线规》规定：内燃机车牵引列车通过隧道的最低速度不得小于机车的计算速度(v_{min})；隧道长度大于 1 000 m 时不得小于 v_{min}＋5 km/h。若达不到上述要求，应在隧道外设计加速缓坡

五、桥隧涵纵断面设计

涵洞和有碴桥面桥可设于任何纵断面上。但明桥面桥因钢轨爬行的影响以及锁定线路和维持轨距标准难，所以，明桥面桥宜设在平道上。

隧道内的线路纵断面，可设置为单面坡或人字坡。单面坡有利于运营通风和争取高程，宜在内燃牵引或需要用足最大坡度路段的长隧道中采用；人字坡便于施工出碴和排水，地下水发育的长隧道宜采用人字坡，坡度不宜小于 3‰。必要时，长隧道应采用人工通风措施。

第二节　车站正线纵断面设计

一、站坪坡度

为确保车站作业的方便和安全，站坪宜设在平道上。

(一) 普速铁路的站坪坡度

若为了节省工程或争取线路高度，将站坪设在坡道上，要满足下列坡度设计要求。

(1) 保证车站停放的车辆不致溜逸和站内调车作业的安全。考虑到我国绝大多数车辆装有滚动轴承，普速铁路困难条件下，站坪可设在不大于 1.0‰坡度上。特殊困难条件下，有充分技术经济依据时，无站内调车作业的会让站、越行站的站坪，可设在不大于 6‰的坡道上。但不应连续设置。

(2) 咽喉区的正线坡度，宜与站坪坡度相同。特殊困难条件下，可将咽喉区设置在限制坡度减 2‰的坡道上，但区段站、客运站不得大于 2.5‰；中间站、会让站、越行站不得大于 10‰。

(3) 保证停站列车的顺利启动。站坪设计坡度应不大于最大启动坡度。启动坡度的计算见本书第七章有关内容。

(二) 客运专线(高速)铁路的站坪坡度

由于客运专线(高速)铁路列车启动牵引力和制动力都比较大，列车的启动、停车以及站内作业安全都不成问题，站坪坡度主要考虑车辆防溜。国外高速铁路站坪坡度通常为 2.5‰～3‰。单纯就高速铁路来说，其站坪坡度可以宽松于普速铁路。设计规范规定：困难条件下，站坪可设在不大于 1‰的坡道上。特别困难条件下，可设于不大于 2.5‰的坡道上。越行站可设在不大于 6‰的坡道上。

二、站坪的坡段

站坪到发线有效长范围内一般设计为一个坡段。因为当站坪设计为多个坡段时，竖曲线若与道岔重叠，会增加道岔铺设和养护困难；坡度过大，甚至会影响列车停车后顺利启动。

三、站坪两端的线路平、纵断面

(一) 竖曲线和缓和曲线不应伸入站坪

在纵断面上，竖曲线不应伸入站坪，站坪端点至站坪外变坡点的距离不应小于竖曲线的切线长度 T_{sh}，如图 13-9 右端咽喉所示。

在平面上，缓和曲线不应伸入站坪，站坪端点至站坪外曲线交点的距离不应小于曲线的切线长度 T_1，如图 13-9 左端咽喉所示。

若站坪两端的线路在平面上有曲线、在纵断面上有竖曲线，则应考虑竖曲线不与缓和曲线重叠的要求(图 13-9 右端咽喉所示)，曲线交点 JD_2 距站坪端点的距离不应小于 $2T_{sh}+T_2$。

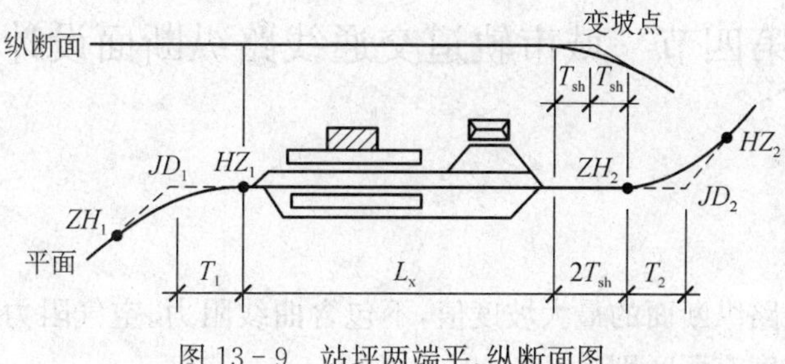

图 13-9　站坪两端平、纵断面图

(二) 进站启动缓坡

由于技术站站内作业繁忙,往往易造成进站列车在进站信号机前方临时停车。为此《线规》规定:限制坡度小于或等于 6‰的内燃牵引普速铁路,编组站、区段站和接轨站进站信号机前的线路坡度,不能保证货物列车顺利启动时,应设置启动缓坡。其他车站除地形困难者外也宜设置。起动缓坡的坡度值,按列车运行计算方法检算。

第三节 线路设计纵断面图

线路纵断面图也是轨道交通线路设计的基本文件之一。线路纵断面图多用于方案的技术或施工设计。对于确定的方案,在大比例尺的带状地形图上,进行详细纵断面设计形成了详细纵断面图。图 13-10 为图 12-9 设计线路平面的纵断面图,主要用于表示线路各坡度的长度及坡度设计情况。横向表示线路长度,竖向表示高程。

(一) 图的上半部分——纵断面图示意图

主要表示线路纵断面概貌和沿线建筑物特征。细线表示地面线,粗线表示设计的路肩标高线。图的左方,标注线路的主要技术标准。车站符号的左右侧,标注前后车站的距离。设计路肩标高线的上方,有线路各主要建筑物的里程、类型和大小。设计路肩标高线上、下方数字分别为填方高度和挖方高度,单位为 m。

(二) 图的下半部分——线路资料和数据

一般标注在图的下方,自上而下顺序如下。

(1) 工程地质特征。扼要表明沿线各路段重大不良地质现象、主要地层构造、岩性特征、水文地质等情况。

(2) 路肩设计标高。图上标出各变坡点、百米标和加标处的路肩设计标高。

(3) 设计坡度。向上或向下的斜线表示上坡道或下坡道,水平线表示平道。线上数字表示坡度的‰数,线下数字表示坡段长度(m)。

(4) 地面标高。各百米标和加标处标注地面标高。

(5) 百米标与加标。在整百米处标注百米标数,加标处应标注距前一百米标的距离。

(6) 线路平面。水平线表示直线,注有其长度。凸起部分表示右偏角的曲线;凹下部分表示左偏角的曲线;其中各转折点依次为 ZH, HY, YH, HZ 点。在 ZH 和 HZ 点处注有距前一百米标的距离。曲线要素注于曲线内侧。

(7) 连续里程。一般以线路起点车站的旅客站房中心线处为零起算,在整千米处注明里程。

第四节 城市轨道交通线路纵断面设计

一、最大坡度

1. 区间线路

城市轨道交通线路纵断面的最大坡度值,不包含曲线阻力、空气阻力等附加当量坡度,与铁路设计中的限制坡度有所区别。

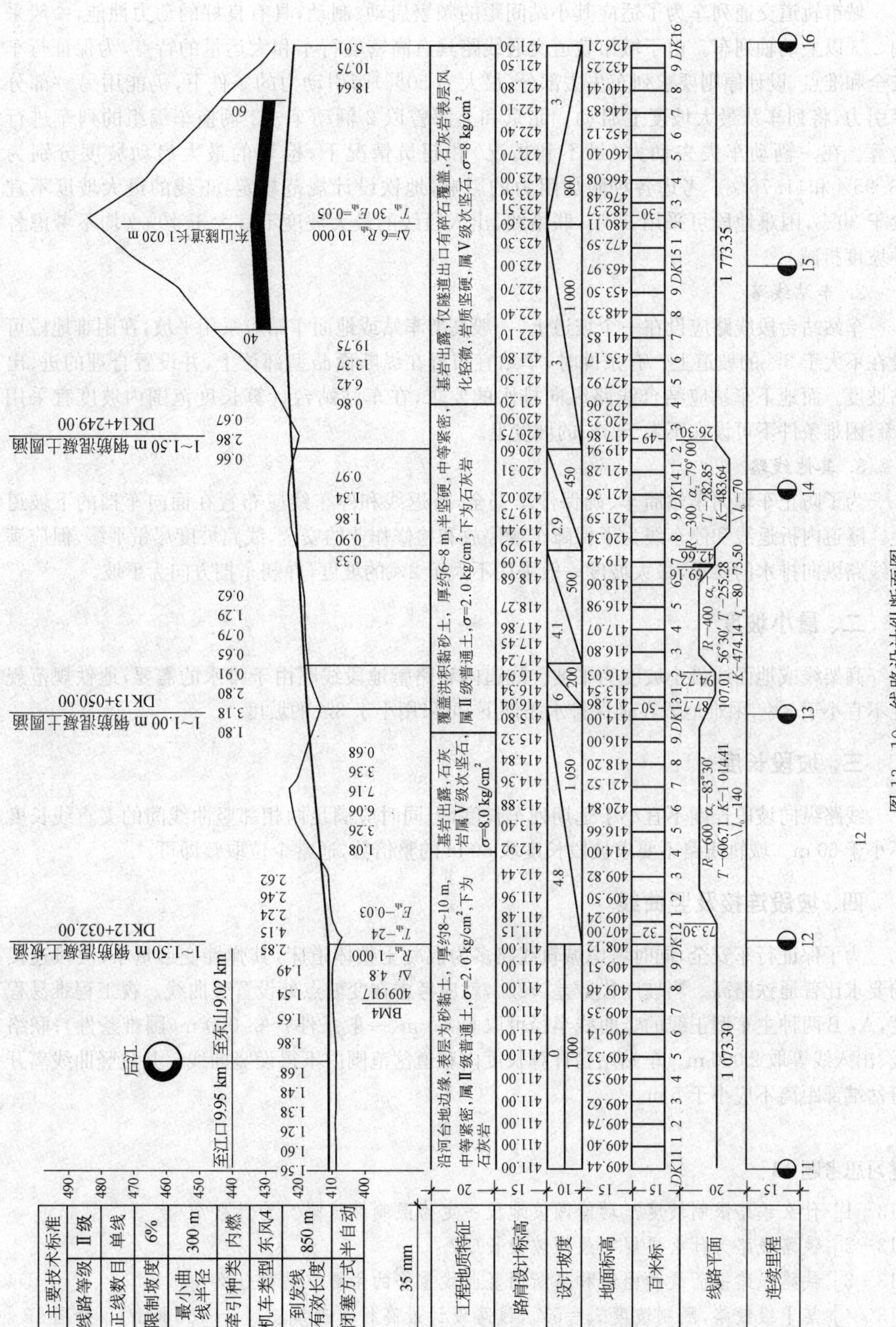

图 13－10　线路设计纵断面图

城市轨道交通列车为了适应其小站间距的频繁启动、制动，具有良好的动力性能，一般采用2/3以上动轴列车。由于城市轨道交通线路具有高密度行车和大运量的特点，为保证行车安全和准点，设计原则要求列车失去部分(最大为50%)牵引动力的条件下，仍能用另一部分牵引力，将列车从最大坡度上启动。北京和上海曾以2辆动车+2辆拖车编组的列车进行检算。在一辆动车失去动力(最不利情况)和超员情况下，检算的最大启动坡度分别为43.95‰和41.76‰。考虑各种附加阻力的影响，地铁设计规范规定：正线的最大坡度不宜大于30‰，困难地段可采用35‰，联络线、出入段线的最大坡度不宜大于40‰(均不考虑各种坡度折减)。

2. 车站线路

车站站台段线路应设在一个坡道上，一般高架车站或地面车站应采用平坡，在困难地段可设在不大于3‰的坡道上。有条件时，车站宜布置在纵断面凸型部位上，并设置合理的进、出站坡度。而地下车站应结合线路纵向排水的要求，在车站站台计算长度范围内坡度宜采用2‰，困难条件下可设在不大于3‰的坡度上。

3. 其他线路

为了防止车辆向车站溜车、确保停车安全，折返线和停车线应布置在面向车挡的下坡道上。隧道内折返线和停车线为了保障车辆停放和检修作业的安全，线路坡度尽量平缓，但应满足线路纵向排水的要求，最大坡度一般采用不大于2‰的坡度，并朝车挡方向为下坡。

二、最小坡度

高架线或地面线最小坡度为平坡。隧道内和路堑地段线路由于排水的需要，地铁规范规定不宜小于3‰，困难地段在确保排水条件下，可采用小于3‰的坡度。

三、坡段长度

线路纵向坡段长度不宜小于远期列车长度，但同时应满足两相邻竖曲线间的夹直线长度不小于50 m。城轨线路不要求坡段长度取50 m的整倍数，通常个位取整即可。

四、坡段连接及竖曲线

为了保证行车安全，同时考虑城轨线路多为混凝土整体道床，其弹性变形量小，坡段连接的要求比普通铁路高。当坡度代数差≥2‰，就应考虑在变坡点处设置竖曲线。视工程难易程度，A，B两种主车型正线的竖曲线半径可取5 000 m(一般条件)～3 000 m(困难条件)；联络线、出入线等取2 000 m。车站站台计算长度内和道岔范围内不得设竖曲线。并且竖曲线离开道岔端部距离不应小于5 m。

复习思考题 13

[13-1] 什么铁路限制坡度？动能闯坡地段一定为限制坡度吗？为什么？

[13-2] 铁路线路为什么要规定最短坡段长度？

[13-3] 铁路线路平面缓和曲线和纵断面竖曲线重叠的主要弊端是什么？

[13-4] 某Ⅰ级铁路，限制坡度i_x=6‰，线路设计最高行车速度v_{max} = 160 km/h。如图13-11，求X_{min}应为多少m？

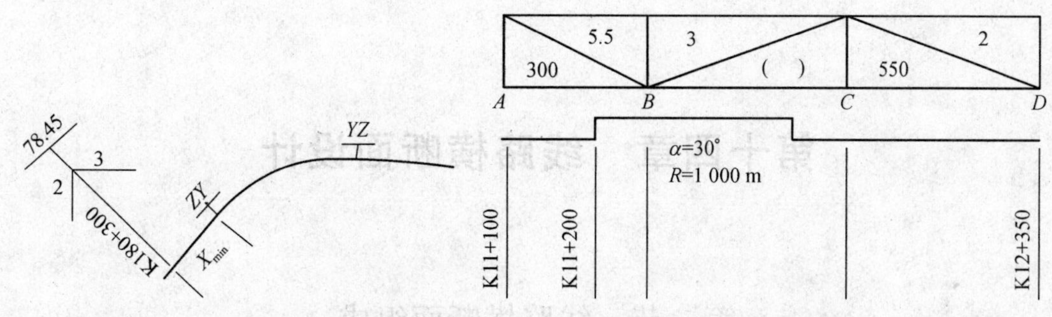

图 13-11　复习思考题[13-4]图　　图 13-12　复习思考题[13-5]图

[13-5] 如图 13-12，Ⅰ级铁路，$i_x = 6‰$，$v_{max} = 120$ km/h，要求：

(1) 变坡点 B, C 的桩号里程。

(2) 第二段(BC)坡长。

(3) 验证一般条件下 B, C 变坡点设计的合理性。

第十四章　线路横断面设计

第一节　线路横断面组成

线路横断面指垂直于铁路中心线的线路断面在铅垂面上的投影，它包括上部结构（轨道部分）和下部结构（路基、桥梁、隧道等）。路基是轨道交通线路的重要组成部分。它贯穿于整条线路，与桥梁、隧道相连，共同组成了线路的整体。

一、路基本体形式

路基工程主要由基本体和附属设施两部分建筑物组成。依据所处的地形条件不同，有路堤（即填土形成）和路堑（即开挖形成）两种基本形式。并由此两种基本形式，衍生出其他多种形式，见图 14－1。

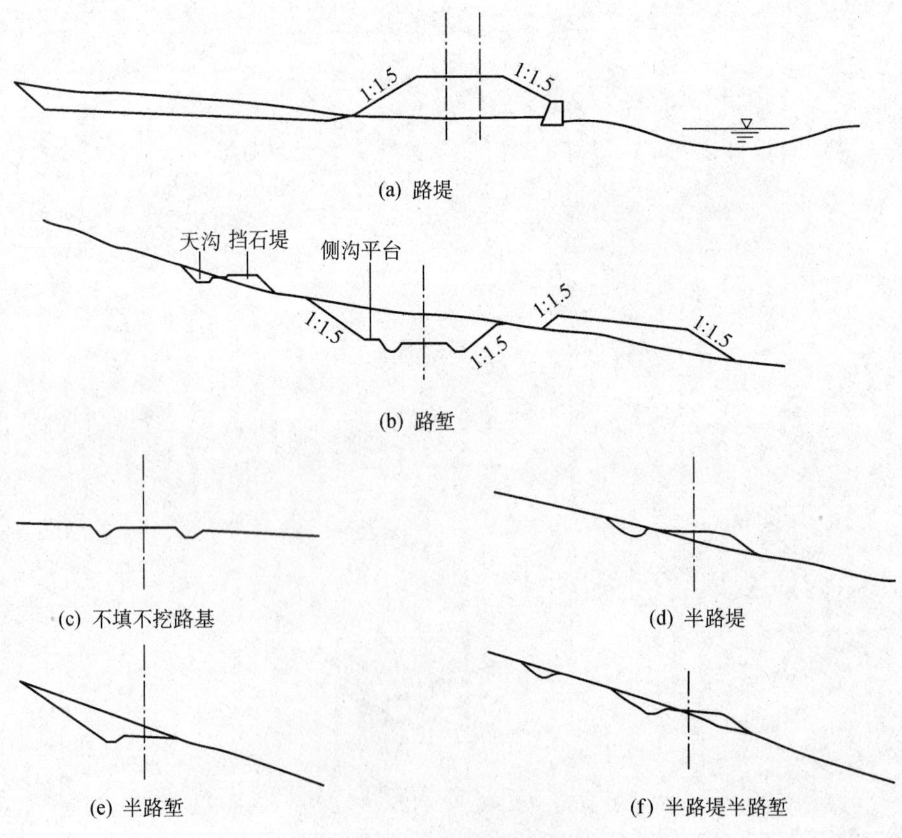

图 14－1　路基横断面形式

二、路基本体构成

1. 路堤式路基

如图 14-2(a),路堤式路基主要由以下要素构成。

(1) 路基面。指路基的顶部,供铺设轨道的工作面。

(2) 路肩。指轨道(道床)外缘至路基边缘、具有一定宽度的带状部分,起到路基横向支承作用。

(3) 边坡。路肩边缘以外两侧的斜坡称为路基边坡,在路基两侧设置一定坡度的坡面,有助于保持路基的稳定。必要时还需通过其他措施加固边坡的稳定。

(4) 护道。位于边坡外侧,为保证填土路基稳定所筑起的具有一定宽度和厚度的土体,对填筑的路基起到反压护道作用。

(5) 取土坑。为填筑路堤取土形成坑道,一般用作为路基侧的排水沟。

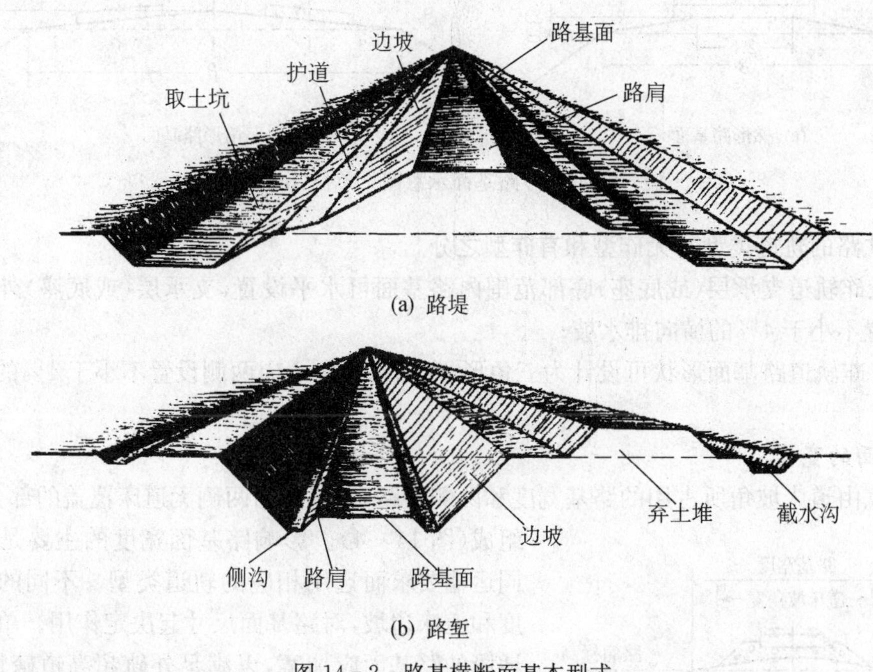

图 14-2　路基横断面基本型式

2. 路堑式路基

如图 14-2(b),与路堤不同的要素有如下几种。

(1) 侧沟。其为路基排水需要而沿线路修建的排水沟。

(2) 边坡。为稳定路堑两侧的侧壁而筑建的斜坡。对于不稳定的土体,有时还需要修建起保护作用的挡土墙。

(3) 弃土堆。是指开挖路堑的余土堆积带,以减少土石方运输工作量。

(4) 截水沟。其主要用于引导山体高处流水入集水井或急流槽,避免落水对路基的不利影响。

第二节　路基横断面设计

一、路基顶面设计

1. **顶面形状**

路基顶面的形状，分为有路拱和无路拱两种形式。一般非渗水路基，为迅速排出地表水，以免使路基侵湿，降低其强度，都要设置路拱。我国单线铁路一般采取梯形断面（图 14－3(a)），梯形上部宽度为 2.1 m，路拱高为 0.15 m；双线铁路路基，采用三角形的断面（图 14－3(b)），路拱高为 0.2 m。对于岩石与渗水性土质路基，因为排水性能好，并且其强度不会受水的影响而降低，故不设路拱，路基顶面可做成水平。

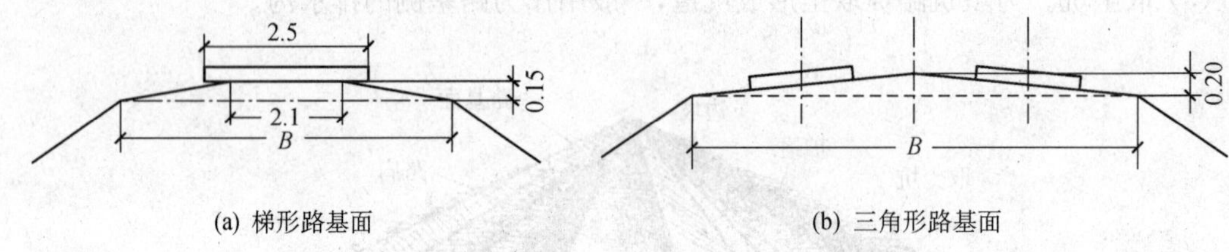

(a) 梯形路基面　　(b) 三角形路基面

图 14－3　路基面示意图　单位：m

高速铁路的轨道类型有无砟型和有砟型之分。

(1) 无砟轨道支承层（或底座）底部范围内路基面可水平设置，支承层（或底座）外侧路基面两侧设置不小于 4%的横向排水坡；

(2) 有砟轨道路基面形状可设计为三角形，由路基面中心向两侧设置不小于 4%的横向排水坡。

2. **顶面的宽度**

路基宽由道床坡角所占用的路基宽度和两侧的路肩（路基面两侧无道床覆盖的部分）宽度组成（图 14－4）。影响路基面宽度的主要是由于不同运输要求而选用相应的轨道类型。不同的道床厚度和道床边坡，对路基面尺寸起决定作用。单线曲线地段的路基面应加宽，以满足外轨超高道碴加厚，道床坡脚外移的需要。双线同路基曲线地段的路基面宽度，除以上加宽外，还应考虑两条线路线间距的加宽量。表 14－1 为普速铁路路基设计规范规定的路基面宽度标准。

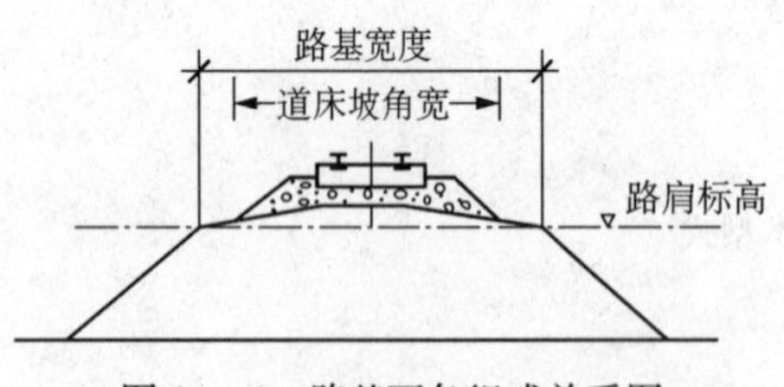

图 14－4　路基面各组成关系图

直线地段高速铁路设计规范规定的路基面宽度如表 14－2 所示。

二、路肩设计

(一) 高程设计

路肩最外侧的端部的高程，称为路肩高程（图 14－3）。路肩高程必须适合线路纵向坡度的要求；而各段线路坡度的最低路肩高程应满足：

表 14-1　　**普速铁路直线地段路基面宽度**　　单位：m

铁路等级	轨道类型	单线						双线					
		非渗水土			岩石、渗水土			非渗水土			岩石、渗水土		
		道床厚度	路基面宽度		道床厚度	路基面宽度		道床厚度	路基面宽度		道床厚度	路基面宽度	
			路堤	路堑		路堤	路堑		路堤	路堑		路堤	路堑
Ⅰ	特重型	0.50	7.4	7.1	0.35	6.6	6.2	0.50	11.6	11.2	0.35	10.6	10.2
	重型	0.50	6.4	7.1	0.35	6.6	6.2	0.50	11.6	11.2	0.35	10.6	10.2
	次重型	0.45	7.1	6.7	0.30	6.3	5.9	0.45	11.2	10.9	0.30	10.3	9.9
Ⅱ	次重型	0.45	6.7	6.3	0.30	5.9	5.5						
	中型	0.40	6.5	6.1	0.30	5.9	5.5						
Ⅲ	中型	0.40	6.1	6.1	0.30	5.5	5.5						
	轻型	0.35	5.6	5.6	0.25	5.0	5.0						

表 14-2　　**高速铁路直线段路基面宽度标准表**

轨道类型	设计最高速度/(km/h)	双线间距/m	路基面宽度/m	
			单线	双线
无砟轨道	250	4.6	8.6	13.2
	300	4.6		13.4
	350	5.0		13.6
有砟轨道	250	4.6	8.8	13.4
	300	4.8		13.6
	350	5.0		13.8

(1) 在洪水期间不被淹而影响行车；

(2) 在地下水或地面积水达到最高水位时，不至于上升到基床，使土的含水量增加而减低基础的强度和承载力或者发生冻胀，翻浆冒泥病害。

因此，路肩的最小设计高程应比设计洪水频率的水位连同波浪侵袭高和壅水高在内，再加 0.5 m 的富余量。其中，一般情况下，设计洪水频率Ⅰ级、Ⅱ级铁路为 1/100，Ⅲ级铁路为 1/50。

(二) 宽度设计

考虑通行阔大货物时路肩上行人的安全要求，我国普速铁路路肩宽一般在 0.4～0.8 m (图 14-3)。《线规》规定：普速铁路路肩的宽度：Ⅰ级铁路，路堤不应小于 0.8 m，路堑不应小于 0.6 m，困难条件下路堤不得小于 0.6 m，路堑不得小于 0.4 m；Ⅱ级铁路，路堤不得小于 0.6 m，路堑不得小于 0.4 m；Ⅲ级铁路，路堤、路堑均不得小于 0.4 m。

客运专线因列车运行速度高，路肩宽度需要更宽些，具体规定如表 14-3。

表 14-3　　**客运专线(高速铁路)双线路肩宽度**

设计速度/(km/h)	$v=200$	$200<v\leqslant 250$	$v>250$
路肩宽度/m	不应小于 1.0	不应小于 1.2	不应小于 1.4

三、路基边坡

路基边坡的坡度应根据构成路基本体的土或岩石的性质、工程地质条件、边坡高度、列车荷载等众多因素，按有关规范要求确定。对于普速铁路，有下列规定。

1. 路堤边坡

应根据填料的物理力学性质、边坡高度、路堤基底的工程地质条件等确定。如 20 m 高的边坡，细粒土的边坡设计值为 1∶1.75(下部)～1∶1.5(上部)；硬块石边坡设计值为 1∶1.5。

2. 路堑边坡

应根据土的物理力学性质、岩层状态(风化程度)、当地的工程地质和水文条件，以及路堑的开挖方式(人工开挖，机械开挖或爆破)等多种因素，综合分析确定。如：对于卵石土和碎石土(中密)，边坡设计值为 1∶1.5～1∶1。

四、路基结构强化

(一) 路基排水

路基的塌落、滑坡、翻浆冒泥、冻害等病害，大多由于路基排水不良引起的。因此，路基的排水设施是确保路基稳定的重要措施之一。路基排水设施分为地面排水设施和地下排水设施两大类。地面排水设施包括纵向排水沟、侧沟、天沟、急流槽等，用以汇集地表雨水，并引到路基以外。地下排水设施一般用来截断、疏导地下水，把地下水排出路基以外，降低地下水位，使基底不受地下水的浸润，提高路基的稳定性和承载能力。地下水位较浅时，一般采用水沟、水槽、渗水沟等设施；地下水位较深或具有含水层时，可采用渗水井、渗水隧道等设施。

(二) 路基防护设施

路基的防护设施，按其使用性质，可以分为坡面防护与冲刷防护两大类。坡面防护用于路肩边坡土质松软、岩层表面风化以及具有剥落、裂隙发育的地段。其方法有：种草、种树、勾缝、喷浆、抹面、土工纤维布护坡、砌石护坡、修造护墙等。冲刷防护用于滨河、河滩及水库路基地段。根据地形、地质及河流情况，可采用种草、砌石、抛土、修建浸水挡土墙以及河流调节建筑物等。为了保证进一步保障路基边坡的稳固，必要时可实施挡土墙、护堤、抗滑桩以及扶壁等路基加固工程。

复习思考题 14

[14-1] 铁路横断面由哪几部分组成？各组成部分的主要作用是什么？

[14-2] 确定铁路路基的路肩标高的主要原则是什么？

第十五章 线路计算机辅助设计

第一节 概 述

一、轨道交通线路设计的进步

铁路线路是一条由曲线、直线组成的空间三维线段，传统设计中它被分解为平面、纵断面、横断面分别进行设计，且以人工图板为主，经过人工采集地形图、纸上定线、人工点绘线路平面、纵断面、横断面图、描图员描图等一系列工作过程，完成线路设计。不仅劳动强度大，而且生产效率低、设计周期长，不能满足铁路建设与设计优化的要求。

线路设计现代化就是以计算机为工具，以当代工程测量、遥感图像处理系统(RS)、全球定位系统(GPS)、地理信息系统(GIS)、数字地形模型(DTM)等新技术为支撑，实现勘测设计的一体化与智能化。

随着电子计算机技术的迅速发展，以及计算方法、优化理论、模糊数学、灰色系统等许多新理论新方法的推陈出新，给铁路选线设计注入了新的活力。改革开放以来，在采用计算机辅助进行选线设计方面取得了一系列突破性进展并广泛用于生产。如利用航测和其他测绘手段采集数据，建立数字化测图系统和用于选线设计的带状数字地面模型；应用优化理论进行线路平面、纵断面优化；通过开发计算机软件系统进行铁路线路辅助设计等，使线路平面、纵断面、横断面的分项设计都可以在计算机上完成并直接形成数字化的设计资料，真正实现了甩掉图板的梦想，初步达到平、纵、横一体化设计的水平。对缩短勘测设计周期、提高勘测设计质量、优化设计方案、提高生产效率起到了显著作用。

计算机辅助设计(Computer Aided Design, CAD)概念 1963 年首建于美国麻省理工学院。从 20 世纪 70 年开始，欧洲、日本等相继在公路设计领域展开了 CAD 的单项研究，先后推出了如英国的 HOPS 纵断面选线最优化系统、法国的 APOLLO 纵断面优化系统等道路纵断面优化设计成果。到 20 世纪 80 年代后期，国外的计算机辅助勘测设计开始由单项开发转向整体开发及系统开发，从此才产生了勘测设计一体化、智能化的概念和研究体系。交通线路工程勘测设计一体化，就是在交通线路设计中，从勘测数据采集到最后输出设计图纸与文档的全过程的主要工作(一体)集中到计算机上来。实现一体化的前提条件是要实现勘测数据(如地形、地貌(包括水文和地质资料等))自动采集、自动整理、自动分析以及各设计环节间数据的自动传输。由于交通线路设计是一个非常复杂的工作，线路位置的确定和平、纵断面设计，涉及到许多不确定的影响因素。因此在 CAD 中将人工智能与知识工程、数据库技术与优化方法融为一体，采用智能分析方法获得设计的优化方案，则是运输线路勘测设计智能化研究的主要内容。目前代表性作品有：英国 MOSS 公司和美国 INTERGRAGH 公司开发的三维道路设计系统、德国 IB&T 公司开发的 CARD/1 国际化线路设计专业软件等。

我国交通运输领域开始计算机辅助勘测设计研究开始于20世纪70年代后期。一些高等院校(如同济大学、西南交通大学)、科研单位和勘测设计部门(如铁道勘测设计院),先后对公路、铁路平纵断面优化设计展开了研究,相继开发了一些单项CAD软件,其中铁路平、纵断面优化设计软件,已在各铁路勘测设计院推广使用。铁路平纵断面联合优化设计的3D智能化软件也在不断完善中。

二、轨道交通线路设计现代化系统结构与关键技术

轨道交通线路设计现代化系统一般由四大部分组成:勘测数据的采集与分析系统、设计优化系统、设计成果文档处理系统和设计过程管理系统(图15-1)。

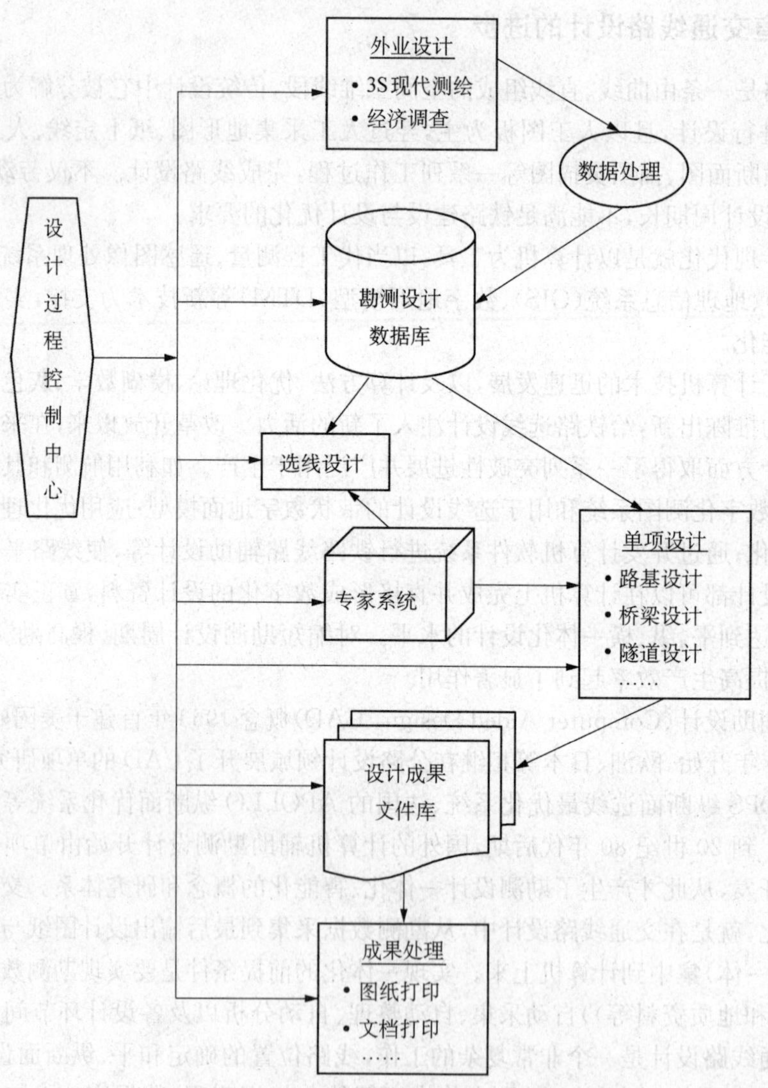

图15-1 轨道交通勘测设计现代化总体结构图

(一) 数据采集与分析系统

应用以GPS, GIS和RS为代表的现代测绘3S技术,自动获取线路设计所必需的地形、地

貌、地质、水文等信息，运用数字地形模型，将地形图转换成符合线路设计要求的“数字”数据。数字地形模型和工程勘测数据库的设计是关键技术。关系到设计一体化中信息自动生成与共享功能的实现，是实现设计自动化的前提。

(二) 设计优化系统

不同的设计专业，应用 CAD 软件实现线路优化设计的技术关键是要引入集决策性、知识性和实践性为一体的专家系统，结合线路平、纵、横断面绘制和三维地形图连续显示，实现设计方案动态可视化显示，从而形成人式智能与知识工程、数据库技术、计算机图形技术与优化方法为一体的线路设计智能化系统。

(三) 设计成果处理系统

该系统是对工程设计成果进行分类汇总与规范化管理的系统。其关键是要建立一个合理的成果数据库，便于查询，并在需要的时候，设计文件能以电子文档或书面形式提供给建设、施工部门或其他相关部门。

(四) 设计过程管理系统

在勘测设计各专业 CAD 应用的基础上，该系统实现设计单位的设计任务的下达、各设计环节和专业之间的信息及时沟通和设计全过程控制。在网络技术高度发展的今天，设计过程管理系统技术关键是应用 Intranet/Internet 技术，采用客户机/用户机方式，充分利用 sybase、oracle 等大型数据库，建立一个具有良好的用户界面、安全性、可靠性、完整性俱佳的计算机管理信息系统。

轨道交通线路勘测设计现代化总体结构示意图见图 15-1。

第三节　CARD/1 软件简介

CARD/1 软件诞生于 1995 年，是一款可用于测绘、道路设计、铁路设计和管道设计等工程领域的计算机辅助设计专业软件。

一、CARD/1 软件的特点

(一) 高度集成，功能强

CARD/1 覆盖测绘、道路、铁路、管道设计及施工的全过程。CARD/1 不依赖于其他任何软件(除操作系统外)就可独立完成基础数据采集、设计、绘图全过程，拥有大小功能 1 000 多项。其最大的优点如下。

(1) 数据在系统内部高效传递，避免了不同软件之间数据转换的繁琐和出错可能性；

(2) 绘图控制文件和表格生成程序都以源代码方式提供给用户，可以满足用户的个性化设计需求；

(3) 为用户提供常用的横断面设计源程序(QPR 程序语言)，通过调用函数方式，帮助用户进行任意形式的横断面设计以及整体式、分离式和台阶式路基设计及截排水沟和挡墙的设计和相关的工程数据的计算和分析；

(4) 全面引入了面向对象开发的理念，最新开发的 CardScript 脚本语言(8.2 及其以上 CARD/1 版本)是一种“工程师语言”，提供了二次开发平台，使用户可以开发基于 CARD/1 的个性化工具，以满足高效完成项目设计任务的需要。

(二) 数据兼容性好

CARD/1 可接受多种工程设计基础数据源，如已有的纵、横断面地面线数据及设计资料；全站仪数据；航测数据；GPS 数据；既有图扫描数据；“点云”数据(带有色值的三维激光扫描数据)和其他软件数据等。并提供应用国内常用线路工程设计软件数据接口，使设计单位各专业间的协同工作更加方便快捷。

(三) 优化设计过程

CARD/1 将项目设计与绘图分开，设计时只显示与设计相关的信息，设计完成或设计方案调整后，可通过控制文件产生或刷新相关的绘图数据。由于设计过程永久保留，能够根据用户需要批量修改、出图，以节约设计图修改时间，使用户能更专注于项目设计工作本身。

(四) 智能化及个性化

CARD/1 系统基于数字地面模型，融合了许多模拟、回归分析、自动设计等智能化功能，可方便地进行二维、三维空间的切换，辅助用户构思出更优、更合理的设计方案。

二、CARD/1 软件设计系统功能模块

CARD/1 设计系统按功能可以划分为以下几个功能模块。

(一) 三维可视化平台

三维可视化平台是软件运行界面，其基本功能如下。

(1) 辅助设计功能。CARD/1 软件建有 CAD 可视化平台。在这个平台上，可对地形图数据包括符号、文本、树木、房屋等细小的结构物等进行数据库管理，地形显示仅调用数据库中相关数据即可，且具有强大的图形处理能力和兼容其他地形图数据的能力。

(2) 三维地形数字化功能。包括数字化和信息化两方面。数字功能是指可视化平台需要具有数字地面模型，以提供设计所需要的地形数据。信息化功能是指可视化平台需具备供计算机辅助选线所需要的区域或局部信息知识及各种工程设计规范等。

(3) 三维地形可视化功能。让设计者直接在三维地形图上进行选线，增强了选线立体感，辅助设计者依据三维立体环境，在了解总体地形、地势变化情况进行选线设计。

(二) 测绘及三维数字化地形处理子系统

其主要包括测绘、数字地面模型、数字地形模型空间视图等功能。

(1) 测绘。涵盖了从控制测量到地形图成图的全流程。可接受各种来源数据和其他测绘软件数据。

(2) 数字地面模型(DTM)。可读入光栅图，在光栅图矢量化基础上建立数字地面模型，实现带有空间位置特征和地形属性特征的数据库管理。

(3) 数字地面模型的空间视图。利用数字地面模型生成所选范围内的三维可视化地形，帮助设计者简单快速地全面了解地形起伏状况，并且能自动检查 DTM 的准确性。同时可以对多个数字地面模型进行空间叠加，如将真实地面的空间视图(包括桥梁、隧道等构造物的三维模型)和设计线路的空间视图叠加为三维实景模型。

(三) 平面设计子系统

(1) 接线设计。采用曲线法思想定线时，CARD/1 在确定首尾两个曲线位置固定的情况下可以自动对连接两个曲线(或直线)进行智能化接线设计。

(2) 平面选线功能。计算机辅助选线是设计者利用计算机来进行人机交互选线，利用计算机辅助选线，CARD/1 可以实现现今流行的线路设计思想，包括积木法、交点法和曲线法设计思想。

(3) 平面线位编辑功能。平面线位编辑主要是通过修改单元来实现，单元修改包括：单元的添加、删除、移动、加长、单元点、连接方向、半径、缓和曲线等功能。CARD/1 还提供了以下轴线设计功能。

① 轴线拟合。采用最小二乘法根据一组点位拟合生成曲线和直线单元。

② 轴线分析计算。对相互连接进行分析计算并存为轴线数据。

③ 轴线管理。对同一项目下多条轴线（一个项目≤999 条）进行统一管理。

(四) 纵断面设计子系统

在平面线位选定后，CARD/1 允许设计者从三维数字地面模型切取地面线，并能设定的设计原则（如最大坡度、最短坡段长度、平纵断面配合条件等）自动进行纵断面设计。并且提供多窗口显示，将平面线位、纵断面设计、横断面设计及各种辅助设计窗口显示于一屏的功能，可实现平、纵、横设计结果“联动”显示。

(1) 纵断面设计功能。纵断面地面线指通过数字地面模型或地面线实测数据读入得到的实际地面线。纵断面设计线指设计者通过设计得出的设计纵断面线。纵断面设计模块核心是拉坡设计，另外还包含了许多复杂的辅助设计工作，如地面点绘、标注等。

(2) 纵断面编辑修改功能。编辑修改是指对纵断面设计进行各种修改，包括变坡点处理、切线处理和竖曲线设置等。

(五) 横断面设计子系统

(1) 横断面地面线数据管理。横断面地面线数据是进行横断面设计的基础数据，包括从数字地面模型生成横断面地面线；地形图数据库点、线生成横断面地面线数据；批量读入外业实测横断面地面线数据。

(2) 横断面设计。横断面设计除地面线数据外，还需要路基参数数据，这些数据是产生横断面“带帽”基础。CARD/1 通过解释执行由设计者编写的横断面设计二次开发文件（即程序命令序列），自动生成横断面设计线。

(六) 图表处理子系统

(1) 平面图、总体图、用地图绘制。CARD/1 在同一个界面，提供了不同的选项，从而实现对平面图、总体图、用地图的控制及绘制。既可以整幅绘制，也可以分幅绘制，方便实用，满足个性化的绘图需要。

(2) 纵断面图绘制。CARD/1 通过简单的绘图设置，可以实现多种方式的纵断面图绘制。在同一界面，既可以实现线路纵断面图全图绘制，也可以实现线路纵断面图分幅绘制。各标注栏的位置可以自由排列，美化设计图。

(3) 横断面图绘制。CARD/1 通过参数的选择，可以实现横断面草图的绘制，也可以进行多轴线合并断面的绘图。

(七) 土石方调配模块

在横断面设计基础上，CARD/1 会按段落自动生成由近及远的土石方优化调配方案。还可以与手工土石调配方式进行任意组合，实现了土石调配的灵活性。在调配方案拟定中，可以撤销或修改任意调配步骤，并且支持设计者生成个性化调配结果图表。

(八) 全自动的挡墙设计功能

通过编写挡墙分段文件(命令序列),CARD/1 可自动完成挡墙设计、挡墙立面图及平面图绘制和挡墙工程量的计算。

(九) 排水设计子系统

CARD/1 可以进行各种不同类型铁路线的排水设计,可对多达 20 种不同降雨情况、3 000 多种不同结构管网的水力学和水动力学计算,各种管线图表绘制简单灵活。

(十) 信息查询子系统

CARD/1 为设计提供了方便的各类信息查询功能,主要包括:平面设计资料查询功能、纵断面设计资料查询功能、设计检查功能、综合信息查询功能、其他辅助查询功能。

(十一) 设计成果行驶模拟子系统

CARD/1 将计算机仿真技术用于(道路)线路设计,使得决策者能在虚拟的环境中观察到线路(道路)与环境的关系。根据线路平纵横断面设计成果,设计者可在三维模型上,模拟再现道路行驶的 3D 景观漫游,检验设计的合理性和安全性。

参 考 文 献

[1] 铁道部.铁路线路设计规范.(GB-50090—2006)[S].北京:中国计划出版社,2006.

[2] 铁道部.铁路轨道设计规范(TB10082—2005)[S].北京:中国铁道出版社,2010.

[3] 铁道部.新建时速200公里客货共线铁路设计暂行规定(铁建设函[2005]285号)[S].北京:中国铁道出版社,2006.

[4] 铁道部.新建时速200～250公里客运专线铁路设计暂行规定(铁建设函[2005]140号)[S].北京:中国铁道出版社,2005.

[5] 铁道部.高速铁路设计规范(试行)(TB10621—2009,铁建设函[2009]209号)[S].北京:中国铁道出版社,2010.

[6] 铁道部.铁路路基设计规范(TB10001—2005)[S].北京:中国铁道出版社,2006.

[7] 铁道部.时速200和300公里动车组主要技术条件(铁运函[2006]462号)[S].北京:中国铁道出版社,2006.

[8] 饶忠.列车牵引计算[M].北京: 中国铁道出版社,2010.

[9] 周立新.有轨交通线路工程.上海交通大学出版社,2002.

[10] 张志尧,周立新.铁路设计方案比选[M].北京:西南交通大学出版社,1995.

[11] 周庆瑞,金锋.新型城市轨道交通[M].北京:中国铁道出版社,2006.

[12] 张志荣.都市捷运:发展与应用[M].天津:天津大学出版社,2002.

[13] 彭俊彬.动车组牵引与制动[M].北京:中国铁道出版社,2009.

[14] 贾元华.铁路项目评估与管理[M].北京:中国铁道出版社,2010.

[15] 魏庆朝,孔永建.磁悬浮铁路系统与技术[M].北京:中国科学技术出版社,2003.

[16] 叶霞飞,顾保南.城市轨道交通规划与设计[M].北京:中国铁道出版社,1999.

[17] 李远富.铁路选线设计[M].北京:中国铁道出版社,2011.

[18] 陈应先.高速铁路线路与车站设计[M].北京:中国铁道出版社,2001.

[19] 刘华.高速铁路车站合理站间距探讨[J].西南交通大学学报,2001(6):245—249.

[20] 肖宣明.兰州至重庆铁路线路走向方案研究[J].四川建筑,2006(6):51—52.

[21] 肖彦君,杨润东,俞展猷.日本城市新交通系统车辆技术考察[J].现代城市轨道交通,2008(5):9—12.

[22] 邹振民.新世纪城市理想的交通工具[J].铁道通信信号,2001(11):37—39.

[23] 范瑜,李国国,吴命利.自动导轨交通系统的发展现状[J].都市快轨交通,2004(2):54—57.

[24] 铁道部第三勘测设计院.京沪高速铁路工程建设项目可行性研究[R].[S..L.].铁道部第三勘测设计院,2006.

[25] 虹桥综合交通枢纽建设指挥部.虹桥综合交通枢纽规划[R].[S..L.].铁道部第三勘测设计院,2006.

[26] 中德合资西安开道万软件有限公司.德国CARD/1道路勘测设计一体化系统[R].(8.2中文版).西安:中德合资西安开道万软件有限公司,2011.

附录　铁路定线作业任务书

(一) 原始资料

1. 设计线:单线Ⅰ线铁路,设计行车速度 120 km/h,设计限制坡度 12‰,最小曲线半径 800 m(困难条件)。

2. 地形图比例:1∶25 000(以附图的实际比例尺为准)。

3. 定线起讫点:始点向阳车站,车站中心(*A* 点)里程为 K10＋000、设计标高 35.0 m,站坪为平道,站坪长 950 m;终点东风车站,车站中心为 *B* 点,站坪长 1 000 m,其站场位置、坡度及标高自行选定。

(二) 作业任务

1. 基本任务

(1) 在地图上确定向阳车站(*A* 点)至东风车站(*B* 点)的线路平面位置。

(2) 设计两站间的平面和纵断图。

(3) 绘制两站间的纵断面略图(平面比例 1∶25 000,高程比例 1∶1 000)。

2. 选做任务

(1) 绘制沿线横断面图(供土石方概略计算法用)。

(2) 计算两站间的填挖方工程数量。

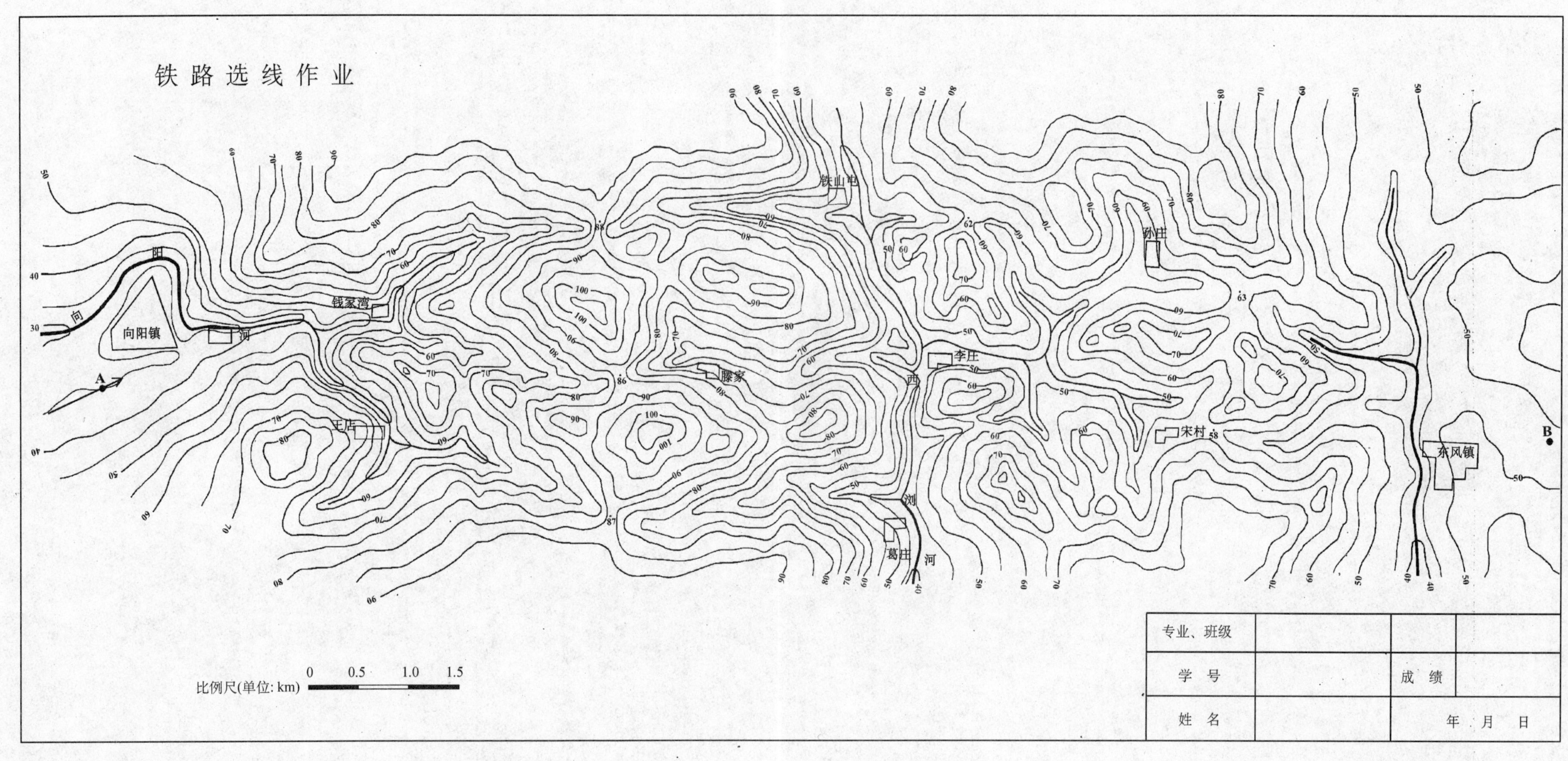

铁路选线作业
向
阳
河
向阳镇
钱家湾
王店
滕家
铁山屯
李庄
西
葛庄
河
孙庄
宋村
东风镇
A
B
比例尺(单位: km)
0 0.5 1.0 1.5
专业、班级
学号
成绩
姓名
年 月 日